2°C

기후변화 시대의 새로운 이정표

2°C

김옥현 지음

산지니

언제부터인가 보이지 않는 것들이 우리를 괴롭히고 있다. 미세먼지도 그렇고, 초미세먼지도 그렇다. 그런데 이것들은 우리를 괴롭히고 위협한다. 이산화탄소 역시 보이지 않지만 우리를 위협하고 있는 기후변화의 주범이다. 하지만 우리는 이제 다 알고 있다. 보이지 않는 것이 아니라, 우리가 보지 않으려고 한 것이다. 아니면 우리의 탐욕의 눈으로는 정말 볼 수 없었는지도 모른다. 하지만 우리는 이제 다 보고 있다. 그 모든 보이지 않는 것들을 우리가 모두 만들어 냈다는 것을. 이제 보이지 않은 것들을 어디서나 볼 수 있게 되었다. 그것들이 점점 쌓이면서, 모이면서 분명하게 볼 수 있게 되었다. 그런데 위험한 존재로 나타났다. 전 지구상의 일상이 되었다. 그것들은 미국 캘리포니아, 한국 서울, 태국의 방콕, 필리핀 타클로반, 킬리만자로 봉우리에서도 나타났고 지구온난화로 인한 기후변화의 모습으로 나타났다. 대형 산불로, 사상 초유의 폭염으로, 대홍수로, 초대형 태풍으로, 해빙으로 나타났다. 자연 생태계의 균형이 깨지고 붕괴되는 모습을 보면서 우리는 우리를 돌아보게 된다. 우리의 모습, 인간의 사회를 보게 되는 것이다.

2018년 여름은 너무 덥다. 19세기 기상 관측 이후 역사상 최고의 폭염이다. 한국만 그런 것이 아니다. 전 세계가 폭염의 열파에 신음하고 있다. 스페인의 이베리아 반도에서도, 일본 열도에서도, 스웨덴의 스칸디나비아 반도에서도 마찬가지이다. 아름다운 캘리포니아는 연일 대형 산불로 피해가 막심하다. 전 세계가 이번 폭염만큼 기후변화를 동시에, 같이 실감한 적은 없었을 것이다. 지구 평균기온이 산업혁명 이전보다 겨우 1도 정도 더 상승했을 뿐인데도 말이다. 2도 이상 올라간다면? 짐작하기조차 두려운 일이다.

15여 년 전 일이다. 지구온난화가 심각한 것인지, 정말 인간의 행동이 기후변화를 일으킨 주범인지를 질문할 때가 있었다. 지구온난화와 기후변화가 자연현상의 일종이라면 크게 관심을 가질 일도 아니다. 더구나 지구온난화 정도가 심하지 않다면 지나칠 수도 있지 않은가? 21세기 복합적인 글로벌 시대에 살고 있는 우리가 관심을 가져야 할 만한 국내, 국제 주요 이슈들이 너무 많기 때문이다. 관심에도 우선순위가 있기 때문이다. 2018년 세계경제 포럼(World Economic Forum)의 주요 이슈들만 보아도 고개가 끄덕여진다. 4차 산업혁명이 노동시장과 기술격차에 미치는 영향에 관한 주제나 미국의 보호주의가 세계 무역에 분쟁을 불러올 수 있는 가능성에 관한 주제 등 중요한 이슈가 관심을 끌고 있다. 관심에도 선택과 집중이 필요한 시대에 우리가 살고 있다.

10여 년 전 일이다. 2009년 미국발 세계경제 대위기, 그 후속 여파인 유럽연합 회원국들의 부채 및 금융 위기, 2009년 한반도의 3차 북한 핵 위기, 한국의 4대강 사업에 관한 논쟁 등 우리의 관심을 뺏기에 충분한 이슈들이 많았다. 세계 안보와 세계 경제가 위기의 한복판을 지나고 있는 와중에도, 2009년 녹색도시로 유명한 코펜하겐에서는 제15차 유엔기후변화협약 당사국 총회가 열렸다. 세계 각 국가의 정상들이 모여서 21세기에 지구 평균 기온이 '2도' 이상 상승되지 않도록 노력하자는 결의를 하였다. 그 이듬해인 2010년 멕시코 칸쿤 당사국 총회에서 '2도' 목표를 합의하였다는 소식이 들렸다. 안보와 경제 위기의 한가운데서 기온에 관한 세계 정상들의 합의라서 좀 한가로운 뉴스일 수 있으나 '2도'라고 표시된 구체적 목표라서 관심을 끌 수 있었다. '21세기'와 '2도'라는 숫자로 정해진 수량화된 구체적 목표가 중요한 의미를 가지기 때문이다.

여태까지 지구온난화와 기후변화 대응은 모호하고 느슨한 목표와 범위를 지니고 있었다고 할 수 있다. '우리가 화석연료를 많이 사용하여 이산화탄소 및 온실가스를 많이 배출하여 지구온난화를, 기후변화를 불러왔다. 그 피해는 광범위하고 앞으로 더 커질 것이다. 따라서 화석연료를 절약하고 효율적으로 사용해야 한다. 그리고 재생에너지로 시급히 전환해야 한다'는 결론에 도달하고는 했다. 공감은 가지만 딱히 우리를 변화시킬 만한 무게로 다가오지는 못한 것 같다. 여러 요인이 있었겠지만, 무엇보다도 지구온난화의 수준, 기후변화의 피해 수준, 기후변화 대응의 구체적 목표와 범위에 대한 가이드라인이 설정되지 않았기 때문이라고 볼 수 있다. 한 가지 가이드라인의 예를 들어 보자. 21세기 이내에 지구온난화 수준이 2도를 넘어가게 되면, 생물종의

30% 정도가 멸종이 되는 등 생태계의 붕괴가 여러 차원에서 심각하게 진행이 되므로, 우리는 2050년도까지는 온실가스를 전 지구적으로 1990년 대비 50% 정도 감축해야 한다. '2도' 상승을 억제하기 위해서. 물론 기후변화 적응도 동시에 하면서. 이런 측면에서 '2도'와 21세기는 기후변화 대응에 있어서 이제 분명한 근거와 구체적 목표를 제시할 수 있게 되었기 때문에 상당한 관심과 일종의 책임감마저 들게 하였다. '왜 2도인가?', '왜 21세기 이내라는 시간적 제한이 있는 것일까?', '21세기 내에 2도를 넘지 않기 위해서는 무엇을 해야 할 것인가?, '과연 글로벌 시민과 사회는 기후변화라는 위험한 난제를 풀어낼 수 있을까' 등의 질문을 던지는 것은 관심과 책임의 자연스런 표현이었다.

3년 전의 일이었고 2018년 현재까지 전 지구적으로 영향을 미치고 있다. 그리고 21세기 말까지 분명히 영향을 미칠 것이다. 2015년 제21차 유엔기후변화협약 파리 당사국 총회에서 세계 거의 모든 정상들이 21세기까지 지구 평균기온이 '2도'를 넘지 않도록 약속하였다. 구속력을 지닌 총회결정문과 협정문의 약속으로 명기하였다. '2도' 목표는 이제 성취되어야 할 분명하고 확실한 글로벌 사회의 21세기 목표가 된 것이다. 인류 사회는 21세기 동안 전 지구적 차원과 범위에서 '2도' 목표를 위한 길을 가야만 한다. 이 시대를 사는 필자에게도 이제 '2도' 목표는 관심의 대상을 넘어서서 동행해야 할 이정표가 된 셈이다.

'21세기 이내에 지구 평균 기온이 '2도' 이상 상승하는 것을 억제하기 위해서 어떻게 해야 하는가?' 이 간단한 질문은 필자뿐 아니라 아마 모든 이를 곤혹스럽게 할 것이다. 게다가 이 질문은 우리가 피할 수 있는 것도 아니다. '2도'를 넘게 되면 생태계뿐 아니라 인류 사회가 역사의 긴 시간 동안 공들여 쌓아온 많은 것들이 무너질 수 있기 때문이다. 자연 생태계와 인류 사회가 더 이상 지속가능하지 않을 수 있는 전무후무한 위기와 위험에 관한 것이기 때문이다. 사회발전론을 연구해온 필자로서도 지속가능한 발전과 '2도' 목표의 필요성을 엄중하게 인식하게 되었다.

'2도'라는 한계선은 사실 자연이 설정해주었지만, 그 목표를 실현하는 것은 고스란히 인류 사회의 몫이다. '2도' 상승 억제라는 엄중한 목표를 이루기 위해 2050년까지 제한된 시간 내에 이산화탄소 배출량을 감축하는 것은—우리 삶의 전반적인 분야에서 꼭 필요한 화석에너지의 사용을 줄여야 하는 것은—이제 경제적, 기술적, 사회적, 정치적인 과제가 되었다. 왜냐하면 이산화탄소 배출의 주범인 화석에너지의 운영에 관한 차원은 기술 및 경제의 차원뿐 아니라, 생산과 소비의 구조와 전 과정을 어떤 원칙과 방식으로 운영할 것인지에 대한 정치 사회적인 결정에 달린 것이기 때문이다. 이런 배경하에 2010년 유엔기후변화협약 당사국 총회는 '2도' 상승 억제라는 목표를 전 지구적 정치영역에서 인정하였고, 2015년도에는 비로소 처음으로 거의 모든 국가의 정상들이 '2도' 목표 달성을 위해 파리 유엔기후변화협약 당사국 총회에서 모여서 논의할 각 국가의 "자발적 국가 온실가스 감축계획서(Intended Nationally Determined Contributions, INDC)"를 제출하였다. 각 국가의 INDC는 개별국가의 여건과 의지를 총체적으로 반영하는 것이고, 또한 '2도'라는 글로벌 목표를 엄중히 고려하면서 작성된 것이기에 이는 실로 자국뿐 아니라 자연생태계와 인류사회의 미래의 향방을 가늠할 수 있는 시금석이 될 것이다. 과연 각 국가의 INDC가 '2도'라는 중대한 과제를 풀어낼 수 있을지에 대한 관심과 질문이 이 책을 쓰게 된 직접적인 배경 및 동기라고 할 수 있다.

필자의 관심과 질문은 기후변화 자체의 위험 수준과 이 위험을 인류가 과연 관리할 수 있는지에 관한 능력에 국한된 것만은 아니다. 기후변화 대응 및 '2도' 목표의 이행 경로가 기존의 삶의 양식의 전반적인 변화를 요구하는 과정이며, 따라서 매우 복잡하고 복합적이며 어려운 과정임을 생각한다면 우려의 시선은 지나친 것은 아닐 것이다. '2도' 목표의 추진 과정은 지속가능하지 않은 화석에너지에 기초한 낡은 패러다임에서 지속가능한 저탄소에너지의 새로운 패러다임으로의 대전환을 의미하기 때문이고 이는 낡은 체제와 새로운 체제의 충돌로 인한 수많은 갈등을 불러올 소지가 크기 때문이다. 게다가 대전환의 과정은 구체제의 다양하고 복합적인 문제들과 갈등을 버리고 갈 수 있는 것이 아니라, 전환의 과정 속으로 융해시켜 새로운 내용과 방식으로 해결하면서 진행되어야 하므로 매우 복합적이며 어려운 경로가 될 것이다. '2도' 목표라는 다차원의 갈등 복합 방정식을 풀어내는 새로운 원칙, 내용과 방식은 무엇이며, 이것을 담아내는 새로운 기후 거버넌스의 과제와 특성은 무엇이며, 그 방향은 어디로 지향하고 있으며, '2도' 목표의 궁극적인 함의는 무엇인지를 찾아보는 것은 21세기 글로벌 인류 사회가 맞닥뜨린 시급한, 그리고 전무후무한 숙제일 것이다.

＊

    자연과학자로서가 아니라 사회과학을 연구하는 필자로서 지구평균 기온 상승 '2도'와 연관된 주제로 저술하는 데 있어 사회과학적 연구의 가설과 방법론에 대해서 간략히 언급하는 것은 독자에 대해 일종의 예의를 표하는 것이고 이해를 구한다는 면에서 적절하다고 생각한다.

    이 책은 '글로벌 새로운 사회계약'이라는 가설(Hypothesis)에 기초하여, 기후변화에 대응하면서 특히 '2도' 상승을 억제하려는 인류사회의 인식과 행위를 21세기판 '새로운 사회계약'을 맺고 실천하는 과정으로 파악하고자 한다. 이는 인류 역사의 대전환을 만들어가는 복합적인 과정으로, 그것도 국가 차원을 넘어선 글로벌 차원에서 전개되는 과정으로 파악하고자 한다. '2도' 한계선 설정 자체가 이미 세계시민이 맺은 글로벌 차원의 약속이지 않은가! 17, 18세기 영국의 토마스 홉스나 프랑스의 장 자크 루소와 같은 대변혁기의 사상가들은 중세 봉건시대가 붕괴되는 와중에 새로운 사회를 구성하는 내용(가치), 방식 및 원칙이 필요함을 통찰하였다. 이 통찰에 바탕을 두고 새로운 사회계약 이론을 제시하면서 근대 민주주의 시민사회를 열어 갔듯이, 이 연구는 21세기 현재 지속가능하지 않은 위험한 근대사회에서 지속가능하고 안전한 새로운 글로벌 사회로 전환되는 과정에 있다고 파악한다. 인간 이성에 대한 근대적 낙관주의를 버리고 비판적 성찰로 인간행위를 끊임없이 재성찰하는 방식으로 지속가능한 발전을 보장할 수 있는 글로벌 시민사회로의 전환이 필수적이라고 보고 있다. 이 전환은 실로 인류 역사상 초유의 대전환이라고 규정할 수 있을 만큼 광범위하고 깊다. 기후변화라는 위험은 지구촌 누구에게나(미래세대에도), 어디서나, 어떤 국가에게도 공통의 (general), 그리고 보편적(cosmopolitan) 위험으로 존재하고 있고, 그 위험은 생태계와 인류 사회의 지속가능성을 위협하는 수준에 이르러 마침내 인간과 자연 간의 관계와 인류 사회 전체의 모든 영역과 차원에서의 대전환을 요구하고 있기 때문이다. 대변혁은 새로운 구성 원리와 체계를 필요로 한다. 글로벌 차원의 새로운 사회계약을 필요로 하고 있다.

이 연구의 방법론은 역사적 전환의 다양한 차원과 성격을 체계적이며 통합적으로 파악하고자 한다. '2도'라는 목표가 자연과학의 학문·학제 간의 연구 결과에 의한 산물이듯이, 이 목표를 달성하기 위해서는 경제, 정치 영역뿐 아니라, 국제협력, 교육 및 윤리적 차원 등 모든 부분에서 통합적인 관점과 대응이 필수적이기 때문이다. 즉 '2도'라는 문제는 자연과학과 사회과학의 통합적인 연구방식으로 풀어야 할 다차원 복합방정식이라고 할 수 있다. 여기서 중요한 측면을 덧붙이자면, 기존의 연구관점이나 접근법을 버리기보다, 기존 연구의 개별적인 측면을 다차원 방정식의 하나의 함수로서 연계시키고자 한다. 한 예를 들면 기존의 갈색경제를 지속가능한 녹색경제로 전환하는 과정에 있어서, 기존 경제의 주요한 목표인 고용창출 및 에너지의 안정적 공급을 폐기하는 것이 아니라, 새로운 내용과 방식으로 달성하는 것이다. 즉 기존의 목표를 비교적 값싼 석탄발전소 건설로써 이루어내는 것이 아니라, 비교적 비싼 재생에너지 발전소를 건설함으로써 성취하는 것이다. 이는 어려운 구조조정과 전환의 과정을 의미한다. 이 과정은 단기적으로 보기에는 비효율적이고 고비용의 전환으로 보일 수 있지만, '2도' 상승의 한계선을 준수하기 위해서는 거쳐야 할 과정이다. 하지만 중·장기적으로는 화석에너지 수입 의존도도 낮아질 것이며, 고용도 창출해내고, 기술혁신도 이루어내어 국제 경쟁력도 충분히 갖출 수 있게 되어, 한 단계 더 성숙한 소위 '생태적 근대화'라는 새로운 발전의 기회를 만들어낼 수 있을 것이다. 이 과정은 동시에 에너지 및 조세정책 등 친환경적 전환과 함께 결국은 합리적이며 지속가능한 저탄소 녹색 경제체계가 구축되도록 전개될 것이다. 이렇듯이 이 과정은 최종적으로 정치사회적으로 조정되는 다차원적이고 복합적인 과정으로 파악될 때, 비로소 '2도' 목표에 다가갈 수 있는 연구의 실마리를 찾을 수 있을 것이다.

*

이 책의 핵심주제는 지구 평균기온 상승을 21세기에 '2도' 이내로 억제할 수 있는 새로운 내용과 방식 및 그 제약 요인, 그리고 이것을 담아서 풀어낼 수 있는 새로운 기후 거버넌스의 구조, 과제와 특성을 찾아보는 것이다. 그리고 그 의미를 밝혀 보는 것이다.

이 책은 5장으로 구성된다. 1장은 '2도' 목표를 추적해본다. '왜 하필 2도인가', '2도' 목표에 도달하는 역사적 배경과 과정'에 대해 살펴보고, '2도' 목표와 연관된 다양한 차원의 범위를 규명해본다. 2도 목표를 위해서 무엇을, 왜, 어떻게 해야 하나? 이 간단한 질문 하나가 '2도'의 범위와 의미가 광범위하다는 것을 짐작하게 해준다. 기후학자나 지질학자 등의 자연과학자, 경제학이나 정치사회학자 등의 사회과학자, 그리고 권력의 정상들이 독특한 관점과 다양한 과정을 통하여 동일한 '2도' 목표에 도달하는 역사적 과정을 보여준다. 이 같은 다양한 역사적 과정의 배경과 관점이 결국 '2도' 목표를 지향하고 있음을 밝히면서, '2도' 목표의 다양한 함의를 찾아내고자 하였다. 특히 '2도' 목표는 21세기 기후변화 시대의 전 지구사회의 새로운 공동 의지이자 가야 할 경로라는 점을 밝혀보고자 하였다.

2장은 '2도' 목표에 이르는 내용과 방식에 관한 장이다. 온실가스 감축을 위한 제도나 정책을 다루고자 한다. '2도' 목표를 달성할 수 있는 경제적, 정치사회적 방식과 방법을 제시하고 있다. 온실가스 감축의 필요조건과 기술적 여건을 고려하면서 이산화탄소 배출권거래제도, 탄소세, 재생에너지 촉진법, 에너지 효율성 개선 정책 등을 중심으로 설명한다. 선도적인 역할을 하고 있는 유럽연합과 독일의 사례 등의 소개는 이해에 도움을 줄 것이다.

3장은 '2도' 목표의 성과, 제약, 그리고 갈등의 측면을 살펴본다. 1992년 브라질 리우에서 '환경과 개발에 관한 유엔회의(UNs Conference on Environment and Development)'가 개최된 이후로 23년이 지난 2015년에서야 비로소 '2도'라는 구체적 목표에 전 지구적으로 도달한 점은 '2도' 목표의 과정이 순탄하지 않았고, 장애 및 제약 요소가 많다는 점을 말해주고 있다. 그리고 갈등의 소지 역시 많다는 점을 짐작할 수 있게 한다. '2도' 목표는 다차원의 복합방정식을 넘어서 다차원의 갈등 복합방정식이라고 할 수 있겠다. 예로 한 지역의 석탄발전소가 폐기되면서 태양광발전소로 전환되는 과정이 이를 잘 보여줄 것이다. 이는 단순한 대체가 아니라, 일종의 구조조정 과정을 거치는 셈이다. 실업, 고용, 지역 발전, 기술개발, 비용 및 재정 투입, 새로운 갈등 조정 및 운영 체계의 구축 등의 여러 측면이 연관된 것이다. 글로벌 협력과 갈등의 측면도 여기에 포함된다. 한국의 미세먼지는 다국적이지 않은가! 사실상 사회 전반에 걸친 전환의 과정에서 일어날 수 있는 갈등의 제 측면과 해결방식을 살펴보는 것은 순탄한 '2도' 경로를 위해 필요한 예비 작업이 될 것이다.

4장은 '2도' 목표를 위한 새로운 기후체계에 관한 장이다. 그것의 필요성을 알아보고, 그것의 구조, 과제와 특성에 관해 한 걸음 들어가 본다. 다차원적이고 복잡한 갈등을 조정하면서, 온실가스 감축을 통해 '2도' 목표를 달성하기 위해서는 국내에 새로운 기후 거버넌스도 필요하고, 글로벌 거버넌스도 필요하다. '2도' 목표는 기존의 기후변화 대응의 연장 선상에 서 있다. 그리고 그길을 계속 갈 것이다. 환경보전, 경제성장, 사회통합성의 세 가지 근본원칙을 유지하면서 지속가능한 발전을 지향한다. 하지만 한 단계 새로운 도약을 필요로 하는 경로임을 밝힌다.

'2도' 목표는 글로벌 차원에서 새로운 공식 목표가 되었기 때문에, 장기적인 목표가 이행되기 위해서는 이정표가 제시되어야 한다. 각 국가도 전 지구 사회도 목표를 달성할 책임이 생겨났다. 파리협정문에 명문화되어 구속력을 갖게 되었다. 따라서 1997년 교토 기후 체제와 달리 모든 국가가 당사국으로 참여하게 되어, 의무 사항으로 일정 기한 이내에 온실가스 감축을 위한 단기, 중기, 장기적인 계획과 시행방식을 만들어야 한다. 그리고 유엔기후변화협약 사무국에 제출해야 한다. 이처럼 분명하고, 구체적이며, 필수적인 전 지구적 공동의 과제가 등장한 것은 '2도'가 인류 사회와 생태계의 위험 경계선으로 받아들여졌기 때문이다. 이러한 새로운 과제를 해결하는 데 새로운 기후 거버넌스가 구축되어야 하고, 그 구조, 특성 및 성공의 조건에 대한 연구는 필요한 것이다. 한국의 새로운 기후체계의 현 단계와 과제, 선도적인 독일 및 유럽연합의 기후 거버넌스 구축과정과 특성, 글로벌 신기후체제를 구축한 파리협정을 설명함으로써 이해에 도움을 주고자 하였다.

5장에서는 '2도' 목표를 위한 인류 사회의 노력과 그 궁극적 의미를 읽어내고자 한다. '2도' 목표는 모든 국가의, 전 지구사회의 공동의 목표가 되었다. 곰곰이 생각해보면, 이는 세계 시민의, 세계 시민에 의한, 세계 시민을 위한 목표가 된 셈이다. 생각할수록 놀라운 일이다. 전 세계 시민이 '2도'라는 목표에 동의한 셈이다. '2도' 목표는 인류 모두가 가야 될 이정표이자 길이 되었다. 그런 의미에서 '2도'는 인류의 자유의사에 기초한 21세기판—장 자크 루소가 역설한—일반의지라고 할 수 있다. 자연과학자 요한 록스트룀(Johan Rockstroem)은 '2도' 목표를 포함하여 '지구생태계 부양의 한계선'을 넘지 않아야 비로소 장기적인 발전을 할 수 있는 자유를 누릴 수 있다고 역설하고 있다.

21세기의 보편적이며 일반의지인 '2도' 목표는 18세기 산업혁명 이후의 핵심 가치인 자연 개발이나 경제 성장과의 결별이며, 경제 성장, 환경보호와 사회통합성이 동반하는 지속가능한 발전을 지향하는 새로운 가치로의 전환이다. 자연생태계와 글로벌 인류 사회의 안전과 지속가능한 번영을 추구한다. 화석에너지 시대의 낡은 이익과 관습을 버리고, 재생에너지 시대의 소통하며 상호 공존하는 새로운 기후 거버넌스를 지향하고 있다.

한국, 유럽연합, 독일연방공화국의 '2도' 목표의 시행과정을 특히 2장과 4장에서 예로 들어 설명하면서 이해를 돕고자 하였다. 독일연방정부는 유엔기후변화협약 틀과 유럽연합 차원에서 적극적인 공조를 이루어가면서, 2007년 이후 지구평균 기온의 '2도' 상승 억제 목표를 공식화하며 선도적인 역할을 하고 있다. 유럽연합과 독일의 '2도' 목표를 위한 기후보호 정책의 내용과 시행 방식의 특성을 찾아보면 합리적고 풍부한 시사점도 얻을 수 있을 것이다.

'2도' 목표가 우리가 이루어내야 할 목표이자 걸어가야 할 목적지라면 가야만 한다. 그 목표가 보다 안전하고, 깨끗하며, 상호소통하고 공존할 수 있으며, 전 지구적 차원에서 누구에게나 지속가능한 번영을 약속한다면, 여러 어려움이 있더라도 가야 한다. 서로 손에 손을 잡고 힘차게 걸어가야 한다. 인간 사회와 자연의 생명과 안전을 회복하는 이 길을 걸어가는 누구에게나 조금이나마 힘이 되었으면 하는 바람으로 이 글을 바친다.

많은 분들과 활동가들에게 감사를 전하고 싶다. 우선 경기도 그린캠퍼스협의회 대학 총장님과 관계자에게 감사를 전하고 싶다. 세계자연보전연맹(International Union of Conservation for Nature, IUCN) 한국위원회에게도 감사를 표하고 싶다. 부회장의 소임을 맡게 되어 많은 도움이 되었다. 독일의 에너지 자립 마을의 원조 격인 윤데(Juehnde) 마을의 대표 브링크만의 현장 설명은 생동감을 전해주었다. 이 에너지 자립 마을 구축의 초기 멤버이자 확산에 공이 큰 독일 괴팅겐 대학 쉬묵 교수의 조언에 감사드린다. 에너지 자립 도시로 변모하고 있는 헤밍겐(Hemmingen)의 셰퍼

(Schaefer) 시장과 이 소도시의 전환과정에서 시공을 맡은 람사이어(Ramsaier) 기업 대표의 열정적인 설명이 기억에 남는다. 대학에서나 공개 포럼에서 필자의 강의나 강연을 경청해주신 많은 학생과 시민에게 고마움을 전하고 싶다. 기후변화에 대해 필자의 눈을 뜨게 한 전 세계 대학생 환경단체인 대자연과 활발한 활동을 펼치고 있는 한국그린캠퍼스대학생연합회에 고마움을 전하고 싶다. 활발한 활동과 함께 지속적으로 발표되는 『대자연 리포트』가 자연생태계의 생명과 인류 사회의 깨어 있는 현장보고서로 도약하기를 바라면서 이 글을 맺는다.

이 책은 2015년 대한민국 교육부와 한국연구재단의 지원을 받아 수행된 연구의 결과물이다. 안정적인 연구 여건을 제공해준 점에 감사를 표한다. 아울러 필자의 집필 계획서에 대한 익명의 두 평가자의 고견에도 감사한다. 그럼에도 본서의 흠결은 전적으로 필자의 몫이다.
이 책을 집필하면서 여기저기 강의도 많이 하였다. 참가자들이 응원과 지지의 뜻으로 서명도 많이 해주셨다. 서명해주신 각국의 대사님과 외교관에게 특별한 감사를 전하고 싶다. 고맙고 기억에 오랫동안 남는다. 이 연구가 책으로 나올 수 있도록 변함없이 도와준 산지니 출판사 임직원에게 감사를 드리고 싶다. 아내와 딸에게 감사하다는 말을 꼭 전하고 싶다.

1장

2도 목표의
성립 과정과 함의

1장

'2도' 목표의 성립 과정과 함의

1. '2도' 목표 설정의 역사적 배경과 전개 과정

2015년 제21차 유엔기후변화협약(United Nations Framework Convention on Climate Change, UNFCCC) 당사국 총회가 전 세계의 주목을 받으면서 프랑스 파리에서 개최되었다. 유엔의 지속가능한 발전 목표(United Nations Sustainable Development Goals, UN SDG)와 상응하면서, 기후변화의 위험에 대한 전 지구적 대응을 강화하면서, 당사국 정상들이 지구 평균기온의 '2도' 상승 억제라는 목표에 합의한다. 그리고 '2도' 목표를 법적 구속력이 있는 파리총회결정문과 파리협정문 제2조에 명문화한다.[1]

2015년 12월 현재 총 188개국이 INDC를 제출하였다. 비준절차가 이례적으로 빠른 속도로 진행되어 2016년 11월에 파리협정은 필요한 비준을 얻어서 법적 효력을 얻게 되었다.[2] 전 인류 사회가 지켜야 될 구속력이 있는 약속이자 목표가 된 것이다. 같은 해 2015년 유엔 지속가능한 발전 목표 선언 제31조에서도 기후변화와 '2도' 목표를 21세기 인류 사회가 해결해야 하는 매우 큰 과제

로서 자리매김한다.[3]

'2도' 목표는 어떤 이유나 맥락에서 21세기 전 지구적 사회의 공동의 약속이자 나아갈 공동의 목표로 설정되었는지 역사적 전개과정을 통해 알아보자.

'2도' 목표는 먼저 자연과학자들로부터 제기되었다. 1985년경 지구과학자들은 빙하코어 연구를 통해서 지구 평균온도가 지난 10만년 동안 1800년도경의 지구 평균온도보다 2도 이상 올라간 적이 없다는 사실을 입증해낸다. 즉 '2도' 이상 상승을 자연 생태계도 인간도 여태까지 경험하지 못한 것이다. 따라서 '2도' 상승은 어떤 위험을 초래할지 알 수 없다는 의미가 된다. 1990년도에 온실가스에 관한 자문 그룹(Advisory Group on Greenhouse Gases)은 기후변화 대응 목표로서 '2도' 상승 억제를 분명하게 제시하였다. 동 자문 그룹은 '2도'를 넘어서면 자연 생태계의 손상을 불러올 수 있는 위험이 급격하게 증가할 수 있다고 지적하면서 '2도'를 한계선으로 삼았다.[4] 정치적인 반향을 불러온 것은 독일의 지질·기후학자인 쉘른후버(J. Schellnhuber)가 1995년 독일의 베를린에서 개최된 제1차 UNFCCC 총회에서 발표한 한 연구결과이다. 지난 80만년 동안의 지구의 평균기온을 살펴보면, 빙하기의 가장 낮은 지구 평균기온은 10.4도이고, 간빙기의 가장 높은 지구 평균기온은 16.1도에 달했다. 아주 오래된 이 기온 범위의 한계선을 넘어서면 현재 생태계의 작동 방식이나 구조에 예측할 수 없는 변화를 가져올 수 있음을 알 수 있다. 이 기후 범위 폭에 +0.5도, -0.5도를 견딜 수 있는 여유 범위로 확장해보면, 견딜 수 있는 기온의 범위 폭은 9.9도~16.6도로 늘어나게 된다. 1995년 현재의 지구 평균기온이 15.3도이니까 온도상승의 허용 최고한 계선 16.6도까지 앞으로 1.3도 정도의 여지만 남았다. 그리고 산업혁명 이후 현재까지 이미 0.7도가 올랐으니, 지구 평균기온 상승 허용한계선은 산업혁명 이전 대비 2도가(0.7도 +1.3도) 되는 것이다.[5] 유럽연합의 장관이사회는 제1차 UNFCCC 당사국 총회 이듬해인 1996년에 '2도' 상승 억제 목표를 유럽연합 기후정책의 공식적인 목표로 세운다.[6]

　지구 평균기온이 존재하고, 그 한계선을 넘어설 경우 예측하지 못한 위험 등이 갑자기 증폭될 수 있다는 주장들은 '기후재앙'이라는 관념을 각인시켰다. 기후재앙의 관념은 갑작스런 '전환점(tipping point)' 개념과 결합되면서 위험에 대한 경각심을 불러 일으켰다. 해양학자들은 지구온난화로 인한 해양해류의 흐름의 변화와 그 피해에 대한 경고음을 내기도 하였다. 북극 빙하의 해빙으로 담수가 북대서양으로 쏟아져 들어옴에 따라 염분도가 낮아지면서 멕시코 만류가 심해로 느리게 가라앉게 된다. 이러한 변화는 먹이와 에너지 공급의 순환을 깨트리게 됨으로써 심대한 피해를 가져올 수 있다. 영국의 '해들리 센터'의 연구팀은 2000년 『네이처』에 아마존의 붕괴에 대해 연구논문을 발표한다. 이산화탄소 배출이 계속 증가되어 지구 평균기온이 '2도'를 넘어서게 되면 열대우림인 아마존이 역설적이게도 가뭄으로 붕괴될 수 있는 복잡한 과정을 설명해냈다.[7]

　IPCC 제4차 보고서에 의하면 평균 기온상승이 1.5~2.5도에 달하면 생물종의 20~30% 정도가 멸종하게 된다. 생태계의 구조와 기능에도 주요한 변화가 생겨 생태적인 상호교류와 전이에 심각한 영향을 미치게 된다. 물론 생물 다양성과 물이나 에너지 공급 같은 생태계 서비스에 심각한 부정적 결과를 동반한다. 3.5도 이상이 되면 생물종이 40~70%까지 멸종할 정도의 심각한 피해를 가져올 것이다. 산호초는 1도 이상이면 백화현상을 나타내며 멸종하기 시작한다. 홍수와 태풍의 위험은 이미 현재도 증폭되어 나타나고 있다.[8] 그림1은[9] 평균 기온상승과 기후피해의 상관관계를 보여주고 있다. 심각한 피해를 줄이기 위해서는 평균기온 상승을 가능한 한 억제해야 할 것이다. 과학자들의 다음 연구 과제는 분명해진다. 지구온난화의 주범인 이산화탄소는 어떤 방식으로 지구온난화를 불러오는지 이산화탄소와 지구온난화의 직접적인 연관 관계는 무엇을 매개로 하는지를 분석할 것이다.

찰스 킬링 박사가 지구 평균기온과 이산화탄소 농도의 관계를 살펴보기 시작했다. 그가 1958년에 대기 중의 이산화탄소 농도를 측정한 것을 시작으로 매년 대기 중의 이산화탄소 농도를 측정한 그래프를 킬링 곡선(Keeling Curve)라고 부른다. 이 그래프는 산업혁명 이전의 280ppm에서 1958년 315ppm, 1990년 355ppm, 2005년 380ppm(430ppm CO_2-eq), 2014년 399ppm을 넘어서면서 계속 상승 곡선을 그리고 있다. 이 농도가 높아질수록, 평균온도는 비례적으로 상승하고 있다. '2도'의 기온 상승을 넘지 않기 위해서는 대기 중의 이산화탄소의 농도 수준(혹은 온실가스 농도 수준)은 어느 한계점에서 멈추어야 하는지가 관건이 되었다.

IPCC SRES(Special Report on Emissions Scenarios, 2000)는 우리의 감축 행동의 수준에 따라서 2100년경에는 2000년 대비 평균기온이 1.1도에서 6.4도까지 상승할 수 있다는 보고를 한다. 그에 이

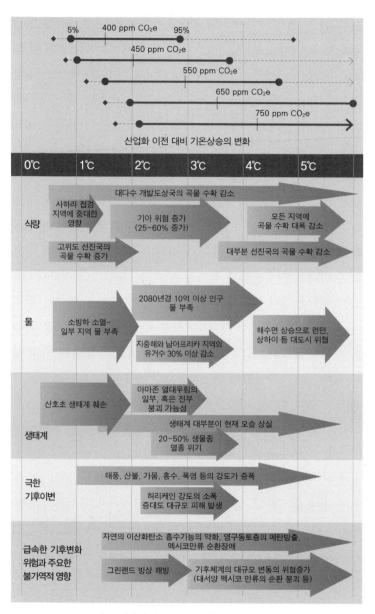

그림1. 이산화탄소 농도 증가, 평균기온 상승,
기온 상승의 피해의 상관관계

어서 IPCC 「2007년 4차 기후변화 종합보고서」는 지구온도가 산업화 이전 대비 '2도' 이내로 억제되기 위해서는 이산화탄소 농도를 400ppm(온실가스 농도 490ppm CO_2-eq) 이내로 유지할 것을 권고하였다. 이를 위해서는 전 세계 온실가스 배출량이 늦어도 2015년도에는 최고치(정점)를 기록한 뒤 감소하기 시작해 2050년까지 2000년 대비 50~85%까지 줄어야 한다고 밝힌 바 있다.[10]

경제학자들도 점차 관심을 보이기 시작하였다. 경제학자 스턴은 2006년 「스턴보고서(Stern Review)」를 통해 기후변화의 경제적 영향에 대한 근거를 검토하고, 대기 중 온실가스 안정화의 경제학에 대하여 설명하고자 하였다. 저탄소 경제로의 전환을 관리하고 기후변화에 적응할 수 있는 복합적인 정책과제를 고려하면서, 가격 신호와 탄소시장을 만드는 것을 과제로 삼고자 하였다. 기후변화 대응의 비용과 편익에 관한 경제적 분석도 제시하고 있다. 위의 「스턴보고서」에 따르면 '2도'를 넘지 않기 위해서는 2050년까지 이산화탄소를 포함한 온실가스 농도를 450~550ppm CO_2-eq의 범위 내에서 안정화시켜야 한다. 동 보고서는 이 범위 내로 안정화 되는 가능성과 비용에 가정을 두고 있는데, 그것에 기초하여 450~550ppm CO_2-eq 수준의 저탄소 경제로[11] 전환하는 비용은 2050년까지 연간 세계 GDP의 1% 정도 수준에 머무른다. 하지만 이를 방치할 경우 기후변화로 인한 피해비용은 세계 GDP의 5~20%에 이르게 될 것이라고 추정했다. 이는 1930년 대공황에 맞먹는 경제적 파탄을 가져올 수 있는 것이라고 진단했다. 어마어마한 충격이 될 것이다. 지구온난화로 인한 기아와 해수면 상승, 폭풍 등 기후재난이 야기하는 손실은 21세기 중 9조 6천억 달러에 이를 것이라고 추정하였다. 기후안정화를 위한 긴급한 투자(비용)에 비해 그 편익이 훨씬 크다는 점도 밝혔다. 대응 투자가 빠르면 빠를수록 그 비용은 줄어드는 반면에, 편익은 증가한다는 사실도 밝혔다. 시급히 기후변화 완화 및 적응대책을 강구하지 않으면 그 피해는 급증할 것이며, 반면에 조기 대응을 하면, 투자되는 비용보다 편익이(즉 예상되는 피해 규모의 축소) 훨씬 크다는 점을 밝혔다.[12] 한국의 경우도 마찬가지이다.[13]

'2도' 목표를 달성하기 위한 대기 중의 이산화탄소 및 온실가스 농도의 한계치가 450~550ppm CO_2-eq 수준으로 수렴이 되자, 연구의 이슈는 인류에게 허용된 이산화탄소 및 온실가스의 배출량의 수준에 모아졌다. 글로벌 사회가 2050년까지 배출할 수 있는 이산화탄소 배출의 허용량은, 즉 탄소예산(Carbon Budget)은 몇 톤인지가 관심사가 되었다. 지구학자 마인스하우젠(Meinshausen, 2009)에 의하면 2050년까지 7,500억 톤 이산화탄소가 남은 셈이다. '2도' 이내로 억제하려면 2000~2050년까지 인간의 활동으로 인한 이산화탄소 배출량은 1,160기가 톤으로 제한되어야 한다. 그런데 2000~2010년까지 화석연료 사용 등으로 이미 314기가 톤 이산화탄소 그리고 벌목 등의 토지사용 변경으로 인해 45기가 톤 이산화탄소를 배출하였다. 즉 인류가 2050년까지 사용할 수 있는 이산화탄소 예산은 800기가 톤 정도만 남아 있다. 2050년까지 토지사용으로 인한—벌목 행위의 제한을 통하여—이산화탄소 배출량을 50기가 톤 정도 수준으로 줄이는데 성공하면, 약 7500억 톤 이산화탄소가 남게 되는 것이다.

독일연방글로벌기후변화과학자문회의(Wissenschaftlicher Beirat der Bundesregierung Globale Umweltveraenderungen, WBGU)는 보고서

「전환하는 세계(Welt in Wandel)」에서 2050년까지 7,500억 톤의 이산화탄소 예산의 범위 내에서 세 가지의 배출 시나리오를 가정하여 제시하였다. 각각 2011년, 2015년, 2020년을 이산화탄소 배출량의 정점(peak)으로 해서 이산화탄소 배출량을 감축할 경우 매년 연평균 3.7%, 5.3%, 9.0%씩 줄여야 한다. 이 시나리오가 실현이 되면 2050년경에는 이산화탄소를 거의 배출하지 않게 되는 것이다. 2011년 시나리오를 곧바로 시작해도 매년 3.7%씩 감축해야 하는 어려운 실천이 될 것이다. 2020년을 정점으로 하는 시나리오의 경우에는 매년 9%씩 감축해야 되기 때문에 매우 가파른 감축 곡선을 나타낼 것이고, 매우 어려운 경로를 겪게 될 것이다.[14] 따라서 감축행동을 빨리할수록 연착륙을 할 수 있다.

'2도' 목표를 위한 탄소예산이라는 개념이 도출되고, 감축의 경로 등이 제시되면서 선도적인 선진국들에 의해서 '2도' 목표는 공식적인 국가 목표가 되기 시작한다. 영국은 과학적 사실과 경제사회적 연구에 기초하여 2008년 '탄소예산제도'를 도입하면서 "기후변화법(Climate Change Act 2008)"을 제정한다. 이에 발맞추어 새로운 정부부처 "영국 에너지기후변화부(DECC, Department of Energy and Climate Change, UK)"를 창설하였다.[15]

독일연방정부도 '2도' 목표를 국가적인 공식 목표로서 재확인한다. 2007년 14개의 법과 시행령 등 29개의 주요 정책을 담은 "통합에너지기후프로그램(Integriertes Energie-und Klimaprogramm)"을 결정하고, 유럽연합이 20%(30%) 감축하는 것과 연동하여 2020년도까지 1990년 대비 40% 감축(온실가스) 목표를 발표한다. 동 프로그램은 유럽연합 차원의 협력 및 공조 과정을 거치면서 구체화된다. 2007년 유럽연합의 정상들은 지구 평균기온이 산업화 이전의 평균기온보다 2도 이상 상승하지 않도록 합의하면서, 재생에너지의 확대와 에너지효율성의 증가를 그 주요한 수단과 방식으로 채택한다. 이 같은 합의는 2009년 유럽이사회의(European Council) 동의를 얻은 결정 또는 지침으로 시행됨으로써 법적인 구속력을 갖게 되었다. 이에 따르면 지구 평균기온이 2도를 넘지 않게 하려면 전 세계가 2050년도까지 1990년 대비 50% 이상 감축해야 하는데, 유럽연합을 포함한 선진국은 적어도 60~80%까지 감축해야 하고, 2020년도까지는 30% 감축을 해야 된다.[16] 유럽연합과 독일에서는 이처럼 '2도' 상승 억제가 공식적으로 기후변화의 기본 목표와 이정표가 되었다.

유럽이사회(European Council)는 2007년 "2020 기후와 에너지 패키지(2020 climate & energy package)"라는 기후 거버넌스를 구축하여 유럽연합 차원의 기후 및 에너지 정책의 초석을 놓게 된다. 중·장기적 기후보호 목표를 제시하면서 '2도' 목표를 공식화 한다. 2050년도까지 1990년 대비 80~95% 감축목표를 제시하고, 중간 단계로서 2020년도까지 1990년 대비 최소 20%(최대 30%)의 온실가스배출 감축목표를 제시한다.[17] 이 감축계획안은 IPCC의 제4차 보고서를 참고로 하여 지구 평균기온을 2도 상승을 억제하기 위한 목적으로 제시되었다. 이처럼 영국과 유럽연합 등은 '2도' 목표를 위해 "기후변화법"을 제정하거나 "통합에너지기후 프로그램" 등의 법과 정책을 마련함으로써 사실상 '2도'를 위한 특별한 기후 거버넌스를 구축하여 시행하고자 하였다. 그러나 '2도' 목표가 전 세계 국가들의 공식적인 목표가 되기에는 아직 갈 길이 멀어 보였다.

과학자들의 경고는 계속되었다. 지구 생태계의 양적, 질적 능력이 심각히 손상되어 생명 부양의 능력이 저하되어 위험에 처해 있다는 사실도 밝혀낸다. 지구 생태계의 부양능력에도 한계점이 존재한다는 사실을 찾아낸다. 과학자들은 '2도'라는 기온상승의 한계점 이외에도 여러 차원의 한계점을 여러 방식으로 제시하기에 이르렀다. 대표적으로 록스트롬(Rockstroem)은 2009년 "지구 생태계의 한계(임계치)들"[18]이라는 개념을 제시하였다(그림2 참조). 이 개념은 지구의 생물-물리적 하부체계와 연관되어 있으며 인간을 위해 안전하게 작동될 수 있는 영역을 의미한다. 이 학자의 '2도' 상승 억제 제안은 국제 정치협상이나 환경정책 결정과정에서도 받아들여지게 된다.

독일연방정부의 기후변화과학자문회(WBGU) 역시 우리가 한계점을 설정하고 지키지 않으면 매우 중대한 위험이 닥칠 수 있다고 경고하면서, 준수해야 할 한계점, 넘어서는 안 되는 수준을 제시하기에 이른다. 이것은 계량적인 피해한계선으로 규정할 수 있는데, 이 선을 넘을 경우 오늘이나 장래에 용인할 수 없는 정도의 피해를 초래하고, 그 어떤 이익도 (설사 타 분야에서 발생하더라도) 이 피해를 상쇄할 수 없는 결과를 초래함을 역설하였다. 또한 이 한계점을 넘어설 경우 전 지구적 환경변화가 인류문명에 돌이킬 수 없는 위험을 가져올 것으로 간주하였다.[19] WBGU에서도 2100년까지 '2도' 상승을 한계점으로 제시하고 있다.

과학자들의 이러한 경고와 계량적 한계선들을 정책결정자들이 받아들이기 시작하였다. 세계는 이산화탄소 및 온실가스 감축을 국제협력의 1순위로 삼았다. 전 세계 온실가스 감축 방안

을 모색하기 위한 제15차 유엔기후변화협약 당사국 총회가 2009
년 코펜하겐에서 열린 후에야 비로소 처음으로 대부분의 국가는
지구의 평균기온 상승폭을 산업화 이전 대비 2도 이내로 제한하
기로 하였다(반대국도 있어 총회에서 승인된 것은 아니었다). 제16차
UNFCCC 당사국 총회가 2010년 12월 멕시코 칸쿤(Cancun)에서
열리고, 지구 온도 상승폭을 '산업화 이전 대비 섭씨 2도 이내'로
제한하기로 비로소 합의했다. 지구 온도가 그 이상 올라가면 기
후변화가 매우 심각한 단계로 접어들게 된다는 과학자들의 경고
를 받아들인 것이다. 지구의 평균온도는 산업화 이전에 비해 이
미 섭씨 0.8도 상승한 상태다. 국제사회는 세기말까지 지구 온도
추가 상승을 1.2도 이내에서 억제하는 데 성공해야 한다. 국제사
회가 1992년 유엔기후변화협약과 1997년 교토의정서 채택을 통
해 온실가스 감축 프로그램을 출발시키고도, 핵심 목표인 '2도'
상승 억제선을 2010년에야 겨우 설정할 수 있었다. 이는 기온 상
승의 영향이 나라마다 다르고, 억제 목표를 어떤 수준으로 설정
하느냐에 따라 부담해야 될 비용도 각 나라마다 다른 사정과 무
관하지 않았다.

드디어 2015년 제21차 유엔기후변화협약 파리 당사국 총회에
서 '2도' 목표에 합의하며 법적 구속력이 있는 파리총회결정문과
파리협정문 제2조에 명시한다. 2016년에 유효한 비준을 얻어서
파리기후체제를 새롭게 열어 나가고 있다. 유엔 지속가능발전
목표(UN SDG)도 '2도' 목표를 공식적으로 인정하였다.

록스트롬은 그림2에서 보듯이 '2도' 목표를 포함하여 "지구 생
태계 부양 한계점"을 제시하면서 인간의 행위가 이 한계점들을
넘지 않을 때에만 비로소 장기적인 사회적, 경제적 발전을 할 수

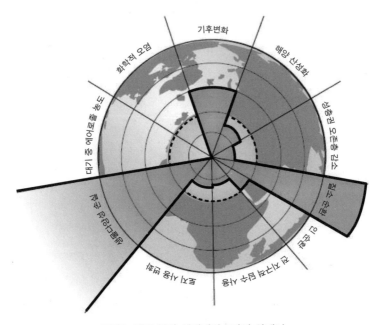

그림2. 지구 부양 생태계의 9가지 한계선

안으로부터 동심원1, 동심원2의 점선 안쪽 부분은 안전한 작동 공간이다. 동심원3부터는 한계점을 넘어서는 위험을 나타내는 작동 공간이다. 짙은 선 안쪽 부분은 각기 변수의 현재 상황에 대한 평가이다. 짙은 선 안쪽 부분이 클수록 위험의 수준이 높아진다는 의미이다. 짙은 부분이 동심원2를 넘어선 생물다양성 상실, 질소 순환체계, 기후변화 분야는 이미 한계점을 넘어선 위험 수준을 나타내고 있다. 해양의 산성화 수준도 상당한 위험 수준을 나타내고 있다.

있는 자유를 누릴 수 있다는 점을 역설하고 있다.[20] 글로벌 인류
사회는 2015년에 이르러서야 비로소 안전하고 지속가능한 세계
를 위해서는 '2도'라는 한계를 인식하고, 그 범위 내에서 자유의
운신의 폭이 주어진다는 사실을 받아들이기 시작했다. 19세기
철학자 헤겔이 갈파한 '자유는 필연에 대한 통찰'이라는 기본 테
제가 21세기에 새로운 모습으로 등장한 것 같다.

2. '2도' 목표의 함의: 다차원의 복합방정식

앞서 '2도' 목표의 설정에 이르는 배경과 역사적 과정을 간략
히 추적해보았다. '2도' 목표와 연관된 범위는 매우 넓다는 사실
도 알았다. 생물다양성의 감소 등 생태계부터 바이오매스의 열병
합발전 기술, 경제적 비용과 편익, 재생에너지 촉진 등의 입법과
정책결정, UNFCCC 파리협정문 비준 등의 국제정치에 이르기까
지 그 영향권이 매우 넓다. 동시에 위험과 안전과 같은 매우 중요
한 가치와 가까이 연계되어 있다. 하지만 '2도' 목표는 글로벌 인
류 사회의 자유의 폭을 제한하고 있다. 우리에게 대응할 시간조
차 넉넉하게 허락하지 않고 있다. 이처럼 '2도' 목표가 연계된 부
분은 중요하면서도, 다차원의 복합적 속성을 지니고 있다. '2도'
목표가 우리에게 요구하고 있는 과제의 특성과 의미를 찾아볼
이유는 이처럼 충분하다.

1) '2도'는 인류 생존의 위험한계선
기후변화 저술가이자 환경운동가인 마크 라이너스는 저서 『6

도의 악몽(Six Degrees)』에서 지구 평균기온이 1도씩 상승할 때마다 어떤 위험이 닥치고, 닥칠 수 있는지를 과학적 근거와 현장 경험을 통해 적나라하게 잘 그리고 있다. 지구 평균기온이 1도도 채 상승하지 않았던 2003년 8월 여름, 선진국인 프랑스 파리에서조차도 1만 명 이상이 열사병으로 사망하였다. 노인과 소외계층이 주요 해당자였다. 이어서 평균기온이 2도 상승을 넘어서게 되면 심각한 인류 생존의 위험까지 불러올 수 있는 가능성에 대해서 그는 경고하였다. 그는 2000년 11월 『네이처(Nature)』에 발표된 영국 해들리센터 연구팀의 「탄소순환되먹임으로 인한 지구온난화 가속화의 결합 기후모델 예측」이라는 논문을 참조하여, 아마존 열대우림지대가 붕괴되는 위험을 잘 묘사하고 있다. 2도 상승을 넘어서면 온난화로 인해서 흙 속의 세균이 유기물 분해활동을 더 빨리하면서 식물과 흙은 이산화탄소를 흡수하는 대신, 막대한 양을 배출하기 시작한다. 대기 중의 이산화탄소가 많을수록 광합성 작용을 할 때 식물의 잎들은 기공을 작게 벌리게 되고, 이로 인해 수증기를 적게 배출하게 된다. 이로 인해 비가 많은 열대우림이 점차로 가물게 되어 가뭄으로 붕괴되게 된다.[21] 아 이러니하다. 생태계 균형의 붕괴이자 거대한 변곡점(Tipping Point)이라고 할 수 있다. 이러한 경악할 만한 예들은 우리에게 2도 상승을 상한선으로 정해두고, 억제해야만 하는 당위성을 만들고 있다.

그렇다고 해서 2도 이내는 위험이 적다는 의미는 결코 아니다. 1도 이상 상승만 하더라고 그린랜드를 비롯한 빙하들이 녹아서 수천만 명이 사는 해안 도시들을 잠기게 할 수 있는 증거는 충분히 찾을 수 있다. 섬나라 도서 국가 등 기후변화의 피해를 많이 입는 국가들이 상승 한계선을 1.5도 이내로 묶어야 한다는 주장 역시 확실하게 있다. 2015년 파리협정에서도 이 점을 고려하였다.

러시아의 연평균 기온은 1991년 0.76도에서 2015년 1.5도 정도로 올랐을 뿐이다. 그럼에도 최근에 냉대 지역인 시베리아의 기온이 상승하면서 수목이 말라붙어 큰 산불이 자주 일어난다. 사하공화국의 주도인 야쿠츠크는 2016년 7월 최고 기온이 32.3도로 평년보다 6도 이상 높았고, 이런 이상 고온이 계속되면서 영구 동토(凍土)층에 묻혀 있던 각종 동물 사체가 해동돼 그 안에 있던 탄저균이 외부로 나오는 매우 위험한 일도 벌어지고 있다.[22]

지구 평균기온의 상승으로 인한 이 같은 생태계 균형의 붕괴현상과 이에 따른 인류 사회의 피해는 '2도'를 생존의 위험한계선으로 설정하게끔 하였다. WBGU 역시 우리가 한계점을 설정하고 지키지 않으면 매우 중대한 위험이 닥칠 수 있다고 경고하면서, '2도'를 넘어서서는 안 되는 한계선으로 제시하기에 이른다. 2010년 제 16차 UNFCCC 당사국 총회가 개최된 멕시코 칸쿤에서 비로소 '2도'를 상승 한계선으로 합의하고, 파리 당사국 총회에서 최종적으로 결정문과 조약으로 명문화하여 구속성을 부여하게 된다.

2) '2도' 목표는 정치사회적 문제

2014년 현재 지구의 평균기온이 산업혁명 이전 시대보다 약 0.84도가 상승했다. 우리가 삶의 방식을 변경하지 않고 계속 이대로 살아간다면 2100년도 경에는 평균기온의 2도 상승은 거의 확실시 되고 있으며, 6.4도까지도 상승할 수 있다고 IPCC는 예측

하였다.[23] 지구 평균기온 상승이 과연 우리와 무슨, 얼마만큼 상
관이 있는가?

기온 상승의 원인을 자연현상에서 찾았던 자연과학자들도 많
았었다. 킬링 박사는 1958년 지구 평균기온 상승이 대기 중의 이
산화탄소의 농도와 밀접한 연관성이 있음을 밝힌다. 이 이산화
탄소는 인류가 산업혁명 이후에 화석연료를 사용함으로써(태움
으로써) 대기 중에 방출된 것임을 밝혀낸다.[24] 지구 평균기온 상승
이라는 지구온난화와 이로 인한 기후(자연)변화가 인간의 행위와
밀접한 관계가 있음이 밝혀진다. 즉 기후변화는 자연현상으로
발생한 것이 아니라 사회적인 원인으로 야기된 문제인 것이다.
그것도 전 지구적 사회문제인 것이다. 2도를 넘어서게 되면 전모
를 다 파악할 수 없을 정도의 폐해와 위험에 처할 수 있다. 생명
보호, 안전의 유지, 물질적 재산의 보호, 지속가능한 삶의 유지가
국가와 정치의 기본 의무라고 한다면 '2도' 목표는 정치적 이슈
이기도 한다. 글로벌 사회의 정치적 주제인 것이다. 나아가서 생
(실)존의 위험을 다루는 수준이라면[25] 안보적, 윤리적, 철학적 문
제가 아닐 수 없는 것이다. 어떻게 살아야 할 것인가? 과연 인간
은 스스로를 통제할 수 있는 능력이 있는 것일까? 라는 질문에
정치사회적으로 답해야 한다.

3) '2도'는 경제적 패러다임의 전환을 요구

지구 평균기온 상승과 이산화탄소 농도가 직접적인 상당한 비
례관계가 있다는 것을 보여주는 과학적 사실은 기온상승과 이산
화탄소 배출의 주범인 화석연료의 사용에는 밀접한 상관관계가
있음을 말해준다. 화석에너지의 사용은 경제활동의 필수적인 요

소이다. 생산, 유통, 소비의 광범위한 경제활동 전반에 걸쳐서 필수적으로 화석연료는 사용된다. '2도' 목표는 경제적 문제가 아닐 수 없다. '2도' 상승 이내로 억제하기 위해서는 21세기 중반부에는 탄소제로 사회가 되어야 한다. 즉 경제 활동의 전반에 걸친 대전환이 필요하다. UN의 지속가능한 발전의 목표 12번째 항목에서도 "지속가능한 생산과 소비의 패턴의 실현"을 강조하면서 "회복력이 있는 사회간접시설의 구축, 포용적이며 지속가능한 산업화를 촉진하고, 혁신을 강화"시키는 전환의 방향과 목표를 제시하였다.[26]

4) '2도'는 상호 의존적인 글로벌 차원의 성격

구름도 국경을 자유롭게 넘듯이 온실가스인 이산화탄소도 국경을 자유롭게 넘어 다니며 대기 중에 100년 이상 머물며 지구 온난화를 일으킨다. 기후변화라는 위험을 안겨주고 있다. 이 위험은 우리의 의도와 상관없이 전 지구적 인류 사회를 서로 연계시키고 의존적으로 만들었다. 어떠한 위험과 위협도 한 국가가 개별적으로 해결할 수 없게 되었다. 상호 협력을 통하지 않고는 해결할 수 없는 문제가 되었다. 각 국가가 제출한 INDC는 UNFCCC가 분석, 검증, 평가할 수 있고, 또한 전 지구적으로 공개되고 공론화된다. UNFCCC의 권고를 통해서거나, 세계적 여론을 통해서 평가가 공개됨으로써 각 국가의 주권이 일정 정도 제한을 받을 수 있게 되었다. 기존의 선·후진국 간의 국제관계도 기후변화의 책임의 관점에서 더욱 상호의존적으로 새로 정립되어야 한다. UN SDG의 10항, 17항에도 국가 간의 불평등을 완화하고, 지속가능한 발전을 위한 글로벌 파트너십의 재활성화를 주요한 목표로 제시하고 있다.

5) '2도'는 지속가능성을 위한 통합적 과제

'2도' 상승을 넘지 않기 위해 '과연 무엇을 어떻게 할 것인가'라는 질문에 대해 해답을 찾기 위해서는 정치, 경제, 사회, 국제관계 영역을 아우르며 관통하는 통합적 관점과 접근이 필요하다. 점점 위험해지는 사회 및 생태계를 지속가능한 세계로 전환하기 위해서는 인류사회의 삶과 인간과 자연 간의 관계가 전반적인 영역에서 새롭게 구성되어야 하기 때문이다. 즉 새로운 삶의 내용, 방식, 원칙이 요구되고 있다. 사회과학적 통합적 접근 및 해결방식은 물론 자연과학적 관점 및 해결책과 융합되어야 함은 물론이다.[27]

통합적 관점은 지구온난화를 유발한 이산화탄소의 배출의 원인과 감축의 방식에 관한 질문을 제기할 것이다. 글로벌 사회의 구성원은 누구나 화석에너지를 적든 많든 간에 사용했으므로 개인, 기업, 시민사회, 지역, 지방정부, 중앙정부, 글로벌 사회는 온실가스 감축을 위해 무엇을 어떻게 할 것인가에 대해 해답을 내놓아야 한다. 기존의 화석에너지체계에서 (신)재생에너지 체계로의 전환이 필연적 과정이라면, 신재생에너지 기술개발은 과연 가능(충분)한 것인가, 재정지원은 얼마나 필요한 것인가, 누가, 언제까지, 얼마만큼의 경제적 부담을 담당해야 하는지 등의 복합적인 질문에 답을 찾아야 한다. 이 질문은 동일하게 글로벌 사회에도 해당된다. 결국 사회적, 정치적, 경제적, 기술적, 윤리적, 환경적 차원의 문제를 해결하는 통합적 거버넌스를 국내·외 차원에서 구성해야 한다. 앞서 보았듯이 '2도' 목표는 7500억 톤의 이산화탄소 예산을 2050년까지 전 지구적으로 분배하는 방식과 그 이후 이산화탄소를 배출하지 않는 탄소 제로 사회로 진입할 수 있는 방식과 관련되는 다차원의 복합적인 문제를 통합적으로 해결하는 과제이다.

6) '2도'는 다차원의 갈등의 복합방정식

기후변화는 인간과 자연, 인간 간의 관계를 모든 차원에서 전환하도록 요청하고 있다. 화석에너지 체계에서 재생에너지 체계로의 전환, 지속가능한 생산-소비 양식으로의 전환도 요구하고 있다. 글로벌 협력체제의 강화도 요구하고 있다. UNFCCC 같은 글로벌 거버넌스에 힘이 실리고 있다. 각 주권국가가 글로벌 국제기구인 UNFCCC에 '2도' 목표를 위한 INDC 보고서를 의무적으로 제출하고, 그 이행 성과에 대해 평가를 받도록 하는 규정이―일종의 주권의 제약―이 같은 변화를 잘 말해주고 있다. 이 같은 일련의 패러다임의 변화들은 산업혁명, 내연기관의 발명, 인터넷 등의 정보기술의 발전과 버금가는 혁명적 변화를 의미하며, 근대 산업경제가 근본적으로 재조직 되어야 할 정도의 변화를 의미하고 있다. 이 같은 거대한 전환에는 다차원의 갈등이 국내 · 국제 사회 전반에 걸쳐서 발생될 수 있다. 물이나 식량 생산을 위한 농토 등의 점차 희소해지는 자원을 둘러싼 갈등, 기후변화로 인한 상품 시장의 급격한 변동, 기후변화 완화와 적응 노력의 분담, 기후난민문제 등을 포함한다. 모든 것이 엉켜있는 매우 복잡다단한 상황이다.[28] 기후변화 대응은 그 속성상 갈등의 소지가 너무 많고, 따라서 갈등의 조정 및 관리가 중요하다. 갈등관리가 '2도' 목표의 주요한 속성 중 하나이다. 기후변화의 물리적 영향, 기후변화 대응의 경제적 비용과 편익뿐 아니라, 사회적 정의 및 분배, 권력의 문제를 다루게 된다.[29]

7) '2도' 목표는 지속가능한 발전의 중심이자 초석

지속가능성은 기후변화의 범위보다 훨씬 더 넓다. 실제로 기후변화 완화와 적응은 UNSDG의 17개 목표의 일부분이다. 지속가능성은 빈곤퇴치, 양성 평등, 생물다양성 보호, 생태계의 복원과 보전, 미래세대와의 공존 등을 포괄하는 더 광범위한 범주에 관한 것이다. 하지만 기후변화 대응과 지속가능성은 동일한 방향을 지향하며, 상호 선 순환적이며, 보완적인 성격이 매우 강하다. 그리고 기후변화가 지속가능한 발전에 미치는 영향의 수준과 범위가 그 어떤 위험보다도 현재 가장 광범위하다. 그리고 기후변화 대응이 시급한 과제이기 때문에 기후변화 대응은 지속가능성의 중심에 놓여 있다고 할 수 있다.

매우 절박한 상태는 자명해지고 있다. 지구 평균기온이 2도 상승할 가능성은 상당히 현실적으로 받아들여지고 있으며, 생물종은 30~40%까지 사라질 수 있다. 위험은 전 지구적으로 광범위하게 발생될 수 있고, 그 영향이 미치지 아니하는 곳이 없다. 그 위험은 지속가능한 발전 목표의 대상인 토양, 하천뿐 아니라 대기 등 모든 생태계에 미치고, 어떤 지역에서도 발생할 수 있고, 그 누구에게도 미치고 있다. 그 영향은 점차 증폭되어 대형 기후재앙으로 변하여 그 피해와 고통의 규모가 어마어마해지고 있다. 환경문제로서 기후변화의 이러한 새로운 차원과 특성은 모든 영역에서 전 지구적 글로벌 시민들의 공동 협력과 대응을 요구하고 있고, 이 점 또한 인류가 맞닥뜨린 새로운 과제인 것이다. "글로벌 환경변화 독일연방 과학자문위원회(WBGU)"는 이런 차원에서 '기후변화'를 환경문제와 지속가능성의 중심에 두고 있다.

> 기후보호는 지속가능성의 중심적인 초석이다. 인류가 만든 기후변화는 다른 환경문제들과 매우 밀접하고, 상호 증폭시키면서 연결되어 있다. 기후변화의 영향이 커질수록, 다른 글로벌 환경문제를 더 풀기 어렵게 될 것이다.[30]

8) '2도' 목표는 시급한 필수과제

'2도' 목표는 미룰 수 없는 필수 과제이다. 많은 문제들이 시간이 흐르면서 인류역사에서 해결되었다. 수많은 경제 위기도 우여곡절 끝에 결국에는 해결이 되어왔다.[31] 기후변화가 초래하는 생태계의 붕괴와 위험은 시간이 흐르면 자연적으로 회복이 될 수 있을까? 지구온난화로 북극빙하가 녹으면 다시 얼 수 있는가? 생태계는 회복하기가 어렵다. 오히려 시간이 갈수록 위험도 더 심해져 갈 것이다. 기후변화의 위험이 다른 차원의 어떤 위험이나 위기와도 다른 본질적 차이점이 여기에 있다. 기후변화는 시급히 해결해야 할 필수과제이다.

9) '2도' 목표는 새로운 발전의 기회

'2도' 목표를 달성하는 과정에는 상당한 비용이 소요되고, 수많은 갈등을 해결해야 한다. 기존의 갈등과 전환의 과정에서 발생되는 새로운 갈등이 복합적으로 등장할 수 있다. 정말 중요한 것은 이 전환의 과정을 설계하고 운영하는 그 사회의 거버넌스가 될 것이다. 한 사회가 나아갈 미래의 경로는 천차만별일 수 있다. 미래의 경로는 막대한 비용을 투입하면서 복합적인 갈등을 해결하지 못하고 혼란의 위기로 빠져들든지 혹은 기후변화 문제를 당면한 과제로만 여기고 해결하는 것에만 매달리는 수준에서 머무를지, 아니면 새로운 발전과 도약의 기회로, 소위 '생태적 현대화'의 기회로 삼을 수 있는지에 달려 있다.[32] '2도' 목표는 거쳐야 할 경로이므로, 새로운 발전의 기회로 삼을 수 있는 기후 거버넌스를 구축해야 한다.

10) '2도' 목표는 역사상 최대의 시장 실패를 개선할 수 있는 기회

'2도' 목표는 지구의 경제구조를 환경보전과 사회통합성과 함께 재구축하는 동시에, 개발도상국의 빈곤을 경감시킬 수 있는 기회도 제공하고 있다.[33] '2도' 목표는 인류 사회가 자연과 인간의 관계, 선진국과 개발도상국의 관계, 인간 간의 관계를 절제, 배려, 조화와 공존, 대화와 협력의 측면을 강화시킬 수 있는 '의도하지 않은 선물'을 줄 수 있다.

11) '2도' 목표와 기후변화 적응은 수레의 두 바퀴

'2도' 목표는 기후변화 완화의 측면에만 국한되어서는 그 의미와 범위가 축소될 수 있다. '2도' 목표는 기후변화 적응 노력과 정합적으로 시행되어야 하고, 동시에 적응 노력은 '2도' 목표를 뒷받침할 수 있어야 한다. 산림녹화는 두 측면을 공유하고 있다. 수레의 두 바퀴처럼 상호의존적으로 굴러가야 한다. 사실상 개발도상국의 입장에서 보면 기후변화 적응이 더 급할 수도 있지 않은가? 따라서 파리협정에서도 기후변화 완화의 핵심 목표인

'2도' 목표를 추진하면서도 기후변화 적응에 동등한 비중을 부여하고 있다.

12) '2도' 목표는 21세기 글로벌 신 사회계약의 목표와 이정표

이미 언급하였듯이 '2도' 목표에는 여러 차원의 내용, 방식, 가치, 갈등, 지향성과 원칙들이 내포되어 있다. 공통적으로 새로운 내용과 방식을 지향하고 있다. '2도' 목표는 근본적으로 인간과 인간 간의 관계, 인간사회와 자연생태계 간의 관계를 새로운 내용과 방식으로 구성하고자 한다. '2도'는 아래와 같이 새롭게 전환되는 글로벌 사회의 목표이자 이정표를 제시하고 있다.

첫째, 인간과 다양한 생물종의 자원이자 환경인 지구생태계는 위험에 처해 있고, 새롭게 전환되지 않으면, 붕괴위험에 처하게 된다. 지구생태계는 이제 개발의 대상으로서만이 아니라 환경적으로 보전·회복되면서 개발되어야 한다. 그래야 자연도 살고 우리도 산다.

둘째, 지구생태계가 위험에 처함으로써 인류 사회도 위험에 처하게 되었다. 이제 위험한 사회에서 안전한 사회로 새롭게 전환되어야 한다.

셋째, 이 위험은 동시대, 세대에만 미치는 일회적인 것이 아니라 미래 시대, 세대에도 계속, 새롭게 전환되지 않으면, 더 심하게 미치게 된다. 동 세대가 누리는 혜택과 안전 이상을 미래 세대가 누릴 수 있도록 실천을 다하는 것은 윤리적 의무이다. 지속가능한 발전이 필요한 이유가 여기에 있다.[34]

넷째, 인간과 자연생태계 간의 가장 일반적이고 대표적인 상호관계가 인간의 노동을 통해 자연자원을 가공하는 생산과정이고, 가공된 생산물을 소비하는 소비(폐기)과정이다. 바로 인간의 이 경제 활동 과정 안에 이 위험이 내재되어 있기 때문에 지속가능한 생산과 소비 패턴으로의 전환이 절대적으로 필요하다. 화석에너지 체계에서 재생에너지 체계로의 전환이 그 핵심이다. 이 전환은 기술, 혁신, 투자, 인프라 등 공급 및 생산방식뿐 아니라 교통·수송 수단, 주택 분야에서의 수요 및 소비양식의 변화를 요구하고 있으며, 더 나아가 에너지 및 각 종 자원의 소비 습관이나 태도, 생태계에 대한 인식 등 일상의 변화를 촉구하고 있다. 즉 경제 패러다임의 대전환을 요청하고 있다.

다섯째, 기후변화는 인간이 만들었다. 노벨화학상 수상자인 파울 크뤼천(Paul Crutzen)은 "인류가 지구기후를 변화시키는 주된 행위자"라고 말하면서 "인류세(Anhropocene)가 시작됐다"고 매우 적절하게 규정하였다.[35] 그런데 이 새로운 시대는 위험한 방향으로 가고 있다. 기후변화를 만들어낸 장본인인 인류 사회가—새롭게 전환하지 않으면—더 이상 우리의 생명, 안전, 재산, 인권, 자유를 보호할 수가 없게 되었다. 이 같은 가치는 근대시민사회와 근대자유민주주의 국민국가가 보호하고 확장하고자 한 최고의 우선 가치가 아니었던가?! 17~18세기의 자유롭고 평등한 시민들이 공통의 목표와 의지를 가지고 이 같은 가치를 보호하고 계발하기 위해서 근대 시민공동체도 형성하고 근대 주권국가도 성립시켰다. 홉스, 로크, 루소, 헤겔 등 17~18세기의 대표적 정치사회 사상들은 중세봉건사회로부터 인간의 자유, 평등, 재산, 안전이 보장되고 실현될 수 있는 근대 시민사회와 국민주권 국가로의 대전환의 과정을 공통의 일반의지(General Will)에 의한 사회계약론(Social Contract)으로 설명하였다. 루소의 불후의 명저『사회계약론』을 빌려보자.

> 모든 공동의 힘으로 각 구성원의 신체와 재산을 지키고 보호해주
> 며, 그것을 통해 각자가 전체와 결합되어 있지만 오직 자기 자신에
> 게만 복종하기 때문에 이전과 다름없이 자유로운 결합 형태를 찾아
> 내는 것. 바로 이것이 근본적인 문제로 사회계약이 그 해결책을 제
> 시해 준다.[36]

하지만 이제 인류 사회가 생명, 안전, 재산, 인권, 번영, 자유를 보호하고 확장하기 위해서는 새롭게 변화하지 않으면 안 된다. 이 가치들이 환경보전, 지속가능성, 기후변화 대응, 특히 '2도' 목표의 범위 내에서 보호되고, 또한 미래에 지속될 수 있도록 경제, 사회, 정치 등 모든 영역이 새롭게 구성되어야 한다. 짧게 요약하면 '2도'라는 새로운 공통의 일반의지를 통하여 21세기 신 사회계약을 맺어야 한다. 신 사회계약의 또 하나의 새로운 측면은 주권 국가의 범위를 넘어서서 글로벌 차원에서 계약이 이루어져야 한다는 점이다. "국민의, 국민에 의한, 국민을 위한"이라는 저 선언은 이제 글로벌 세계시민사회의 '세계시민의, 세계시민에 의한, 세계시민을 위한'이라는 새로운 선언으로 전환되어야 한다. '2도' 상승 억제는 글로벌 시민사회의 21세기 판 공통의 일반의지가 되어서 신 사회계약의 공동의 목표, 이정표가 되었다.

여섯째, '2도' 목표는 이제까지의 기후변화 대응의 연장선에 있으면서도 새로운 질적 함의를 갖고 있다. 구체적인 글로벌 목표가 되었다. 공식 목표가 되었다. 이 목표는 이루어져야 하기 때문에 '2도' 목표에는 이정표가 제시되어야 한다. 기존의 기후변화

대응은 기본 지향점, 방향과 성격 면에서는 '2도' 목표와 동일하지만, 여러 측면에서 모호하거나 느슨한 면이 적지 않았다. 개발도상국에는 감축 의무가 구체적으로 주어지지 않았고, 선진국의 시행 결과에 대한 평가나 제재 수단 역시 분명하지 않았다. 하지만 '2도' 목표가 세워짐으로써 모든 국가가 기한 이내에 각자의 목표를 달성할 책임이 생기게 되었다. 그리고 전 지구적으로 평가를 받게 된다. 분명한, 그리고 구체적인 전 지구적 공동의 과제가 등장한 것이다. '2도' 목표가 갖는 새로운 성격으로 자리매김할 수 있다. 더 강화된 새로운 기후 거버넌스가 필요한 이유이다.

13) '2도' 목표는 구체화된 자유의 한계선

21세기 신 사회계약의 내용, 방식, 원칙을 시행함에 있어서 이전의 역사와 다른 측면은 수량화 할 수 있는 구체적 목표가 제시되었다는 점이 결정적인 차이점이다. '2도' 상승 억제라는 한계선처럼 "지구생태계 부양한계점"으로 불리는 몇 가지 차원의 한계선이 제시되었다. 우리 행위의 결과 및 책임소재가 비교적 투명하게 드러난다는 점이 차이점이다. 인류 사회의 자유의 폭이 구체화된 목표들에 의해서 한계가 주어진다는 점이 이전과는 다르다. 우리 행위의 자유가 그 목표의 달성에 맞추어서 제한된다는 점이다. 록스트롬은 "지구생태계 부양한계점"을 제시하면서 인간의 행위가 이 한계점들을 넘지 않을 때에만 비로소 장기적인 사회적, 경제적 발전을 추구할 수 있는 자유를 누릴 수 있다는 점을 역설하고 있다.[37] 마치 철학자 헤겔이 '자유는 필연성(강제성)에 대한 통찰'이라고 갈파하였듯이.

2장

2도 목표 달성의
내용, 방식, 조건

'2도' 목표 달성의 내용, 방식, 조건

1. 온실가스 감축의 필요조건

'2도' 목표를 이루기 위해서 무엇보다도 온실가스 감축을 해야한다는 사실에 누구나 동의할 것이다. 이제 감축에 필요한 조건이나 방식에 대해 알아보고, 감축의 이행이 잘 진행되는지 평가기준에 대해서도 알아볼 필요가 있다.

첫째로, 온실가스 감축의 대표적인 방식은 화석연료 에너지 절약 및 에너지 효율성의 개선, 재생에너지 사용 확대, 재생에너지원의 전력으로의 전환을[1] 들 수 있다. 이와 함께 이전까지의 무임승차에 대한 적절한 대가를 지불하는 것이 에너지 가격을 적정하게 하여 에너지 과잉소비와 오염물질 배출을 제약하고 종국에는 '2도' 목표를 달성하는 주요한 방식인 것이다.[2]

둘째로, 누가, 어디서, 언제, 얼마만큼 감축할 수 있을까? 라는 물음에 답을 찾아야 한다. 이를 위해 온실가스 배출원과 배출량의 파악이 우선이다. 누가, 어디서, 얼마나 배출한 것인지, 왜 그만큼 배출했는지를 파악하는 것이다. 즉 화석연료의 소비구조와 온실가스 배출원 및 배출량을 파악할 수 있는 온실가스 목록 (Inventory)을 구축하는 것이 필요하다. 이를 통하여 각 주체의 에너지 소비 및 온실가스 감축을 합리적으로 계획하고 시행할 수 있기 때문이다. 온실가스 목록을 통하여 어디서, 얼마만큼, 언제까지 감축할 수 있는지를 가늠할 수 있고, 각 주체 간의 조정이 가능하기 때문이다. 각 가정부터 작은 기관을 거쳐, 모든 부문의 국가 온실가스 목록 구축, 나아가 전 세계가 온실가스 목록을 만들어야 하는 필요성이 여기에 있다.

셋째로, '2도' 목표를 실현할 수 있는 배출 허용량과 감축목표량이 정해져야 한다. 이미 언급했듯이, '2도' 목표 달성을 위해 허용된 시간과 감축량은 사실상 이미 정해졌다. 기후변화 협상의 기초 자료를 제공하는 IPCC는 *IPCC Special Report on Emissions Scenarios*(SRES, 2000)에 이어 「2007년 4차 기후변화 종합보고서」에서 지구온도가 산업화 이전 대비 '2도' 이내로 억제되기 위해서는 이산화탄소 농도를 400ppm(온실가스 농도 490ppm CO_2-eq) 이내로 유지해야 한다. 이를 위해서는 전 세계 온실가스 배출량이 늦어도 2015년도에는 최고치(정점)를 기록한 뒤 감소하기 시작해 2050년까지 2000년 대비 50~85%까지 줄어들어야 한다고 밝힌 바 있다.[3] 독일연방 글로벌 기후변화과학자문회의는 「전환하는 세계」라는 보고서에서 글로벌 차원에서 '2도' 달성을 위하여 2011~2050년 기간 동안 우리에게 허용된 이산화탄소 배출량을 7,500억 톤으로 제시한 바 있다. 이를 위해 2011년을 정점으로 하는 시나리오에서는 연간 3.7%를 감축해야 하며, 2015년을 정점으로 하는 시나리오에서는 연간 5.3%를 감축해야 하며, 2020년을 정점으로 하는 경우에는 무려 9.0%을 감축해야 하는 경로를 제시하였다.[4] 2050년도까지 예상되는 인구 및 도시 증가와 경제성장 및 에너지 소비증가를 감안한다면 매우 어려운 과정이 될 것이다.

넷째로, 온실가스 감축에는 이와 연관된 소요비용과 책임에 관한 갈등이 많이 발생할 수 있다. '누가, 어디서, 얼마만큼, 언제까지, 어떻게, 왜 감축을 해야만 하는지'라는 복합적인 질문에 답을 찾는 과정은 다차원의 복합적인 갈등을 해결하는 과정이기도 하다. 따라서 갈등을 조정할 수 있는 원칙, 제도, 그리고 기후 거버넌스가 필요하다. 글로벌 차원에서의 "공동의, 그러나 책임과 능력(여건)에 따른 차별화된 원칙"[5]은 국내에서도 대체로 적용될 수 있는 원칙이다. 온실가스 목록 구축을 기반으로 해서 사회의 모든 부문 및 영역에서 위의 원칙 아래 감축량이 공정하게 배분되어야 한다. 하지만 이 감축에는 (투자)비용, 노력, 필요한 기술 등이 투입되어야 하므로 감축은 누구나 쉽게 나서려고 하지 않는다. 대부분의 사람은 감축의 부담과 책임을 덜 지려고 하기 때문에 배분의 과정은 갈등의 여지가 많다. 이제까지 무임승차 때문에 지구온난화가 발생했듯이, 개인이나 시장에게 자발적인 감축 이행을 기대하는 것은 난망하다. 따라서 인센티브 제도, 감축 정책, 제제나 강제 수단을 찾아야 하는 이유이다. 이와 함께 갈등을 조정할 수 있는 다차원의 사회적 대화 및 조정기구 역시 필요하다. 이 과정을 효율적으로 운영하는 것이 중요하고, 이는 그 사회의 민주적인 역량에 달린 것이다. 대표적인 감축 제도는 이산화탄소 배출권거래제, 탄소세 및 친환경 조세제도, 기후변화 정책 및 입법 등을 들 수 있다. 갈등의 조정기구로서는 국가마다 다양한 컨트롤 타워가 있다.[6] 글로벌 차원의 협력이나 제제, 구속력 등이 역시 필요하다. 대표적으로는 28개 국가가 함께 참여하는 유럽연합의 이산화탄소 배출권거래제도가 있으며, 전 세계 대부분의 국가가 INDC를 제출함으로써 실현가능하게 된 2015년 UNFCCC 파리협정이 있다.

다섯째, 온실가스 감축에는 초기에 비용이 많이 소요된다. 이미 배출된 오염물질과 앞으로 배출될 오염물질의 감축, 정화 및 폐기비용을 지불해야 되기 때문이다. 따라서 저탄소 상품의 가격은 일반적으로 더 비싸다. 사회적 취약계층이나 저소득층은 이처럼 가격이 인상된 부분을 부담하기가 쉽지 않다. 이 계층의 인간다운 생활을 위한 소비는 인정되어야 하고, 개발욕구 또한 절실하다. 이들은 기후변화의 폐해에도 가장 취약하다. 이 계층은 생존을 위해 생태계를 훼손하려는 유혹에 쉽게 노출되어 있다. 이 계층에게 경제적 지원 및 다양한 형태의 지원이 필요하다. 사회 통합성을 유지 또는 확장하면서 감축의 과정을 진행해야 하는 이유가 여기에 있다. 개발도상국에 대한 기술 이전 등 다양한 지원이 필요한 이유도 이와 동일하다.[7]

여섯째, 온실가스 감축 계획과 수행에 대한 평가기준으로 감축목표의 이행정도, 제도의 도입 수준 및 운영 능력이 중요할 것이다. 구체적으로 에너지 효율성의 증가 수준 및 신재생에너지 이용의 수준이 주요한 측정수단이 된다. 온실가스 완화(감축)의 과정은 경제 전반과 밀접하게 연관이 되어 있고, 사회적 통합성을 동반하면서 진행되어야 한다. 따라서 감축 이행에 대한 평가기준에는 감축 수준과 함께 경제발전과 사회통합성에 관한 지표도 함께 포함이 되어야 한다. 경제적 성장, 경쟁력 강화 및 일자리 창출의 수준, 사회적 불평등 완화를 통한 사회통합적인 발전

의 수준이 주요한 평가기준이 될 것이다. 녹색경제와 녹색기술에
대한 재정투자의 비중 역시 쉽게 알아볼 수 있는 평가의 지표가
될 수 있다. 저탄소 사회로 전환하는 초기에는 국가 재정의 역할
이 상당히 필요하고 중요하기 때문이다. 기후변화 대응을 위한
입법, 정책, 프로그램의 수준도 매우 중요하다. 이것을 효율적으
로 운영하는 데 필수적인 친환경적이며 사회통합적인 민주적 기
후 거버넌스의 구축의 수준이 더 중요한 평가기준이 될 수 있다.
지속가능한 발전이라는 더 포괄적인 목표와 방향에 부합하는지
도 평가의 대상이 될 것이다.

2. 저탄소 녹색 경제와 녹색 기술

이산화탄소 및 온실가스 배출의 대부분은 기존의 지속가능하
지 않은 생산과 소비 및 폐기과정에서 기인한다. 화석연료를 주
요 에너지원으로 사용하였고, 그 오염물질인 이산화탄소, 메탄,
아산화질소 등 온실가스를 정화내지 처리하지 않고 대기 중에
그대로 방출하였다. 이 온실가스 배출을 감축시킬 수 있는 저탄
소 경제로, 결국에는 탄소제로 경제로 전환하는 것이 바로 글로
벌 신 사회계약의 경제적 목표인 것이다. 저탄소 녹색 경제의 새
로운 내용, 방식, 원칙에 대해 살펴보자.

저탄소 녹색 경제는 무엇보다도 화석에너지 체계를 신·재생
에너지 체계로 전환시키는 것을 목표로 하고, 그리고 에너지의
효율성을 개선함으로써 온실가스 배출을 감축시켜야 한다. 오염
으로 나타나는 각종 부정적 외부효과를 줄이는 방식이 다루어져

야 한다. 즉 오염유발자가 그 비용을 지불해야 하는 방식이 논의되어야 한다. 저탄소에너지 기술을 위한 투자지원 방식이 제시되어야 할 것이다. 사회적 기반시설 투자에도 기후변화 완화에 상응한 방식이 적용되어야 한다. 이러한 저탄소 경제의 새로운 방식이 경제 본연의 과제인 일자리 창출 및 성장 동력의 기회를 만들 수 있도록 설계되어야 하며, 또한 경제적 불평등 완화의 내용을 담고 있어야 한다. 즉 경제활동 과정에 기후변화 영향의 완화, 적응에 연계되어 논의되어야 하며, 이를 위해서 충분한 예산이 배분되어야 할 것이다. 그리고 이러한 새로운 방향은 생태계와 환경을 고려하지 않았던 기존의 '성장제일주의'가 아니라, 생태계의 지속성과 사회의 지속성을 함께 추구하는 지속가능한 발전을 지향해야 한다.

경제적 시각에서 보면 환경오염 및 손상의 이유는 환경자원이 사유재가 아니라, 바로 공유(공)재라는 속성을 지니고 있기 때문이다. 즉 각 경제주체들이 '생태계 자원을 아무런 대가 없이 무제한 사용할 수 있다', 또는 '아무런 대가 없이 사용해도 괜찮다'라는 인식이 환경의 오염과 손상을 가져온다. 이렇게 무임승차하면 결국 "공유재의 비극"처럼 하천이나 대기가 오염이 되는 것이다. 그 결과 지구온난화가 발생하게 된다. 이는 개인의 단기적, 사적 이익이라는 관점에서 출발했지만, 결국에는 그 개인을 포함해서 사회 구성원 전체가 막대한 손해를 보는 것이다. 이것이 바로 '시장실패'이고, 시장의 '부정적 외부효과'로 인한 피해이다. 시장실패를 줄이거나 제거할 수 있는 방법은 무임승차를 줄이거나 없앨 수 있는 방법인데, 가장 효과적이고 확실한 방법은 오염원에게 제도적으로 폐기물 처리 부담을 지우게 하는 방법이다.

저탄소 녹색경제와 기술이 담아야 할 주요 방식 및 방향에 대해 좀 더 구체적으로 살펴보면, 첫째로, 온실가스 배출로 인한 오염비용을 가격기제를 통해 내재(부)화 시키는 방식이다. 온실가스 배출 당사자에게 세금을 부여하거나 다른 형태의 비용이나 부담을 지우게 함으로써 온실가스 배출을 줄이도록 하는 방식이다.

둘째로, 에너지 효율성을 높이고, 에너지를 재생할 수 있는 녹색기술을 위한 종합적 정책이 담겨 있어야 할 것이다. 이 두 가지 기술은 저탄소 경제의 기술적 측면을 구성하고 있다.[8]

셋째로, 저탄소 녹색경제 및 기술로의 전환과정에서 유발되는 심대한 변화는 새로운 성장 동력을 만들어낼 수 있도록 설계되어야 한다. 새로운 기술(New Technology)의 물결이 각 분야로 파급된다면 새로운 투자기회와 일자리를 충분히 창출할 수 있을 것이다.

넷째로, 이해관계가 상충되거나 갈등이 발생했을 경우, 원칙적으로 화석에너지 연관 부분에 대한 지원은 감축되어야 하는 반면에, 재생에너지 관련 분야는 재정적, 정책적 지원이 이루어지도록 해야 한다.[9]

다섯째로, 개발도상국가나 사회적 취약계층은 인간다운 생활을 위해 개발욕구 또한 절실하다. 그리고 기후변화의 폐해에도 가장 취약하다. 녹색경제로의 전환은 초기에는 대체로 비용이 증가하기 때문에—지금까지 무임승차한 비용을 지불해야 되기 때문에—이 계층은 새로운 부담을 안게 된다. 따라서 녹색경제로의 전환은 경제사회적 불평등한 구조의 개혁과 함께 융합되어 이루어져야 한다.[10] 이런 이유로 세계 환경의제의 대다수의 목표는 기존의 경제발전의 세 가지 주요 목표와 대상과[11] 상당히 유사하다.

여섯째, 저탄소 경제정책을 수립함에 있어서 기후변화 피해에 적응할 수 있는 사회간접시설의 구축은 필수적이다. 특히 방재대책은 저소득층 및 사회적 약자층에게 필수적이다. 예를 들어 사회적 복지예산을 충분히 마련하여 이들을 위한 임대주택 건설시 친환경적으로 건설할 뿐 아니라, 재난에 대비하여 안전한 주택이 될 수 있도록 대비한다.[12] 이런 차원에서 독일연방정부 및 지방정부의 임대주택의 친환경 재정비사업, 저탄소 전기자동차의 전기충전소 건설이나 재생에너지의 송·배전 설비에 대한 지원은 각별하다.[13]

일곱째, 저탄소 경제로의 전환은 지금까지 언급한 것을 훨씬 뛰어넘는 내용과 방식을 포괄해야 한다. 현 경제체제는 무한 성장을 기본적으로 지향하고 있다는 근본적 문제가 있다. 그리고 이것은 지속 가능하지 않다는 것이 증명되었다. 이미 지구의 부양 한계능력 또는 수용능력을 초과하는 과잉소비, 과잉생산수준을 나타내고 있다. 이윤이 생산의 유일한 척도가 되지 않는 경제체제로의 질적 전환이 일어나야 한다. 소유 및 소비수준이 경제의 최상의 척도가 아닌 경제체제로, 공유하는 경제체제로의 전환이 일어나야 한다. '쓰고 폐기하는 사회'[14]가 아닌 자원순환의 경제로 전환해야 한다. '2도' 목표를 지키기 위해서는 이산화탄소 배출량의 한계 범위 내에서 생산 활동이 정해져야 한다.

여덟째, 저탄소 경제로 전환되는 과정은 경제 본연의 과제인 새로운 성장 동력과 일자리를 창출할 수 있도록 설계되어야 한다. 즉 '기후변화 대응 정책은 과연 고용을 창출할 수 있을까'라는 질문에 답할 수 있어야 한다. 녹색경제로 전환하는 과정에서는 불투명한 수요시장, 막대한 초기 투자비용, 자원 절약의 원칙 등 경제를 수축시킬 수 있는 요인들이 도처에 많기 때문이다. 분명 새로운 분야나 기술영역에서는 새로운 일자리가 생겨나고 기존 화석에너지 및 타 산업에서는 일자리가 상대적으로 축소될 것이다. 더욱이 대부분의 신기술은 많은 노동력을 필요로 하지 않을 수 있다. 하지만 새로운 일자리는 생활양식과 기호(선호)의 변화 때문에 확장될 가능성이 크다. 새로운 생활양식이 시작되면 새로운 소비와 생산영역이 생겨나고, 여기서 광범위한 일자리가 생겨날 수 있다. 유엔환경계획(UNEP)에 의하면 녹색 일자리들은 농업, 제조업, 연구개발, 서비스업의 4부문에서 '환경의 질 보전과 복원'에 크게 기여하는 직업군에 속한다. 또한 공공정책의 역할이 대단히 중요하다는 점을 지적하면서, 유해 산업에 지급하는 보조금을 에너지 효율을 제고하는 보조금으로 전환하는 것이 일자리 창출에 중요하다고 지적하였다.[15] UNEP가 2008년 그린 뉴딜(Green New Deal)이라고 명명한 바가 있다. 정부 주도로 저탄소에너지와 에너지 효율 증진에 투자하는 일은 기후변화에 관심이 없던 사람들을 끌어들이는 수단이 될 수 있다고 밝혔다. 로버트 폴린 등 '미국진보센터'는 6개 공공부문에 정부의 과감한 재정 지원을 요청하는 대책을 발표하였는데, 건물의 에너지 효율 증진, 대중교통망과 화물수송망의 확대, 전력산업에 스마트 그리드 도입, 풍력발전단지와 태양광발전소 건설, 차세대 바이오연료 생산 등이 포함되어 있다. 미국 정부가 2년에 걸쳐 1,000억 달러

규모의 녹색투자(Green Investment)를 하면 200만 개의 신규 일자리가 창출될 수 있다고 한다.[16]

한국의 이명박 정부도 2008년 '저탄소 녹색성장'을 새로운 국가전략으로 제시하였다. 실제로 유럽연합과 독일은 온실가스 감축과 경제성장 및 일자리 증가가 동시에 진행되는 소위 탈동조화(Decoupling) 현상을 잘 보여주고 있다. 독일 연방경제에너지부의 한 연구 「독일의 재생에너지를 통한 고용: 확장과 가동, 오늘과 내일」은 2013년 현재 재생에너지 분야에서 일하는 종사자가 371,400명이고, 에너지 전환의 과정에서의 순 고용창출은 18,000명 정도라고 밝히고 있다.[17]

이러한 새로운 내용과, 방식, 원칙을 견지하면서 '2도' 목표는 이행되어야 한다. '2도' 목표를 위한 구체적인 방식을 살펴보자. 앞서 보았듯이 '2도' 목표를 달성하기 위해서는 수량화된 구체적인 목표수준이 다행스럽게도 이미 제시되어 있다. 2050년도까지 온실가스 배출량을 1990년 대비 50~70% 수준으로 감축해야 한다.[18] 혹은 탄소예산제의 개념을 도입하면 전 지구적으로 2010~2050년도까지 7,500억 톤의 예산이 남아 있다. 온실가스 농도를 2050년도까지 450~550ppm CO_2-eq로 제한해야 한다. 동 온실가스 배출 허용량의 범위 내에서 미래의 에너지 체계가, 그리고 경제 패러다임이 운영되어야 한다.

수량화된 구체적인 목표 제시는 UN의 지속가능한 목표의 실현에도 주요한 권고 사항이자 방식이 되었다. 측정이 가능하며 적용이 가능한 통합적인 데이터는 모든 국가에게 적용될 수 있는 행동지침을 제시하기가 용이하기 때문이다. 이에 구체적인 목표인 '2도'의 한계점을 넘지 않도록 해야 된다는 점을 강조하고 있다.[19] 파리 UNFCCC 당사국 총회에서는 파리협정의 총회결정 문을 통하여 좀 더 구체적인 방식을 권고한다. 2015년까지 제출된 각 국가의 INDC를 평가해보면 2030년도까지 예상 온실가스 배출량이 적정 배출량 400억 톤보다 훨씬 많은 550억 톤에 도달할 예상이므로, '2도' 목표 달성을 위해서는 감축 노력을 더 기울여야 한다고 권고하면서, 동시에 협정문 제4조를 통하여 온실가스 배출량의 정점의 시기를 가능한 빨리 앞당겨서 21세기 후반에는 탄소제로 글로벌 사회로 전환될 수 있도록—공평의 원칙에 기초하고 지속가능한 발전과 상응하면서, 빈곤퇴치의 노력과 함께—노력하기를 주문하였다.[20]

'2도' 목표 달성을 위한 각 국가의 구체적인 이정표나 로드맵은 다음과 같은 내용과 방식을 공통적으로 담고 있어야 한다.

첫째, 각 국가가 제출한 INDC에서 보았듯이 바로 감축목표량과 기한이다. 영국은 2008년 탄소예산제도를 도입한 "기후변화법"을 제정하여 장기적인 목표로 2050년까지 1990년 대비 80% 감축하며, 중기적인 목표로 이산화탄소 배출을 2020년까지 최소한 26% 줄이기로 하였다. 유럽연합의 감축목표와 연계하면서, 독일은 2010년 '에너지 기본계획'을 통하여 선도적이며 야심찬 목표를 제시하였는데, 중기목표로서 1990년 대비 2020년까지 40% 감축, 장기목표로서 2050년도까지 80~95% 감축을 제시하였다.[21] 한국도 2009년도에 2020년 BAU 대비 30% 감축안을 공표하였고, 2015년 제출한 INDC에서는 2030년 BAU(예상배출량) 대비 37% 감축목표를 제시하였다. UNFCCC 파리협정은 각 국가가 '2050년까지의 장기 저탄소 발전목표'를 설정하고 2020년까지 이 목표를 제출하도록 권고하고 있다.[22]

둘째, 감축목표량과 시간표가 정해진다면 이제 감축의 주체나 감축 분야의 설정, 그리고 감축량의 분배에 관한 방식을 포함하여야 한다.[23] 감축 분야는 일반적으로 에너지 분야, 산업(제조업) 분야, 교통·수송 분야, 주택 및 건물 분야, 농업 분야 등으로 구분되는데, 국가마다 토지사용 및 임업 분야, 폐기물 분야나 공공 기타 분야를 추가하여 좀 더 세분화하기도 한다. 각 분야에서 얼마만큼의 감축이 되어야 하는지, 즉 얼마만큼의 배출량이 허용되는지를 정하는 것은 복합적이고 어려운 과정이자, 동시에 갈등의 소지가 크다. 왜냐하면 감축량의 배분문제에는 많은 것들이 얽혀 있기 때문이다. 예를 들면, 각 분야는 배출에 어느 정도의 책임이 있는지, 감축 기술과 역량은 충분한지, 각 감축분야의 특수한 애로점의 유무, 각 분야의 감축 잠재량의 유무, 미래의 경제 및 사회 변화에 대한 전망, 국제협력의 수준, 다양한 형태의 편익과 불이익, 감축에 필요한 비용 수준 등 수많은 차원의 복합적인 고려사항들이 연계되어 있기 때문이다. 따라서 '2도' 목표 달성은 '거대한 사회적 프로젝트이자 과정'이라고 할 수 있다. 크게 분야별 감축량이 정해지면, 세부적으로 각 개별주체나 단위에게 감축량이 분배내지 할당되기도 한다. 어떤 기업이, 몇 년도까지 몇 톤의 온실가스를 감축해야 한다든지, 또는 '주택 분야에서는 언제까지 몇 %를 줄인다' 등의 사회적 합의가 이루어지는 것이다.

셋째, 온실가스를 감축하는 방식이나 방법이 중요하다. 가장 대표적이고 통합적인 제도로서 이산화탄소 배출권거래제도, 탄소세제, 재생에너지지원 제도가 시행되고 있다. 동 제도들은 감축의 핵심제도나 핵심정책으로서 기능하고 있다. 각 분야에 적합한 다양한 감축의 주요 정책이나 프로그램 또는 주체들의 자발적 감축 계획이 시행된다. '에너지제로 주택프로그램'이나 '대중교통환승체계 구축' 등이다. 이산화탄소 배출권거래제도는 운영체계상 특정 분야에만 적절하게 적용되기도 한다. 추후 설명하겠지만, 이 제도는 대규모 단위의 에너지 사용 기업에만 일반적으로 적용한다.

넷째, 기한 내 총 감축량을 정하고, 분야나 주체별로 (재)분배하고, 감축 정책이나 제도를 도입하고 하는 이 모든 과정은 실로 복합적이고 복잡하기도 하다. 이 과정의 우선순위를 정하면 간편해지기도 하는데, 대부분의 경우 대량의 에너지를 사용하는 기업들의 기한별 감축량이 정해지면 총 감축목표량이나 감축 시나리오의 윤곽이 쉽게 파악될 수 있다. 실제로 이렇게 시행이 이루어지고 있는 경우가 대부분이다.[24]

다섯째, 각 국가마다 온실가스 감축 시나리오의 기획 및 로드맵은 다양할 수 있고, 다양한 제도 및 정책이나 프로그램이 적용될 수 있지만, 감축의 공통적인 방식은 에너지 효율성의 증가와 재생에너지 사용의 확대, 그리고 재생에너지원의 전력화가 주된 방식이다. 점차 탄소포집 및 저장의 기술이(carbon capture & storage, CCS) 그 중요성을 얻고 있다. 생산 공정의 특수성 때문에 온실가스가 배출되는 곳이나 화석연료를 사용하는 곳에는 이 기술이 적합하기 때문이다.

2-1 이산화탄소 배출권거래제도

온실가스 감축은 다양한 차원에서 전개될 수 있다. 사회적인 자율규제를 통해서도, 정치적인 규제를 통해서도 할 수 있지만, 이 절에서는 시장에 기반을 둔, 또는 시장(경제)의 작동 기제를 통한 해결 방식을 찾아보자.

'2도' 목표 달성을 위하여 국가의 감축 계획이 정해지고, 즉 국가의 총 허용배출량이 정해지고, 각 분야나 주체들에게 배출허용량이 분배되면, 즉 감축 목표량이 주어지게 된다. 각 주체는 감축 활동을 위해 비용, 기술(개발), 시간 및 자원을 투입하여 감축목표를 기한 내에 달성해야 한다. 즉 오염물질인 온실가스를 배출한 당사자가 어떤 형태의 비용을 부담하면서 배출량을 감축하는 것이다. 가능하면 적은 비용으로 많은 감축을 할 수 있으면 경제적이고 효과적일 것이다. 이 점을 시장의 가격기제를 통해 이루려는 방식이 바로 이산화탄소 배출권거래제도(Emission Trading System, ETS)이다.

이 비용의 내부화 방식의 시장 작동메커니즘을 살펴보면, 크게 두 부분의 과정으로 구성된다. 첫째, 배출권의 권위적 할당기구는[25] 허용배출 총량의 범위 내에서 배출권거래제도의 각 당사자나 주체에게 각 주체가 배출할 수 있는 허용량을 정하여 할당(분배)하고, 각 주체는 이 허용된 할당량을 초과하지 않도록 다양한 노력과 비용을(투자, 감축 사업, 그리고 감축기술을 통해서) 부담하며 각자의 감축목표를 달성해야 한다. 둘째, 각 거래 당사자에게 할당된(허용된) 이산화탄소 배출량보다 더 많이 감축한 기업이나 주체는 그 양만큼 시장에서 팔 수 있도록 하고(그만큼 판매수익을 얻을 수 있고), 할당량보다 더 많이 배출한 기업이나 주체는 그 양만큼 해당하는 비용을 지불하고 배출할 수 있는 권리(배출권)를 살 수 있도록 하는 제도이다. 전자는 이산화탄소 배출권을 팔면서 수익을 얻게 되고, 후자는 배출권을 사기 위해 비용을 지불하게 된다. 결과적으로는 모든 주체가 비용을 부담하면서 감축하지만, 동시에 각 주체는 고유의 역량이나 여건에 따라서 비용 효과적으로 각 자의 할당량보다 많게, 또는 적게 배출하면서 허용된 배출 총량의 목표, 감축목표량을 달성하게 되는 것이다.

예를 들어 A발전소와 B제철소 기업이 있다고 가정해보자. 두 기업 모두 각각 12,000톤의 이산화탄소를, 총 24,000톤을 배출한다. 국가는 이듬해 감축목표를 16.7% 수준으로 설정하고, 총 허용배출량을 2만 톤으로 결정하였다. A발전소와 B제철소에게 허용된 배출량은, 특별한 조건이 없는 한, 공평하게 각각 10,000톤이 될 것이다. 즉 각 기업은 12,000톤 배출하던 방식에서 어떠한 형태든 비용을 들여서 각각 2,000톤씩 감축해야 한다. A발전소는 열병합발전이라는 새로운 에너지 효율적인 기술과 자본을 투입하여 허용배출량 10,000톤보다 1,000톤을 더 줄일 수 있게 되어 9,000톤을 배출하였다. B제철소는 화석연료 사용을 줄이기에 어려운 고로공정의 특성으로 11,000톤을 배출하게 되어 1,000톤을 감축했지만, 할당배출량보다는 1,000톤을 더 배출하였다. 물론 고로공정에서 다양한 가스를 에너지로 회수하여 재활용하거나 열풍가마(Hot Stove)의 에너지 효율성을 증대시키는 기술도입을 통하여 더 많이 감축할 수도 있었다. 하지만 그러기에는 투자비용이 너무 많이 소요되고, 새로운 기술도입이 어려워서 포기하였다. 결과를 살펴보자면, 국가의 감축목표량인 20,000톤은 달성되었다. A발전소가 9,000톤, B제철소가 11,000톤 배출하여 총 허용배출량 20,000톤이 배출되어 감축목표 16.7%를 달성한 것이다.

여기서 비용 효과적이라고 할 수 있는 이유는 무엇인가? 시장 기반적 정책수단인 ETS는 직접규제 혹은 명령과 통제수단과 달리[26] 비용대비 효과를 더 크게 할 수 있는 이점과 유인책 등이 있기 때문이다. 앞의 예시의 경우에서 배출권 거래가격이 1톤당 10,000원에 형성되어 있다고 가정해보자. A발전소의 경우에 2,000톤을 감축하여 감축목표를 달성하였다. 감축활동을 그 지점에서 멈추어도 되지만, 그 지점에서 추가로 감축하는 비용이 (한계저감 비용) 배출권가격 10,000원보다 아직도 적다면, A발전소는 한계저감 비용이 배출권 가격과 동일해지는 점까지 지속적인 감축 노력을 기울여 감축량을 최대한도로 늘릴 것이다. 그리고 배출할당량보다 더 많이 감축한 배출권을 배출권 거래시장에 내다 팔아 그만큼 판매수익도 얻을 수 있게 되어 비용 효과적이게 된다. 즉 A발전소는 배출권 가격 10,000원보다 더 적은 비용으로(한계저감 비용) 감축목표보다 1,000톤을 더 감축하게 되어 비용 효과적으로 감축한 것이 된다. 그리고 A발전소는 배출권 거래시장에서 판매함으로써 그 수익을 실현할 수 있는 것이다. 만약에 국가가 배출권거래제도가 없이 감축목표로 2,000톤을 명령했다면, A발전소는 추가 비용을 투입하면서까지 2,000톤 이상의 감축을 시도하지 않았을 것이다. 배출권거래제도는 이처럼 인센티브와 유인책을 제공하고 있다. B제철소의 경우, 마찬가지로 한계저감 비용이 배출권가격 10,000원보다 더 많이 들어가는 지점에서 감축활동을 멈추게 될 것이다. 그런데 감축한 배출량이

1,000톤이고 감축목표량 2,000톤에 미치지 못할 경우, B제철소는 배출허용량보다 더 많이 배출한 양 1,000톤만큼 배출권 거래시 장에서 배출권을 구입하면(즉 A 발전소로부터 구입하면) 비용 효과 적이 되는 것이다. 즉 10,000원이 넘는 한계저감 비용을 군이 투입하여 감축목표량을 채우는 것보다 배출권 가격 1톤당 10,000 원으로 필요한 1,000톤만큼 배출권을 구입하는 것이 더 비용이 적게 든다. 결과적으로는 거래참여업체 모두에게 이익이 될 것이고, 국가 전체적으로 배출량 총량 목표를 달성할 수 있게 된다. 물론 국가 전체적으로도 감축목표를 비용 효과적으로 달성할 수 있게 되어 국가적인 차원에서도 감축 비용이 낮아지게 되는 것이다.[27] 더 나아가서 배출권거래제도 작동방식은 오염저감 기술에 대한 연구개발 투자 유인과 수요를 일으키고, 시설 투자를 발생 시킨다. 신 기술개발 및 도입이라는 동태적 유인은 경제 전체의 감축비용을 감소시킬 수 있다. 즉 저탄소 녹색경제에서는 이 같은 시장 메커니즘을 도입하여 지구온난화라는 거대한 시장실패를 완화할 수 있는 방법을 모색하고 있다.

이미 선진 국가에서는 배출권 거래제를 도입하여 시행하고 있다. 유럽연합 차원의 이산화탄소 배출권거래제(EU-ETS)가 바로 그것이다. 1997년 교토협정체제에서 유럽연합의 15개 국가는 온실가스 감축을 2012년까지 1990년 대비 8% 감축을, 독일은 21% 감축을 약속하였다. 유럽연합은 이 약속을 이행하기 위하여 2003년 10월 하나의 주요한 이행방식으로 "유럽연합의 온실가스 배출권거래를 위한 제도"에 관한 지침을 공포한다. 그리고 2005년부터 EU-ETS를 도입한다. EU-ETS의 제1기(2005~2007 년)가 2005년부터 시작되었고, 운영되는 과정은 다음과 같다. 유럽연합의 이산화탄소 배출량의 약 50%를 대상으로 하는데, 대규모 화석연료를 사용하는 대(大) 사업장을 거의 관할한다. 하지만 허용 배출량 할당(분배)과정은 지나치게 관대하게 이루어져서—유럽연합의 각 회원국들에게 자국의 할당량을 무상으로 스스로 결정할 권한을 부여—초기 배출권 가격은 1톤당 31유로까지 치솟았지만, 이후에는 가격이 상당히 하락하였다. EU-ETS 제2기가 2008년 좀 더 진전되고 강화된 형태로 수정 및 보완되어 시행되었는데, 할당량의 10%를 경매에 부처 즉 할당량의 일부를 유상으로 구입하게 했다. 2013년에 시작되는 제3기부터는 유럽연합이 ETS를 직접 관할하기 시작한다. 유럽연합 차원의 허용 총 배출량의 규모를 매년 1.74%씩 줄이기로 하였으며, 유상할당의 비중을 점차 높이기로 하였다. 특히 발전업종의 경우 100% 유상할당으로 결정하였다. 독일의 이산화탄소 배출권거래제도는 EU-ETS의 동 지침에 충실하게 설계하였다. 제1기에는 자국의 감축의무를 수행하기 위하여 2004년도에 국가할당계획안(NAP 2005~2007)을 공포하고 유럽연합 집행위원회에 제출한다. 제2기에는 2007년도에 국가할당계획안을(NAP 2008~2012) 유럽연합 집행위원회에 제출한다. 제3기부터는 유럽연합이 직접 허용 총 배출량 규모뿐만 아니라 유럽연합 회원국의—독일이나 프랑스나 할 것 없이—기업의 허용배출량을 할당(배분)한다.

EU-ETS 제도는 비용효과 측면에서 매우 뛰어난 제도이자 감축정책의 핵심제도로서 유럽연합의 총 배출량의 약 50% 정도를 관할하고 있다. 따라서 유럽연합이나 회원국들이 감축목표를 설정하는 데 높은 신뢰성과 예측가능성을 가질 수 있어, 위험을(리스크) 줄일 수 있다. 세계에서 현재 가장 큰 규모의 감축 제도이기도 하다. 그리고 이산화탄소 배출량을 감축하는데 비용효과 측면에서 매우 뛰어난 제도로서 도입되었음을 밝히고 있다.[28] EU-ETS 제도 등 다양한 녹색 경제의 제도적 방식을 지속적으로 시행한 결과 경제성장과 온실가스 배출의 '탈동조화' 현상을 나타내고 있다. 그림3에서 보듯이 1990~2012년 22년 동안, 경제는 성장하면서 (세계경제의 위기 속에서도 불구하고) 온실가스 배출량이 지속적으로 줄어드는 '탈동조화' 현상을 보여주었다. 동 시기에 EU 28개 국가의 온실가스 배출량은 21.4% 감축하였는데, 오히려 GDP는 44% 성장하였다. 동 기간 100만 유로 생산당 온실가스 톤 배출량(에너지 집약도)이 43.9%(691에서 388) 절감되었고, 이는 탈동조화에 기여한 바가 크다. 신재생에너지 보급, EU ETS 활성화, 탄소세 도입, 저탄소차량 보급 순으로 감축에 기여했다. 이러한 탈동조화 현상은 2015년까지 계속되고 있으며, 1990~2015년 동안 GDP는 약 50% 증가한 반면에 온실가스 배출량은 22% 감축하였다. 그리고 에너지 집약도는 더 개선되어 약 50% 정도 절감되었다. EU-ETS는 온실가스 감축에 기여한 일등 공신이었다. 2005~2015년 동안 EU-ETS를 통하여 24% 감축을 이루었고, 비 EU-ETS 체계—"노력공유결정(Effort Sharing Decision, ESD)"—를 통하여 12%를 감축할 수 있었다.[29]

이 같은 훌륭한 성과는 계속 야심찬 계획을 세울 수 있는 밑바탕이 되었다.

유럽연합의 감축 계획인 "기후-에너지 패키지 2020(2020 Climate & energy package)"은 2020년까지 1990년 대비 온실가스 20% 감축을 (2005년 대비 14% 감축) 목표로 하는데, 첫째, EU-

ETS 부문을 통해 2005년 대비 21% 감축하고, 둘째, 비-ETS 부문—교통, 건물, 서비스, 농업, 폐기물, 소규모 배출시설 등—을 통해 2005년 대비 10% 감축을 하고자 한다. 비-ETS 부문의 각 국가의 할당량은 "노력공유결정"의 원칙하에, 각 국가의 (경제적) 능력과 책임에 따라서 정해졌다. 독일은 2020년까지 비-ETS 부분에서 유럽평균보다 훨씬 높은 14%를 감축하기로 약속하였다.[30] 유럽연합의 기후-에너지체계 2030은 2030년까지 1990년 대비 온실가스 40% 감축을 목표로 하는데, 첫째, EU-ETS 부문을 통해 2005년 대비 43% 감축하고, 둘째, 비-ETS 부문을 통해 2005년 대비 30% 감축을 하고자 한다. 2050년도까지는 EU-ETS와 비-ESD를 통하여 1990년 대비 80~95%까지 감축하고자 한다.[31]

비용효과성이라는 주요한 장점 이외에도 배출권거래제도는 여러 가지 장점이 있다. 배출 총량의 직접적인 관리를 통해 불확실성하에서 목표를 달성할 수 있다는 점이다. 그리고 정책시행의 사후평가를 쉽게 할 수 있다. 기술개발 및 투자를 촉진 할 수 있는 점과 효율적인 자원배분을 가능하게 하는 점 역시 큰 장점이 될 수 있고, 할당 대상 업체들 간의 상호견제와 협력의 기회 역시 존재한다.

단점 역시 적지 않다. 수많은 갈등이 항상 내재하고 있으며, 감시 및 행정비용과 거래비용이 적지 않은 점이다. 배출권거래제도에 내재하는 수많은 갈등의 요소는 당연하다. 비용을 부담시키는 제도의 설계 과정이기 때문이다. 이 제도를 구성하는 주요 항목은 배출 대상 기업의 선정, 배출한도 이행 기간, 배출 총량 한

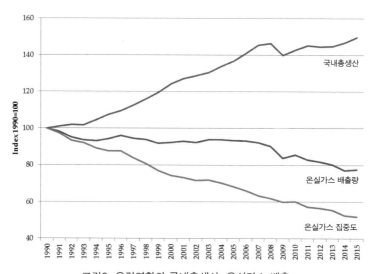

160

140

120

Index 1990=100

100

80

60

40

국내총생산

온실가스 배출량

온실가스 집중도

1990 1991 1992 1993 1994 1995 1996 1997 1998 1999 2000 2001 2002 2003 2004 2005 2006 2007 2008 2009 2010 2011 2012 2013 2014 2015

그림3. 유럽연합의 국내총생산, 온실가스 배출,
경제의 에너지 집중도(배출과 국내총생산의 관계)의 변화(1990년:100)

도의 수준, 배출권의 할당 방법, 배출권 확보의무 위반 시 범칙금
수준 등이 있는데, 배출 총량의 한도를 결정하는 과정부터 갈등
의 소지가 충분히 발생할 수 있다.[32] 물론 배출권 할당 방식이 대
상 기업에게는 가장 큰 관심사이자 이해관계가 크게 걸려 있다.
배출권을 누구에게 어떤 방법으로 나누어서 감축의무를 형평성
에 따라 부과하는지가 관건이자 갈등의 진원지이다.[33]

　정말 다행스러운 것은 실제로 유럽연합의 경우 EU-ETS 제도
등 다양한 녹색 경제의 제도적 방식을 지속적으로 시행한 결과
경제와 온실가스 감축과의 '탈동조화' 현상을 보여 주고 있다.
매우 고무적인 증거이다. 유럽연합은 EU-ETS의 '신규 가입자를

위한 유보 배출권(NER)'을 판 수익금으로 기금을 조성하여 감축을 위한 프로그램을 지원하고 있다.(2장 3절 참조)

2-2 탄소세

ETS는 온실가스를 배출하는 모든 배출원에 대한 포괄적인 적용이 어렵다. 배출량 총량의 범위 내에서 온실가스 배출 당사자에게 배출량을 할당(허용)하는 제도인데, 모든 주체에게 할당하는 것은 무의미하며, 비효율적이며 비현실적이 될 수 있다. 예를 들어, 이륜자동차(오토바이)를 출퇴근용으로 사용하는 회사 직원에게 할당한다면 무슨 의미가 있으며, 어떤 방식으로 할당할 것인가? 할당의 의미가 없을 것이다. 이런 이유로 배출권거래제도는—거의 대부분의 국가에서 그렇듯이—일정량 이상의 배출 규모를 가진 대규모 사업체나 사업장에 국한시켜 시행하고 있다. 따라서 배출권거래제도를 적용하지 않는 부문에 대하여 이산화탄소 배출비용을 내부화시키는 제도나 수단이 필요한데, 탄소세 제도가 가장 대표적이다.

탄소세 제도는 탄소를 연소하여 이산화탄소 및 온실가스를 배출하는 일체의 과정에 일정 세율을 부과하는 것이다. 그렇게 되면, 화석연료의 가격은 부과되는 탄소세율에 비례하여 상승하게 되어 수요가 감소될 것이며, 이에 따라 온실가스 배출의 감축이 이루어질 것이다. 탄소세 제도는 모든 부문에 적용될 수 있어 오염자 부담의 원칙을 충실히 지킬 수 있고 공정성과 형평성을 준수할 수 있다. 또한 ETS의 미적용 부문—대표적으로 주택·건물, 교통·수송 등—에 대해 보완적인 역할을 수행할 수 있다.[34] 탄소세 도입의 필요성이 여기에 있다. 주택 및 건물의 열·난방·전기에너지 소비, 교통·수송의 연료 소비 등 소규모 영역에도 탄소세를 부과할 수 있기 때문이다. 탄소세 부과로 인하여 사회의 모든 영역에서 온실가스 배출의 감축이 진행될 것이다. 또한 탄소세는 감축을 위한 기술개발에 대한 강한 유인을 제공한다. 기술개발은 탄소세 비용 절감을 가져올 뿐 아니라, 기술 경쟁력을 확보할 수 있게 하여 미래의 새로운 시장을 선점할 수 있게 한다.

탄소세의 단점으로는 온실가스 감축목표를 설정하기가 어렵다는 점이다. 어느 정도의 탄소세가 어느 정도의 감축량을 달성하는지를 예측하기가 힘들기 때문이다. 즉 탄소세율과 감축비율의 관계가 일정하지 않다는 점이다. 탄소세가 부과되면 주체들의 탄소세에 대한 반응 정도가 각기 다르고, 또 탄소세율의 부과 수준에 따라 반응의 탄력성도 다르기 때문이다. 이에 반해 배출권거래제도의 경우는 소수의 대규모 사업체나 사업장을 대상으로 함으로써 감축목표량을 설정하기가 쉽고(즉 배출 허용 총량을 설정하여), 소수의 대상에게 할당량을 배분하여 거래하도록 함으로써 목표 달성도 효율적으로 할 수 있다. 하지만 탄소세 도입은 목표 달성의 정확성은 떨어지지만 감축에는 효과가 분명히 있다. 탄소세율에 반비례해서 화석에너지에 대한 수요는 떨어질 것이기 때문이다. 따라서 탄소세 제도는 배출권거래제도와 병행하여 시행하는 것이 훨씬 효율적이라고 할 수 있다. 단 두 가지 제도의 병행 시행 시에는 비용의 이중부담이나 정책의 중복된 적용을 최소화하도록 해야 한다.

탄소세 부과로 인해 배출권거래제도의 대상 기업은 비용의 이중부담을 안게 된다. 배출권 거래제에 따라서 각 주체는 배출권 할당량, 즉 감축목표를 부여받는다. 이를 달성하기 위해 각 주체는 비용을 지불하게 된다. 감축시설 또는 기술투자를 하거나 배출권 매입을 하거나 감축비용을 지불하게 된다. 그런데 여기에다가 탄소세를 부과하면 이중의 부담을 지게 되는 것이다. 더군다나 유럽연합의 경우처럼 배출권의 초기 무상할당에서 유상할당으로 제도가 더 강화되면 이중부담의 압박이 더욱 커질 것이다. 기업의 경우 국내 경쟁력뿐만 아니라 국제 경쟁력을 고려하지 않을 수 없다. 이중부담을 완화할 필요성이 있는데 그 수준은 각 국가의 감축목표 계획, 탄소세율 부과 수준, 국제 경쟁력 수준 등 여러 관련 요소들을 고려하여 결정될 것이다. 일반적으로는 첫째, 할당 목표를 달성하거나 관리 목표를 달성한 기업에게는 탄소세를 경감하거나 환급하는 조치가 이행되고 있으며, 둘째, 국제 경쟁력 저하를 방지하기 위하여 부담을 경감하는 방식을 적용하며, 셋째, 에너지 집약적인 산업에 대해서는 탄소세를 경감해주고 있다.[35]

탄소세 시행에는 고려 사항이 적지 않다. 우선 기업의 비용 부담 및 경쟁력을 고려해야 한다. 둘째, 탄소세 비용 부담으로 인한 투자 및 고용이 축소되지 않도록 해야 한다. 셋째, 국민의 부담 역시 무겁지 않도록 해야 한다. 넷째, 본연의 목표인 온실가스 감축목표를 달성하는 데 기여해야 한다. 이 같은 사항을 고려하여 탄소세는 대개 세수중립적인 방식으로 시행된다. 탄소세 도입으로 증액된 세금수입을 근로소득세, 사회보장기여금, 법인세 등의 경감에 사용하여 세수 총액이 늘지 않도록 하여 탄소세로 인한 부담을 줄이는 방식이다. 줄어든 비용부담은 경쟁력을 크게 훼손시키지 않을 것이며, 투자 및 고용 안정에 기여할 것이다. 동시에 친환경적 목적 역시 달성할 수 있게 된다. 소위 이중배당(double dividend) 효과를 달성할 수 있다. 독일의 경우는 다양한 감면 조치와 함께 사회보장기여금의 요율을 1%p 정도 인하하였다.[36]

탄소세의 시행 방식, 탄소세의 부과 수준, 탄소세의 도입에 따른 세입 및 세출 구조의 조정과 배분 방식 등에 관해서도 고려할 대상이 적지 않다. 일반적으로 첫째, 감축목표가 강화될수록 점진적으로 세율을 높이고, 과세 대상을 넓혀 가는 것이 적절하다. 조세 충격도 줄일 수 있기 때문이다. 둘째, 탄소세는 감축이라는 분명한 목적으로 도입되기 때문에 목적세로 하는 것이 적절하다. 셋째, 탄소세의 도입은 기존의 조세구조와 체계의 개혁 속에 종합적으로 다루어져야 한다. 예를 들어 기존의 에너지 가격체계의 왜곡도 사전에 시정되어야 도입 취지를 살릴 수 있다.[37] 또한 탄소세는 전체 재정전략의 한 부분으로 구성되는 것이 중요하며, 환경적 효과는 반드시 공개되어 가시화되어야 한다.[38] 넷째, 탄소세 수입의 지출은 탄소세의 역진적 성격을 완화하기 위해서 에너지 빈곤층과 저소득층에 대한 소득보조 및 에너지 복지를 확대해야 한다.[39] 이 경우 사전적 세율조정보다는 사후적 재정지원 및 직접 보조 등의 재정지출수단이 바람직하다. 그리고 재생에너지 등에 대한 설비 및 기술 투자나 제반 기반 시설의 확충에 지출하는 것이 목적세에 부합한다.

탄소세 도입은 1990년대 초 덴마크, 핀란드 등에서 시작하여,

산업계, 교통부문, 그리고 가정에까지 점차 확대하였다. 탄소세 도입은 긍정적인 결과를 가져온 것으로 평가된다. 핀란드, 덴마크, 스웨덴, 영국, 독일, 네덜란드 등 6개국을 대상으로 한 유럽집행위원회의 한 실증 연구조사에 의하면 최종에너지 소비 감소와 온실가스 감축이 분석구간 1994~2012년 동안 6개 모든 대상국에서 이루어졌는데, 스웨덴의 경우 7% 감축, 독일의 경우 약 4% 감축이 이루어질 것으로 예측하였다.[40]

한국의 경우 탄소세 제도는 아직 구체적인 논의도 이루어지지 않고 있다.[41] 또한 기존의 에너지 가격체제의 왜곡을 바로잡아 탄소세를 도입할 경우 그 효과들이 제대로 나타날 수 있도록 해야 한다.[42] 2011년 이후 대정전 등의 전기비상사태가 빈번이 발생함으로써 2017년 현재 전기료의 인상 등이 논의되고 있는 실정에 아직 머무르고 있다. 2012년부터 "온실가스 에너지 목표관리 제도"를 실시하여 감축에 나서고 있으며 점차 그 대상과 관리목표를 강화하고 있다.[43] 배출권거래제도 실시는 기업의 반대로 인해 2015년에야 비로소 시행되었다.[44]

온실가스의 감축과 '2도' 목표는 전 지구적인 차원의 약속사항이 되어, 이를 위한 법의 제정, 제도의 도입, 그리고 다양한 정책과 프로그램이 도입되어 시행되고 있다. 이산화탄소 배출권거래제도와 탄소세는 대표적인 핵심제도라고 할 수 있다. 이 두 제도는 '2도' 목표의 실효성과 지속가능성을 담보하기 위해 대개의 경우 법으로 제정되고 있다. 또 하나의 대표적인 핵심 제도로서 재생에너지를 지원하는 '재생에너지 촉진법'이 있다. 열병합발전 지원 등 에너지 효율성 증대 역시 주로 추진하는 주요한 정책이다. 저탄소에너지 분야에 대한 투자와 기술개발의 금융 및 재정 지원도 매우 중요한 부분이다. 그 외에도 '2도' 목표와 감축을 위한 정책과 프로그램은 그 감축 대상만큼이나 매우 폭넓고 다양하다. '2도' 목표를 위한 다양한 온실가스 감축 정책의 수립이나 입법과정은 3절에서 살펴본다. 온실가스 감축의 경제적인 측면과 함께 또 다른 주요한 (과학)기술적인 측면을 살펴보자.

2-3 저탄소 에너지 및 녹색 기술

온실가스 감축의 수준은 최종적으로는 투입 비용과 (신)기술 수준에 달려 있다고 해도 과언이 아니다. 첫째, 감축의 주된 방식인 에너지 효율성의 개선, 재생에너지 사용, 전력화, 그리고 탄소 포집 및 저장(CCS) 등은 최종적으로 기술의 발전과 혁신에 달려 있다. 둘째, 비싼 가격이 저탄소에너지 및 재생에너지의 확산에 커다란 장애요인인데, 기술혁신을 통하여 가격이 인하될 수 있기 때문이다. 셋째, 개별 산업이나 또는 개별 공정과정에 상응하는 적정 기술이 존재하기 때문에, 이들의 최적 조합은 감축의 효과에 중요한 요소이기 때문이다. 특히 개별 산업들의 공정과정에서 재생에너지원 활용은 해당 최종 제품의 특성과 다양한 기술적 제약에 따라 크게 좌우되기 때문이다.

세계에너지기구(International Energy Agency, IEA)는 『에너지기술전망 2014』(Energy Technology Perspectives 2014, ETP 2014) 보고서를 통해 2050년까지의 장기적인 세계 에너지 전망을 제시하였다. 전

망과 함께 500가지 이상의 에너지 기술의 적용과 선택의 조합이 만들어내는 다양한 에너지 체계를 제시하였다. 이 다양한 에너지 체계는 경제, 에너지 안보, 환경 요인 등에 의해서 결정되는 기술과 지원 정책에 달려 있고, 다양한 에너지의 경로들과 온실가스 감축 시나리오를 보여준다.[45] ETP 2014 보고서는 특히 미래 에너지 시스템에서 전력의 중요성이 더욱 커질 것이라는 전제하에 발전, 송·배전 그리고 최종 소비자의 전력 소비 충족을 위한 지속가능한 방안이 무엇인지를 분석하고자 하였다.

ETP 2014 보고서에서는 2050년 에너지 미래에 대한 세 가지 시나리오를 분석하였다. 첫째 경로는 6도 시나리오(6DS)로서 세계가 재앙에 가까운 결말로 치닫는 시나리오이고, 둘째는 4도 시나리오(4DS)로서 탄소 배출을 줄이고 에너지 효율을 증대하려는 각국의 노력이 반영된 시나리오이며, 셋째는 2도 시나리오(2DS)로서 온실가스 및 이산화탄소(CO_2) 배출이 감소하는 지속가능한 에너지 시스템으로 전환하는 시나리오이다. 지구 평균기온 상승을 '2도' 이내로 억제할 수 있는 경로이다.

ETP 2014 보고서는 장기 에너지 정책 목표의 토대 구축을 위해 중·단기적으로 꼭 필요하면서도 달성 가능한 조치에는 어떤 것들이 있는지를 폭넓게 살펴보며, 이 과정에서 에너지 부문의 주체, 정책 입안자, 산업계가 어떤 역할을 해야 하는지를 제시하고 있다.

보고서의 결론을 앞당겨 말해보면, 2DS의 경우 인구증가와 경제성장에도 불구하고 여러 혁신적인 기술의 도입으로 인해 에너지 효율이 크게 향상됨에 따라 에너지 수요가 2011년 대비 2050년까지 25% 정도 증가함에도 이산화탄소 배출은 50% 이상 감소할 전망이다. 즉 경제성장과 이산화탄소 배출은 탈동조화 현상을 보여준다. 이에 비해 6도 상승 시나리오의 경우 에너지 수요가 70% 정도 증가하면서, 이산화탄소 배출은 60% 이상 증가하는 경로를 보여 준다. 6도 시나리오와 2도 시나리오의 큰 차이 중의 하나는 전자의 경우에는 석유 수요가 45% 증가하는 반면에, 2도 시나리오는 30% 정도 감축된다는 점이다.

'2도' 목표를 위한 2DS 시나리오의 여러 측면을 살펴보자.

2DS 경로에서는 화석 연료 사용이 2050년까지 감소될 것이지만, 1차 에너지 공급원으로서의 비중은 여전히 40%를 상회할 것이다. 이는 화석 연료가 산업, 운송, 발전 부문에서 여전히 주요한 역할을 할 것이라는 점을 반영하고 있다.

태양에너지, 수력에너지, 그리고 육상 풍력에너지 분야는 현재 순항 중이지만, 다른 청정에너지 개발은 복잡한 양상을 보인다.

개도국들은 저탄소에너지 기술 보급의 목표를 상향 조정하고 관련 기술 확산을 위해 앞장서고 있다. 아시아 지역은 2013년 전 세계에 신규 설치된 태양광 발전용량 중 절반 이상을 차지했다. 특히 중국은 도시의 대기 질 개선을 위해 운송 부문의 청정에너지 사용을 강력한 조치를 통하여 권장하고 있다. 전 세계적으로 전기차, 수소차의 보급이 확대되고 있다.

석탄 사용이 계속 증가함에 따라 최근 재생에너지원 보급을 통한 탄소 배출 저감 성과가 상쇄되고 있다. 이는 석탄 화력발전소의 에너지 효율성을 개선하고, 탄소 포집 및 저장 기술(Carbon capture and storage, CCS)을 혁신할 필요성을 말해주고 있다. 개별 산업들의 공정과정에서 재생에너지원 활용은 해당 최종 제품의 특성과 다양한 제약에 따라 크게 좌우된다. 특히 철강 고로공정의 경우나 대형 선박 운송의 경우는 재생에너지원을 활용하기가 어렵다. 따라서 각 에너지원별, 공정별 탄소배출 포집을 위해서는 CCS 적용의 필요성이 크다.[46] 2도 시나리오에서도 전력 생산을 하는데 20% 정도—2011년 경우는 70% 정도—는 여전히 화석연료에 의존하게 될 것이다.

2DS 시나리오에서 에너지 효율성은 크게 개선되어 전 세계 탄소 배출 저감에 가장 크게 기여하지만, 장기 목표 달성을 위해서는 연관 기술의 발전이 전제되어야 한다. 2050년까지 2도와 6도 시나리오의 평균 수준으로 탄소 배출 누적 감축기여도를 보면, 에너지 효율이 38% 정도, 재생에너지원이 30%, 그리고 CCS가 14% 정도 기여할 것이다. 그 나머지는 연료 전환 및 원자력 에너지의 몫이다.

분야별 감축 기여도를 간략히 보면, 운송 부문의 경우, 전체 차량의 연비가 2050년까지 두 배 이상 개선되어, 같은 기간 도로주행이 두 배가량 늘어남에도 불구하고 운송 부문의 에너지 사용량은 크게 변하지 않는다. 산업 부문에서는 에너지 사용량이 25% 감소하는데 이는 사용 가능한 기술 중 가장 우수한 기술들이 채택되고, 일부 재활용 자재 이용과 관련된 에너지 집약도가 낮은 공정(less-energy intensive process)이 더욱 널리 보급되기 때문이다. 전 세계에서 건물이 차지하는 면적(floor area)이 70% 이상 증가하게 되지만, 건물의 에너지 수요는 11% 증가에 그친다. 전력 믹스의 경우 화석연료의 비중이 70%에서 20% 정도로 탈탄소화 되는데, 이는 에너지 효율성, 재생에너지 확대와 함께 특히 CCS 기술의 개선과 결합되어 있다.

전 세계적으로 전력 수요의 증가는 다른 모든 최종 에너지소비를 추월하고 있다. 이로 인해 에너지 공급과 최종수요 모두가 크게 변화될 가능성이 존재한다. 1970년대 이후 총에너지 수요 중 전력의 비중은 9%에서 17%를 상회하는 수준까지 증가했다. 세계적인 추세는 세 가지 시나리오 모두에서 2050년도에는 전력의 비중이 25% 정도로 증가할 것이다.

ETP 2014에서는 재생에너지 발전의 보급과 운송 및 건물 부문에서의 전기보급 확대를 통하여 전력공급 및 최종수요에서의 전기화(electrification)를 극대화할 수 있는 가능성을 검토하였다.

2DS 목표 달성을 위해서는 전력 단위당 이산화탄소 배출량이 2011년 대비 2050년까지 90% 감소해야 한다. 2DS 시나리오에서는 2050년 전력 생산의 재생에너지원 비중을 65%까지 높이는 것도 가능하다는 점을 시사한다. 높은 비중의 재생에너지원 시나리오(2DS-High Renewables Scenario: 2DS Hi-Ren)에서는 2040년 태양에너지가 주요 발전원이 될 것이며, 2050년에는 전 세계 발전량의 26%를 차지하게 될 것이다. 히트펌프(heat pump)를 통한 전력 공급은 건물 에너지 효율성을 개선하고, 천연가스 수요를 상당량 대체할 수 있다.

차량의 연비 개선, 연료 전환, 자동차 신기술 등과 더불어 운송부문의 전기차 보급으로 인해 2DS 시나리오에서 운송부문의 석유 소비는 현저히 줄어들 전망이다. 2DS 시나리오에서는 개인용 및 대중교통 운송 부문의 전기 사용이 빠르게 진행되며, 철도 화물 운송에서의 전기 사용 역시 증대될 것이다. 즉 2DS 시나리오에서 2050년 운송 부문의 총 에너지 수요 중 전력의 비중은 고작

11%에 불과하겠지만, 위의 개선조치들로 인해 50% 정도의 운송 효율성 개선 효과가 나타난다. 전기차 보급이 공격적으로 확대 되더라도 운송 부문의 전력 수요는 15%를 하회하는 수준을 유 지할 것으로 보인다.

발전, 송전 및 배전(T&D), 그리고 소비 단계마다 어떠한 기술 을 적용하는지가 통합된 전력 시스템의 비용효율성을 개선하는 데 핵심적인 역할을 할 것이다. 에너지 관계자들은 장기간에 걸 쳐 발전, T&D, 소비 부문에서의 기술과 정책을 통합하여 보다 깨끗한 에너지를 사용하고 시스템을 탄력적으로 구축해야 할 필 요성이 있음을 인지해왔다. 따라서 적절한 비용을 들여 효율적이 고 안정적이며 유연한 운영이 가능하게끔 전력운영시스템을 구 축해야 할 필요가 있다.(그림4 참조)

전력 시스템 투자를 최적화하고 풍력과 태양에너지가 주요 발 전원인 미래 시스템을 달성하기 위해서는 '시스템적 사고' 개념 이 특히 중요하다. 시스템적 사고는 모든 이해관계자가 기존 인 프라를 최적의 방식으로 이용하고 통합을 위한 연구, 개발, 시연, 보급을 수행하기 위해 필요하다. 지역 공동체 차원에서 효율적 인 시스템을 구축해야 한다.

e-모빌리티에 대한 전력 수요가 증가함에 따라 이를 태양광 발전 기술과 연결시키는 것이 두 기술 모두를 널리 보급하는 데 도움이 될 수 있으며, 태양광 발전과 저장기술의 결합은 새로운 가능성을 제시해준다.

에너지 정책, 금융, 그리고 시장이 세계 에너지 시스템의 적극 적인 변화를 지원해야 한다. ETP 2014 보고서는 2DS 시나리오에

그림4. 통합 지능 미래 전력 시스템

따라 에너지 시스템을 2050년까지 탈탄소화하려면 44조 달러가 추가로 투자되어야 한다. 이 투자로 인한 연료 절감 효과는 115조 달러 이상이며, 이는 투자비용을 상쇄하는 것을 넘어 71조 달러의 순(netto) 절감 효과로 이어질 것이다. 이는 10%의 할인율을 적용하더라도 5조 달러 이상을 순(netto) 절감한다.

통합된 에너지 시스템의 잠재력을 발휘하고 이러한 절감 효과를 실현하기 위해서는 에너지 시스템과 시장 모두를 적극적으로 변모시킬 정책 공조가 필요하다.

일부 경우, 혁신적인 비즈니스 모델이 효과적인 수단이 되기도 한다. 새로운 기술이 이를 통해 틈새시장으로 진입할 수 있다. 전기차의 경우, 세계 자동차 판매에서 시장점유율이 1% 미만임에도 불구하고, 최근 전 세계적으로 보급되고 있는 자동차 공동소유(car-sharing) 프로그램에서 10% 이상의 비중을 차지하고 있다. 이는 자동차 공동소유 비즈니스 모델이 개인별 전기차 구매를 주저하게 하는 선불금 및 주행 거리 등에 대한 걱정을 덜어주기 때문이다.

> ETP 2014 보고서는 시간이 지날수록 기술이 발전하여 새롭고 혁신적인 정책이나 시장 프로그램이 가능하게 될 것을 잘 보여주고 있다. 스마트 그리드 기술은 에너지 체계의 운영, 즉 전력 생산, 분배, 수요, 그리고 시장의 새로운 장을 열 것이다. 운송수단의 광범위한 전기화가 가능해짐에 따라 도시계획은 혁신을 꾀할 수 있게 되어, 토지 사용, 보행, 자전거 주행, 연계된 이동수단 등을 통합적으로 설계할 수 있게 된다. 기술은 전 세계적인 에너지 체계를 전환하고자 하는 시장 적응프로그램이나 규제 및 정책에 적극적으로 도움을 줄 것이다.[47]

이러한 에너지 전망과 저탄소 녹색기술의 종류, 장래 추세, 특성, 공정과 기술 연계 여건 등을 숙지하고 온실가스 감축 계획을 수립하는 것이 필요하다. 온실가스 감축 계획을 세울 때 재정, 기술, 능력, 시간 등 경제성과 기술여건을 고려하기 때문이다. 간단하고 쉬운 과정부터 시작하여, 경영방침 및 투자전략을 고려하는 것이 적절하다. 정부정책 및 대내 요구사항, 그리고 국제적 협력과 의무사항 등을 준수하면서, 감축목표량과 연계된 감축 사업들에 소요되는 재정과 적용되는 기술의 최적의 포트폴리오를 구축하는 것이 중요하다. 이 같은 원칙은 감축의 각 주체나 국가적인 차원에 모두 유효하다.

3. 기후변화 대응 정책과 재정

온실가스 감축의 핵심 제도로서 이산화탄소 배출권거래제도와 탄소세를 살펴보았다. 온실가스 감축의 핵심적인 방식으로는 에너지 효율성의 개선, 재생에너지 확대, 재생에너지의 전력(전기)화라고 할 수 있다.[48] 그리고 핵심적인 세 가지 방식은 ETS 분야나 비-ETS 분야의 모든 부문에 적용될 수 있는 포괄적인 방식이다. 따라서 에너지 효율성을 개선할 수 있는 제반 여건을 지원하는 정책은 필수적이다. 에너지 효율성 개선의 지원은 재생에너지 촉진 정책과 더불어 감축 방식의 주요한 한 축으로서 역할을 할 것이다. 궁극적으로는 저탄소 및 재생에너지로의 전환이 이루어짐으로써 탄소 제로 사회가 되어 '2도' 목표의 마지막 그림을 완성하게 될 것이다. 이 완성된 그림에는 재생에너지의 전기화의 모습도 들어 있어야 한다.[49] 최근에는 CCS 기술개발도 주요한 감축의 방식으로 주목을 받고 있다.

전술한 바와 같이 핵심적이면서 포괄적인 감축 지원 정책과 함께 각각의 분야나 부문에 적용되는 구체적이며 맞춤형 감축 지원 정책이나 프로그램이 다양하게 존재한다. 주택·건물, 교통·수송, 폐기물, 농업, 제조업 등 각각의 대상과 영역에 적용되는 정책이나 대책 수단이 있다.

온실가스 감축은 자원 (재)활용, 폐기물의 처리, 소비 과정 전반에 걸쳐서 이루어질 수 있다. 연관 범위도 매우 넓다. 바이오에너지를 활용한 친환경농촌마을을 조성하거나, 폐기물 없는 자원순환 도시를 조성하는 정책도 좋은 예시가 될 것이다. 또한 생태계 자원을 보전하는 모든 행위와 관련하여 규정, 평가, 유인 및 지원체계, 규제하는 법과 제도 역시 모두 포함된다고 할 수 있다. 자동차와 주택 등의 에너지 효율성 개선 프로그램을 지원하는 재정·금융정책 역시 빼놓을 수 없는 '2도' 목표를 위한 주요한 정책이다.

　선도적으로 모범적인 감축 정책을 발굴하여 시행하는 유럽연합 및 회원국들은 에너지 효율성 개선, 재생에너지 개발 및 사용 촉진, 스마트 그리드의 활성화, 사회적 취약 계층 보호 등을 담고 있는 에너지 정책이나 법을 오래전부터 시행하고 있고, 긍정적인 결과를 보여주고 있다. 시행의 배경, 과정, 재정적인 지원 그리고 그 결과에 관하여 살펴보자.

　EU의 온실가스 감축정책은 이산화탄소 배출권거래제도, 탄소세 제도, 에너지 효율개선을 위한 기술혁신 촉진, 재생에너지 지원 등 다양한 정책수단을 혼용하고 있다. 이러한 정책조합은 개별 정책수단의 장점을 활용함과 동시에 단점을 보완하기 위하여 모두가 동참하는 '오염자부담 원칙(Polluters Pay Principle, PPP)'과 어떤 부문도 동참해야 한다는 '감축노력의 공유와 분담(effort sharing)'의 기본원칙을 반영하고 있다.

　유럽연합은 규칙(regulation), 지침(directive), 결정(decision)과 같은 입법행위를 통해서 유럽연합 회원국 전체 또는 일정 부분에 구속력을 갖게 된다. 지침과 결정은 각 회원국에게 구속력이 있는데, 그 지침의 구체적 시행과 관련된 방식과 수단은 국내의 여건을 고려한 회원국이 결정한다. 예를 들어 유럽연합 차원에서 재생에너지 사용 비중을 2020년도까지 20%까지 향상시키도록 결정을 한 후, 회원국별로 서로 다른 목표가 지침으로—독일은

18%, 스웨덴은 49%, 영국은 15%—정해지면, 각 회원국은 각자의 여건에 따라 다양한 정책수단이나 입법을 통하여 목표를 달성해야 한다. 실제로는 민주적인 방식으로 '공동의, 그러나 차별적인 책임과 능력의 원칙'에 따라, 각 회원국의 여건 등이 고려되어 유럽연합의 정책결정이나 입법 활동에 반영되고, 지침이나 결정으로 구속력을 갖게 된다. 그리고 각 국가에서 시행된다.[50]

유럽연합은 아래에 개략적으로 소개되는 기후변화 대응 및 에너지 체계에 관련된 프로그램, 정책, 입법 등을 선도적으로 하고 있으며 글로벌 차원에서 '2도' 목표를 향하여 앞장서서 시행하고 있다. 이 역할을 하는 중심에는 무엇보다도 유럽집행위원회의 "유럽기후변화계획(European Climate Change programme, ECCP)"이 있다고 해도 과언이 아닐 것이다. 이 기구는 기후변화에 관한 법과 정책을 개발하고, 각 회원국들의 여건을 반영, 조정, 통합하면서 비용효과적인 가이드라인을 제공하는 우산과 같은 기후 거버넌스 역할을 수행한다. 환경단체를 포함한 공공 및 사적 이해관계들의 의견이 수렴되는 장소이기도 하다. EU-ETS, 재생에너지법 등이 여기서 탄생된 주요한 제도이다.[51]

먼저 재생에너지 촉진에 관한 정책을 살펴보자.
재생에너지 사용을 촉진하는 정책은 에너지효율성 개선 정책과 함께 이미 1990년대부터 유럽공동체는 시행하고 있다. 유럽공동체는 "재생에너지를 위한 전략과 행동계획(Energy for the future: Renewable sources of energy. White Paper for a Community Strategy and Action Plan)"이라는 백서(White Paper)를 1997년 공포함으로써 재생에너지 사용을 지원하는 포괄적 전략과 행동계획, 그리고 정책을 제시한다. 이 백서는 환경적 측면에서 재생에너지 사용의 촉진을 지원하는 것을 넘어서서 안정적 에너지 공급과 에너지 수입의존도 축소 등 에너지 정책의 차원도 밝히고 있다. 더 나아가서 재생에너지의 확대는 21세기 유럽의 미래 발전에 필수적이며 매우 중요한 전략이라는 점을 분명히 한다. 유럽의 재생에너지 체계에 대한 현 상황 진단, 재생에너지 확산의 애로점, 재생에너지 확대의 전략과 행동계획의 필요성, 전략의 목표와 기대, 타 분야와의 연계 발전, 행동계획 및 구체적 정책 및 대책수단을 제시하고 있다.

동 백서는 현 상황을 진단하면서, 유럽공동체가 앞으로 20년 동안 재생에너지의 비중을 상당한 수준으로 높이는 데 성공하지 못한다면, 중요한 발전의 기회를 잃어버리게 되고 또한 환경보호에 관하여 유럽공동체는 어려움에 직면할 것이라고 분석한다.

재생에너지 비중의 확대는 여러 측면에서 필요하다. 재생에너지원은 각 국가나 지역에 다양한 형태로 존재하고, 고유의 에너지 자원이기 때문에 개발을 하게 되면 장점이 많다. 에너지의 수입의존성을 줄일 수 있으며 에너지 공급의 안정성을 증대시킬 수 있다. 또한 재생에너지 개발과정은 일자리 창출에 기여할 수 있는데, 특히 지역의 중소기업에게 많은 기회를 제공할 수 있다.

현 상황은 도약단계로서 여러 형태의 어려움에 직면에 있지만 기술적 잠재성도 매우 크며 기술발전의 비약도 최근에 이루어지고 있다. 생산 비용은 급속히 인하되고 있고 특히 풍력과 태양열 집열판의 경우 경제적 타당성도 얻고 있다. 현재 재생에너지의 확산에 제일 큰 장애요소는 초기 대규모 투자비용이다. 특히 화석연료의 비용에는 여전히 환경오염 같은 외부효과 비용을 부과하지 않고 있기 때문에 재생에너지 비용은 상대적으로 고평가되고 있는 실정이다. 또 다른 장애물로서 투자자, 정부, 사용자들의 재생에너지의 경제성과 기술에 대한 불신이다. 이와 함께 혁신과 변화에 대한 습관적인 거부 현상 등이 한몫을 하고 있다.

따라서 현재 이러한 장애요소들을 걷어내기 위해서 재생에너지 촉진 전략이 꼭 필요한 배경이 된다. 친환경적인 에너지의 안정적인 공급이라는 책임에 비추어서 입법조치를 포함한 유의미한 전략을 제시해야 할 필요성이 있다. 이에 재생에너지 개발을 위한 장기적인 전략적 틀을 마련해야 하는데, 정치적, 법적, 행정적, 경제적 측면을 포함하여야 한다. 에너지 시장에서의 왜곡과 회원국 간의 불균형을 상쇄할 수 있는 방안도 마련해야 한다.

재생에너지 촉진 정책의 범위는 포괄적이며 다방면에 걸친다. 에너지, 환경, 고용, 조세, 경쟁, 연구 및 기술개발, 선도 사업, 농업, 지역, 국제 분야를 아우르는 범위이다.

전략적 정책의 가장 중요한 목적은 새로운 차원의 발전이라는 인식을 갖는 점이며, 행동계획을 제시하는 것이다. 유럽공동체, 회원국가, 지역, 현지 수준에서 이 전략의 틀 안에서 실천 행동이 중요하다. 각 국가나 현지의 처한 기술적, 사회경제적, 환경적, 에너지 여건에 따라 책임 있는 실행이 매우 중요하다.

백서는 기존의 재생에너지 확대를 촉진하는 전략과 정책(Green paper)들에 대한 유럽 의회, 유럽이사회 등 여러 권위 기관들의 토론 및 평가에 대해 아래와 같이 의미를 부여하고 있다.

재생에너지 촉진 정책의 연관 범위는 매우 광범위하여 에너지 분야뿐만 아니라, 환경, 고용, 기술개발, 지역 및 농업 발전 등 포괄적이다. 이 전략의 목적은 새로운 발전의 기회라는 점을 충분히 인지하고 있다. 전략의 기본전제로는 다양한 차원의 유럽 공동체의 표준화 노력과 소위 '유럽 재생에너지 펀드' 설립 등을 권고하고 있다.

유럽이사회의 결의에 따르면, 이 같은 전략은 우선순위, 기본전제에 기초해야 하는 점을 강조한다. 재생에너지 촉진에 연관된 유럽 공동체 차원의 다양한 표준의 조화(조세제도, 환경보호 기준, 재생에너지의 범위 등), 에너지 시장의 자유화와 활성화를 위한 적절한 조처, 투자지원, 홍보, 연구 및 기술개발, 선도 사업, 자원의 효율화를 위한 모니터링과 공조 등에 관한 것이다. 구체적인 목표와 시행계획도 제시하면서, 외부효과의 내재화, 에너지 시장의 점진적인 자유화, 재생에너지 비중의 확대(2010년까지 15%로 확대), 재생에너지 촉진을 위한 유럽펀드 설립, 백만 호 태양광 지붕사업, 1,000MW 바이오매스 에너지 생산 사업 등이었다. 재생에너지 펀드를 조성해서 저탄소에너지 빌딩, 재생에너지 기술의 수출전략, 농촌과 지역의 바이오매스 개발 등을 지원하되, 원자력 연구 지원 수준으로 증액할 것을 제의하였다. 유럽의회는 유럽이사회의 이 같은 결의를 사실상 "재생에너지 촉진을 위한 새로운 협약을 체결"[52]하는 의미로 파악하기도 하였다.

유럽 경제사회위원회나 지역위원회 역시 대동소이한 평가를 하였다. 2010년까지 바이오매스 비중 확대의 필요성을 언급하였다. 이는 농업과 지역발전에 기여할 것으로 평가하였다. 지역, 지방, 현지 자치단체에게 권한을 대폭 이양할 것과 시장진입을 도울 수 있도록 주문하였다. 이는 바이오매스 등 재생에너지는 기본적으로 탈 중앙 에너지 체계를 필요로 하기 때문이다. 따라서 재생에너지 정책은 농업 및 지역정책과 함께 통합적으로 시행되어야 한다.

유럽집행위원회는 1997년 이러한 배경과 평가를 바탕으로 야심찬, 그러나 가능한 목표를 세운다. 1차 에너지 중 재생에너지 비중을 6%(1996년)에서 2010년까지 12%로, 2배로 증가시키는 목표를 제시하였다.

이 목표는 교토협약 시의 수준에 기초하였고, 여러 변수를 고려해야 하기 때문에 정치적인 목표이지 법적 구속력을 가진 것은 아니었다. 재생에너지원의 전기와 난방열 사용 수준 역시 2배로 확대하고자 하였으며, 특히 바이오연료를 확대하고자 한 점은 주요한 요소이다. 이 목표를 달성하면서 함께 고려한 연관 목표도 다양하였다. 고용창출의 효과를 기대하였다. 이미 풍력은 3만 명 이상, 바이오, 태양광 사업 등에서도 순 고용효과가 나타났다. 편익과 장점에 대해 긍정적으로 예측하였다. 환경보호 외에도 고용, 에너지 수입 감소 및 안정적 공급, 저탄소에너지 체계의 선도적 구축, 재생에너지 기술 및 상품 수출, 지역 및 지방의 발전 등을 손꼽았다. 재생에너지 촉진 전략은 21세기 유럽공동체의 발전에 주요한 축으로 자리를 잡게 되었다.

동 전략을 시행하는데 재생에너지 구매 등 직접적으로 재생에너지 촉진을 위한 정책도 있지만, 다양한 형태의 간접적인 연관지원 정책이 많다. 주요한 행동계획과 정책수단을 살펴보자.

우선 재생에너지가 전력시장에 공정하게 편입할 수 있도록 제반 여건을 조성해야 하며, 재정금융적인 지원을 해야 한다. 공익적 성격을 강하게 갖고 있는 환경보호를 위한 재정금융적인 지원은 충분히 정당화되기 때문이다. 재생에너지 촉진을 위한 법제정, 재생에너지 사용에 대한 감면조치나 저금리 대출과 같은 재정금융지원 정책이 필요하다. 재생에너지 투자에 대한 유연한 감가상각제도, 세금 감면, 스타트업 지원, 구매자에 대한 금융 인센티브, 저금리 대출 펀드 조성 등을 구체적인 수단으로 제시하였다. 운송, 열·난방, 전기 생산에 바이오매스의 역할을 특히 강조하면서 바이오에너지 추진 체계를 구축할 것을 결정하였다. 이 이니셔티브는 현지의 고유한 바이오매스 자원의 개발과 활용을 통하여 현지 농업과 지방 발전을 함께 고려한 행동계획이었다. 주택과 건물의 에너지 이용에 관한 개선 정책도 주요한 대책으로 제시되었다. 에너지 집중도의 향상이 주요 수단으로 꼽힌다. 특히 태양광을 건물에 설치할 경우 에너지집중도를 개선할 수 있는데, 열, 조명, 환기, 냉방 시에 그러하다. 2010년까지 50% 정도 감축할 수 있을 정도로 여지가 크다. 건물에 관한 기존의 "에너지 효율성 개선 지침"의 수정을 통하여 강화할 수 있다. 이는 지자체가 '에너지 제로' 빌딩에 관하여 관심을 갖도록 하였다. 주택 및 건물에 관한 에너지 규정의 보완 등은 '저탄소 스마트' 도시계획에도 상당한 영향을 끼쳤다.

또 하나의 중요한 지침은 기존의 유럽공동체 정책들을 수정, 보완, 강화하여 재생에너지 촉진 전략을 지원한다는 점이다. 기존의 성장, 경쟁력, 고용창출을 위한 정책은 재생에너지의 촉진에 기여하도록 재구성하였다. 유럽공동체의 지원에 관한 규정을—투자, 기술, 지역, 농업 분야 등—갱신 또는 개선하였다. 물론 경쟁력의 강화를 중시해야 하기 때문에 시장메커니즘을 도입해서 재생에너지의 가격인하 노력을 하도록 유도하였다. 유럽공동체의 기존 지침에는 경쟁력의 시장메커니즘을 왜곡하지 않는 범위 내에서 환경보호라는 공익적 목적에 부합하는 지원을 정당화하고 있지만, 재생에너지 촉진을 위해서는 그 지원 범위를 더 확장할 수 있도록 개선하고자 하였다.[53]

독일연방정부는 유럽공동체의 이 같은 전략과 지침에 의거하여 2000년도에 '재생에너지법'을 도입하고, "태양광지붕 10만호 사업"을 추진하고, 에너지 절약 주택 정비 사업을 위한 저금리의 "재건축대출프로그램"을 갱신하는 등 적극적인 공조를 보여주었다.[54]

유럽연합은 재생에너지 촉진을 지속적으로 추진하였다. 2001년 재생에너지 원의 전력사업을 촉진하는 지침을 통과시킨다. 2007년 '재생에너지 로드맵'을 통보(communication)하면서 2020년까지 재생에너지 비중 20%, 수송의 경우 재생에너지 10% 비중은 적절하고 가능한 목표라고 평가하였다. 이와 함께 2020년까지 에너지 효율성을 20% 개선하기로 하였다. 이 목표는 2006년도의 "에너지 효율성 개선을 위한 행동계획: 잠재력의 현실화 (Action Plan for Energy Efficiency: Realising the Potential)"에 반영되었던 것으로, 이 플랜은 2007년 유럽이사회에서 통과된다.[55] 이 같은 사전 준비 과정을 거치면서 2007년 유럽연합의 정상들은 지구 평균기온이 산업화 이전의 평균기온보다 '2도' 이상 상승하지 않도록 합의하면서, 재생에너지의 확대와 에너지효율성의 증가를 그 주요한 수단과 방식으로 채택한다. 2007년 "2020 기후와 에너지 패키지"를 통해 유럽연합 차원의 기후 및 에너지 정책의 초석을 놓게 된다. 중·장기적 기후보호 목표를 제시하면서 2050년도까지 1990년 대비 80~95% 감축목표를 제시하고, 중간 단계로서 2020년도까지 1990년 대비 최소 20%(최대 30%)의 온실가스 배출 감축목표를 제시한다. 효율성 증가를 통한 에너지 소비의 20% 감축과 함께 재생에너지원의 에너지 생산 비중이 20%로 확대되는 방안이 핵심 수단으로 제시되었다.

이 합의는 2009년 유럽이사회가 동의한 결정 또는 지침으로 시행됨으로써 법적인 구속력을 갖게 되었다. 이에 따르면 지구 평균기온이 '2도'를 넘지 않게 하려면 전 세계가 온실가스 배출을 2050년도까지 1990년 대비 50% 이상 감축해야 하고, 유럽연합을 포함하여 선진국은 적어도 60~80%까지 감축해야 하고, 2020년도까지 30% 감축을 해야 된다.[56] 에너지효율성을 2020년까지 20% 증가하기로,[57] 이와 함께 에너지 생산 중 재생에너지의 비중을 20%로 확대하는 것을 목표로 하였다.[58]

유럽연합의 "2020 기후와 에너지 패키지"는 독일연방정부에게 재생에너지 비중을 18%까지 상향시키도록 책임을 부여한다. 독일연방정부 역시 유럽연합의 감축 프로그램에 공조를 적극적으로 표시하면서 2007년 "통합에너지기후프로그램(Integrierten Energie-und Klimaprogramm)"을 공포하고, 2020년도까지 1990년 대비 40% 온실가스 감축 계획을—유럽연합의 20% 감축목표보다 훨씬 높은 수준을—선도적으로 제시하였다.[59]

독일은 이 프로그램에서 재생에너지 촉진과 관련한 다양한 정책을 제시하는데, 몇 가지 구체적인 점을 살펴보는 것은 이해에 도움이 될 수 있다. 첫째, 전력생산에서 재생에너지의 비중을 2배 이상으로 획기적으로 증대시켜 2020년까지 25~30%까지 도달하는 목표를 정하였다. 아울러 수요지향적 송·배전선을 확장하도록 하였다. 이를 위하여 2008년 재생에너지법을 개정하여 풍력발전의 보상요율은 올리고, 태양광발전의 할인율을 높이는 등 제반 여건을 더 유리하고, 적합하고, 잘 적응하도록 갖추었다. 열병합발전을 하되 바이오매스자원을 활용하는 사업에 적합하게 조정하였다. 연방환경부, 경제기술부, 교통건설부가 공동 주관부처로 진행한다. 열·난방 공급에서 재생에너지의 비중을 6%(2006년)에서 2020년 14%로 목표를 높였다. "재생에너지난방법"을 통해서 재생에너지 사용을 의무화 하였는데, 특히 태양열에너지의 난방공급의 경우는 신축건물에는 15%, 정비 사업일 경우에는 10%를 공급하도록 하였다. 3억 5천만 유로가 책정되어 재생에너지 난방시설에 대한 투자를 촉진할 수 있게 하였다. 환경부, 교통건설부, 경제기술부가 공동 주관하도록 하였다. 바이오가스 자원 개발을 촉진하기 위해서 천연가스연결망에 용이하게 연결되도록 하였다. 천연가스 공급 중 바이오가스의 비중을 2020년까지 6%, 2030년까지 10%까지 확대되도록 하였다. 지역 고유의 바이오가스가 열병합발전이나 연료로서도 활용되도록 다양한 지원을 하고, 바이오가스 연결망에 대해서도 지원책을 마련하였다. 에너지효율성 및 재생에너지 연구에 대한 지원을 강화하면서, 동 연구를 "첨단과학기술전략과 60억 유로 프로그램"에 추가로 포함시켜 지원을 받게 하였다. 위의 개별 정책이나 프로그램에도 재정지원의 규모가 정해져 있지만 2008년도에는 전체적으로 많

게는 33억 유로의 예산 지원 규모가 책정되었다.[60]

독일은 재생에너지 촉진 정책을 매우 구체적으로 시행하는 것을 보여준다. 감축목표와 이행 기간, 이 목표의 주관 부처, 동 목표의 추진 목적과 우선순위 등을 명확히 하고, 이를 시행하는데 필요한 예산 등이 구체적으로 명시되어 있다. 그리고 재생에너지의 확대를 위한 국가의 지원(풍력발전의 보상요율은 올림)과 시장메커니즘(태양광발전의 할인율을 높임)의 균형을 맞추려는 합리적인 계획을 보여준다.

영국 역시 유럽연합의 결정에 협조하면서 2008년 "에너지법(Energy Act)"을 제정하여 재생에너지 의무 강화를 명문화한다. 소규모 및 지역사회 규모의 저탄소 발전을 위한 발전차액지원제도(Feed in Tariffs)를 도입하고, 모든 규모의 재생 열에너지 프로젝트 지원을 위한 재생 열에너지 인센티브 제도(Renewable Heat Incentive)를 도입한다. 탄소포집 및 저장을 장려하고, 스마트 그리드 제도를 확대하고자 한다. 이를 통하여 2020년에 전력공급의 30% 이상을 재생에너지로 충당하고자 하였다.

유럽연합은 2007년 지구 평균기온을 '2도' 상승을 억제하기 위한 목적으로 2050년도까지 1990년 대비 80~95% 감축하는 목표를 결정하였다. 유럽이사회는 "2020 기후와 에너지 패키지"에 이어서 2014년도에 "2030 기후와 에너지 기본 틀"라는 중·장기적 기후 및 에너지 로드맵을 제시한다. 이를 통하여 2030년까지 1990년 대비 온실가스 40% 감축, 최종에너지 소비의 재생에너지 비중을 27%로 확대, 에너지 효율성을 27% 증가시키는 전진된 목표를 제시하였다. 이 목표에 상응하면서 독일연방정부는 2030년까지 1990년 대비 온실가스 55% 감축, 에너지효율성을 30%

까지 올리기로 약속하였다.[61] 독일은 "재생에너지의 시대"를 선포하면서 이미 2010년도의 에너지기본계획(Energiekonzept)에서도 2030년도까지 55%, 2040년도까지 70%, 2050년도까지 80~95% 감축목표 안을 제시한 바 있다. 최종에너지 수요 중 재생에너지 비중을 2020년까지 18%, 2030년도까지 30%, 2050년도까지 60%로 향상시키기로 하였으며, 전력생산 중 재생에너지 비중을 2030년도까지 50%, 2050년도까지 80%로 높이기로 하였다.[62]

앞서 언급하였듯이 에너지 효율성의 개선은 재생에너지 확대와 함께 온실가스 감축의 한 축을 담당하고 있다. 유럽연합은 재생에너지 촉진과 함께 일찍이 에너지 효율성의 개선에 주목해왔다. 1993년 유럽이사회는 에너지 효율성 개선을 통해 이산화탄소 배출량을 감축시키려는 목적으로 일명 "세이브(SAVE)"라고 불리는 지침을 내렸다. 새로운 정책 도입과 기존 프로그램의 보완을 통해 다양한 영역에서 에너지 효율성을 개선하려는 시도를 하였다. 건물의 에너지 인증제도 도입, 자동차 연비 개선 프로그램, 공공 분야의 에너지 효율성 증대 사업에 대한 사적 기업의 금융 및 투자의 허용, 신축물의 단열 시설 규정, 보일러의 정기 검사 강화, 그리고 이 같은 목적을 시행하기 위한 법제정, 경제적 지원, 교육 프로그램의 도입 등이다.[63]

유럽이사회는 2007년 에너지 효율적이며 저탄소 경제로 전환시키는 것을 강조하면서 "에너지 효율성 개선은 이러한 결정에 결정적인 요소"라고 평가하고 이를 통해 에너지 소비를 20%까지 축소하는 목표를 모니터링하기로 하였다.[64] 그리고 유럽이사회는 "2020 기후와 에너지 패키지"에 이어서 "2030 기후와 에너지 기본 틀"에서 2030년까지 1990년 대비 온실가스 40% 감축, 최종에너지 소비의 재생에너지 비중을 27%로 확대, 에너지 효율성을 27% 증가시키는 목표를 제시하였다.

독일연방정부 역시 에너지 효율성 개선에 역점을 두면서 열병합 발전에 큰 관심을 가지고 2000년도부터 역점사업으로 진행해 오고 있다.[65]

'2도' 목표를 위한 재생에너지 촉진과 에너지 효율성 개선이라는 정책은 그 연계 범위가 광범위하다. 주택 분야에서부터 교통·수송 분야, 농업 분야, 폐기물 분야까지 아우른다. 따라서 연계 정책도 매우 다양하다. 제로에너지 주택 정책도 있고, 자동차 연료 효율 개선 지원정책에서부터 바이오 연료 기술 지원정책도 있다. 바이오매스 개발을 통한 농촌 및 지역 발전 정책, 온실가스 인벤토리 구축 역량강화 및 교육, 자원 순환 시스템 구축의 기술 지원 정책 등 매우 넓다.

재정정책은 빼놓을 수 없는 주요한 요소이다. 탄소세 도입 정책에서 언급하였듯이 탄소세 시행에는 고려 사항이 적지 않다. 우선 기업의 비용 부담 및 경쟁력을 고려해야 하고, 탄소세 비용 부담으로 인한 투자 및 고용이 축소되지 않도록 해야 한다. 국민의 부담 역시 무겁지 않도록 해야 한다. 이 같은 사항을 고려하여 탄소세는 대개 세수중립적인 방식으로 시행된다. 탄소세 도입으로 증액된 세금수입을 근로소득세, 사회보장기여금, 법인세 등의 경감에 사용하여 세수 총액이 늘지 않도록 하는 방식이다. 탄소세의 지출 분야 및 방식 등에 관해서도 고려할 대상이 적지 않다. 탄소세 수입의 지출은 탄소세의 역진적 성격을 완화하기 위해서 에너지 빈곤층 및 저소득층에 대한 소득보조 및 에너지 복지를 확대해야 한다. 그리고 재생에너지 확대와 에너지 효율성을 개선하는 투자, 기술개발, 수요확대에 지출하는 것이 목적에 부합한다. 저금리 대출 등 우대 금융정책은 재정정책과 함께 시행되는 것이 적절하다.

유럽의 국가들이 세수중립적인 방식으로 탄소세 도입을 추진한 것은 1990년대 초부터다. 핀란드, 덴마크, 스웨덴, 영국, 독일, 네덜란드 등이 앞서 도입하였다. 영국의 기후변화세(Climate Change Levy)는 기업이 연료목적으로 사용하는 전기, 가솔린, LPG, 석탄 등의 에너지에 세금을 부과하고 있다. 독일은 1999년 "환경친화적 조세개혁도입에 관한 법률"에 따른 에코세(Eco-Tax: 석유세, 전기세) 도입을 시작으로 2003년 "환경친화적 조세개혁발전에 관한 법률" 등을 통해 친환경적 재정개혁(Ecological Financial Reform)으로 그 범위를 확대해오고 있다.[66] 1999년부터 시행된 독일의 생태적 조세개혁(Ecological Tax Reform)은 기후변화 대응과 일자리 창출을 내걸고 자동차 연료, 난방유, 천연가스, 전력 등의 세율을 5단계에 걸쳐 인상한다는 내용을 담고 있다. 독일의 경우 탄소세 수입의 약 90%는 연금보험액 인하에, 나머지 10%는 재생가능에너지 확대와 에너지효율 향상에 사용한다는 점에서 전형적인 세수 중립적 조세개혁의 형태를 지닌다.[67] "기후와 에너지 정책의 기본틀(EU 2030 framework for climate and energy policies)" 목표의 달성을 위해 2011~30년도까지 재생에너지 확대와 에너지 효율성 개선을 위한 투자를 연평균 연간 380억 유로를 추가로 증액하기로 하였다. 또한 개발도상국 국가에 대한 확대된 투자 지원을 계획하였다. 2030년도에는 에너지 체계가 재생에너지 확대와 에너지 효율성 개선으로 인해 급속히 저탄소에너지 체계로 전환될 것이다. 따라서 에너지에 관한 지출이 연료소비보다는 투자비용으로 전환될 것이고, 에너지 비용의 증가도 유럽연합 총생산의 0.15% 수준의 증가 폭에 그칠 것이라는 밝은 전망도 제시하고 있다.[68]

유럽연합의 기후 및 에너지 계획의 완결판은 2020, 2030 프로젝트에 이어서 "2050 저탄소 경제(2050 low-carbon economy)" 프로그램으로 등장한다. EU는 '2도' 목표를 위해 2050년까지 1990년도 온실가스 배출량의 80~95% 정도의 감축을 목표로 하고, 2030년까지 40%, 2040년까지 60% 정도의 감축목표로 한다. 모든 부문에서 지속적으로 감축하고자 하며, 저탄소 경제 체제로 전환하고자 한다.

저탄소 경제로의 전환의 내용과 방식을 그림5에서 개략적으로 살펴볼 수 있다. 우선 발전 분야에서 감축 잠재량을 제일 크게 보고 있다. 2050년까지 이산화탄소 배출이 제로에 가까워진다. 즉 전력 체계가 저탄소 재생에너지 원으로 대체될 수 있다는 의미이다. 이를 통해 수송, 열·난방, 산업연료는 재생에너지 전력으로서 일부 대체될 수 있게 된다.

2050년도까지 '2도' 목표 달성을 위해 필요한 감축 정책의 수단과 대책을 살펴보면 다음과 같다. 수송부문에서는 1990년 대비 60% 정도의 감축이 가능한데, 엔진에서 사용하는 연료의 효율성의 증가, 전기자동차 확대, 바이오 연료의 사용이 큰 기여를 할 것으로 전망한다. 가정 및 건물 부문에서의 감축 효과도 약 90% 정도로 매우 큰 것으로 전망하고 있다. 패시브 하우스, 에너

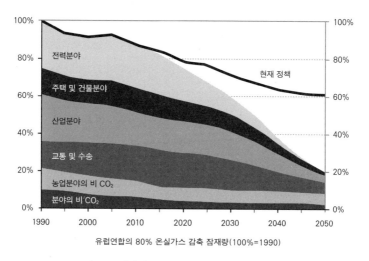

전력분야

주택 및 건물분야

산업분야

교통 및 수송

농업분야의 비 CO_2

분야의 비 CO_2

현재 정책

1990 2000 2010 2020 2030 2040 2050

유럽연합의 80% 온실가스 감축 잠재량(100%=1990)

그림5. 유럽연합의 분야별 온실가스 목표 감축량

지 효율성 증대, 냉·난방, 취사에서 화석연료의 재생에너지로의 대체 등이 주요한 변화이다. 에너지 집약 제조업 부분에서 80% 이상의 감축이 기대되며, 청정에너지 사용과 에너지 효율성의 개선이 기여할 것이며, 탄소저장 및 포집 기술의 발전에 대한 기대가 크다. 농업 부문에서의 변화는 그리 크지 않지만 비료나 축산 분비물에서의 감축과 탄소 저장 기술 등이 활용될 것이다. 재생에너지의 전력화의 급속한 전진으로 스마트 그리드에 대규모 투자가 필요하다고 예상하고 있다.

그리고 저탄소 경제로의 전환이 많은 편익도 가져오는데, 우선 혁신과 투자도 불러올 것이다. 저탄소에너지 기술의 발전 덕택으로 성장 동력과 고용창출을 가져올 것이다. 에너지, 천연자원, 토양과 물 같은 기초 자원의 사용을 줄일 수 있으며, 비싼 화석연료 수입에 덜 의존적으로 만들 것이다. 대기오염 등을 줄여서 건강상의 편익을 가져올 것으로 기대하고 있다. 이 전환을 위해서 EU는 2050년까지 추가적으로 2700억 유로를 (GDP의 연평균 1.5% 정도) 투자할 계획이다.[69] 특히 저탄소에너지 기술로 운영되는 대규모 사업을 지원하는 세계에서 가장 큰 규모의 기금 프로그램 "NER 300"을 운영하고 있다. 특히 탄소저장 및 포집 기술의 발전과 혁신적 재생에너지 기술로 운영되는 대규모 사업을 지원하는 것을 주목적으로 하고 있다. 사적투자에 대한 마중물 역할을 하고 있다. 이 기금의 명칭이 말해주듯이 EU-ETS의 '신규가입자를 위한 유보배출권(New Entrants' Reserve) 300 백만' 장을 팔아서 마련하여 온실가스 감축의 목적에 맞게 투자하는 것이다.[70]

유럽연합은 '2도' 목표를 위해 가장 앞서가는 국가군이다. 이산화탄소 배출권거래제도, 탄소세제 등의 핵심적인 제도를 일찍이 도입하였다. 재생에너지 촉진과 에너지 효율성 개선을 위한 다양한 정책도 일찍이 시행하였다. 온실가스 감축목표도 가장 먼저, 그리고 가장 높게 설정하고 있다. 사실상 감축도 많이 이루어졌다. 세계에서 가장 높은 수준으로 감축을 하고 있다. 하지만 그림5에서 보듯이 유럽연합조차도 2050년 감축목표에 도달하기 위해서는 갈 길이 멀어 보인다. 왜 그럴까? '2도' 목표를 위한 정책, 제도, 입법, 재정정책을 기획하고 시행하는 것이 매우 중요하지만, 각 국가나 사회가 그 같은 제도나 정책을 기획하고, 시민과 합의하며, 시행하고, 평가하는 총체적인 과정을 조정할 수 있는 효율적이고 민주적인 기후 거버넌스를 구축하는 것 역시 매우 중요하다. '2도' 목표는 다차원의 복합 방정식을 푸는 것처럼 어려운 과제이기 때문에 더욱 그러하다.

　다음 장에서는 현재까지 우리들의 온실가스 감축 노력이 실제로 얼마만큼의 성과를 가져왔는지를 살펴본다. 시행의 결과가 성과와 함께 우리에게 어려움도 말해주기 때문이다.

3장

2도 목표의 성과,
제약 및 갈등 요소

'2도' 목표의 성과, 제약 및 갈등 요소

온실가스 감축 노력의 성과를 평가해볼 때가 되었다. 온실가스 감축 성과가 감축목표에 부합하는지가 가장 우선적인 평가 기준일 것이다. 온실가스 감축의 두 가지 축인 에너지 효율성의 개선 수준과 신재생에너지 비중의 확산, 그리고 그것들의 추세가 주요한 실질적 평가 기준이 된다. '2도' 목표의 주요한 동반 목표인 경제적 성장, 고용율의 증감, 사회통합성 및 에너지 빈곤층의 지원 수준 등도 함께 고려해야 한다. 기후변화 정책 수준, 입법의 수준 및 예산집행 수준 역시 빼놓을 수 없는 주요한 평가기준이 되어야 한다.

우선 이산화탄소 감축이 얼마나 이루어졌는지 살펴보면서 성과를 평가해 보자. 아래 표를 보면, 1990년에 비해 이산화탄소 배출량은 전 세계적으로 227억 톤에서 2010년 330억 톤으로 약 50% 증가했다.

1992년 UNFCCC 체제가 시작된 후로부터 감소가 아니라 지속적으로 증가하였다. 선진 국가들이 감축 노력을 한 것을 읽을 수 있는 반면, 개발도상국인 중국, 인도네시아, 인도 등은 약 100% 내지 300%까지 급증하였다. 선진 국가들을 살펴보면, 독일 및 영국을 포함한 EU 국가가 –12%로 감축을 약간 달성했으나, 미국, 일본, 캐나다 등은 오히려 증가를 나타냈다. 한국은 144% 증가폭을 나타내면서 저탄소 사회로의 전환을 위한 전반적인 혁신이 시급한 실정이다. 독일의 저먼워치(Greman Watch)와 유럽기후행동네트워크(CAN Europe)는 "기후변화실행지수(CCPI)"를 개발하여 지난 13년 동안 연간 CCPI 결과보고서를 발간하면서 각 국

국가	1990년 (10억t)	2008년 (10억t)	2009년 (10억t)	2010년 (10억t)	2011년 (10억t)	2011년 순위	1990년 대비(%)	2010년 대비(%)
중국	2.51	7.79	8.27	8.90	9.70	1	287	8
미국	4.99	5.74	5.33	5.53	5.42	2	9	-2
EU-27	4.32	4.09	3.79	3.91	3.79	-	-12	-3
인도	0.66	1.56	1.75	1.86	1.97	3	198	6
러시아	2.44	1.80	1.74	1.78	1.83	4	-25	3
일본	1.16	1.25	1.18	1.26	1.24	5	7	2
독일	1.02	0.86	0.80	0.84	0.81	6	-21	-4
한국	0.25	0.54	0.54	0.59	0.61	**7**	144	3
캐나다	0.45	0.57	0.53	0.54	0.56	8	24	4
인도네시아	0.16	0.41	0.44	0.49	0.49	9	210	0
영국	0.59	0.53	0.49	0.50	0.47	10	-20	-6
세계	22.70	31.70	31.30	33.00	33.90	-	49	3

표1. 주요국 이산화탄소 배출량

가의 대응 노력을, 특히 2도 억제를 위한 노력을 비교 평가하고 있다. 한국은 박근혜 정부 등장 이후 매년 순위가 하락하여 58등으로 매우 나쁨의 수준에 위치해 있다. 위의 평가기관의 평가 배경과 방법론은 거의 민간 전문가에 의해서 해가 갈수록 진화되고 있다.[1]

이런 초라한 결과는 몇 기관에서 권고한 감축 수준에 크게 못 미친다. 1990년도의 독일연방하원의 한 조사위원회는 '2도' 목표를 달성하기 위해서 2005년과 2050년도까지의 중·장기 감축 목표를 제시한 바가 있다. 전 세계적으로는 1990년도 대비 5%, 50% 감축을 권고하였는데, 개발도상국은 50%, 70% 증가, 유럽연합은 20~25%, 80% 감축을 목표로 권고하였다.[2] 2007년 유럽연합의 정상들은 지구 평균기온이 산업화 이전의 평균기온보다 '2도' 이상 상승하지 않도록 합의하면서, 2009년 유럽이사회는 기후 및 에너지에 관한 지침을 결정하였다. 이에 따르면 지구 평균기온이 '2도'를 넘지 않게 하려면 전 세계가 2050년도까지 1990년 대비 50% 이상 감축해야 하는데, 유럽연합을 포함한 선진국은 적어도 60~80%까지 감축해야 하고, 2020년도까지는 30% 감축을 해야 된다.[3]

하지만 실행 결과는 이 권고수준에 훨씬 못 미친다. 2010년도 현재 기준에서 보면, 전 세계적으로 1990년 대비 5% 감축이 아니라, 49% 증가하였다. 개발도상국의 경우 1990년 대비 50% 수준의 증가가 아니라, 중국은 287% 증가, 인도는 198% 증가, 인도네시아는 210% 증가, 한국 역시 144% 증가를 보이고 있다. 유럽연합의 경우 12% 감축을 하였음에도 불구하고 20~25% 감축 수준에는 못 미치고 있다. 미국이나 일본, 캐나다 같은 경우는 감축이 아니라 오히려 증가를 보이고 있다.

　2014년 IPCC 5차 보고서를 보면 2010년 현재의 감축의 수준이 매우 미흡한 것을 알 수 있다. 2010년도의 온실가스 배출량은 평균 490억 톤(±45억 톤)이다. 그중 이산화탄소는 약 76%로 380억 톤(±38억 톤)이다. 개발도상국의 경제성장과 함께 화석연료 사용증가 추세는 에너지 효율성의 증가에도 불구하고 장기적인 저탄소 경향을 상쇄하고 오히려 지속되고 있다. 기준 연도 시나리오에 더 이상의 추가 감축 노력 없이 진행된다면, 전 지구적 인구증가와 경제성장으로 인하여 2100년도에는 3.7~4.8도까지 상승할 수 있다. 기후불확실성을 고려한다면 기온 상승의 범위가 2.5~7.8도까지 더욱 확장될 수 있다. 즉 기준 연도 시나리오에 따라서 진행된다면 2100년도에는 시나리오 RCP(대표적 온실가스 농도 경로, Representative Concentration Pathway)는 6.0 이나 RCP8.5와 유사한 진행을 따르게 된다. 이는 2030년도에 이미 450ppm CO_2-eq를—2011년 현재 온실가스 농도수준은 430ppm(불확실성의 범위는 340~520ppm)—넘어서고 2100년도에는 750~1300ppm CO_2-eq 이상을 나타낼 것이다. 그리고 평균기온 상승은 불확실성을 포함하여 2.5~7.8도(평균은 3.7~4.8도) 사이에 도달할 것이다. 이는 '2도' 목표를 확실하게 넘어선다는 의미이다. '2도' 목표를 달성하려면 온실가스 농도 역시 2100년도까지 450ppm CO_2-eq를 넘어서는 안 되기 때문이다. 2100년도에 450ppm CO_2-eq의 온실가스 농도 수준에 도달하기 위해서는 2050년도의 온실가스 배출량이 2010년 대비 40~70% 수준으로 감축되어야 하고, 2100년경에는 배출량이 제로 수준에 달하여야 한다. 그리고 동일궤도 상에서 2030년까지 300~500억 톤 CO_2-eq 이내로 배출량을 감

축시킬 수 있어야 한다.[4]

2015년 각 국가는 UNFCCC에 자율적 온실가스 감축 계획안, INDC를 제출하였다. 이에 대해 UNFCCC는 종합적 평가를 하면서 「INDC의 통합적 효과에 대한 종합보고서」를 발간한다. 종합보고서의 제37항은 아래와 같이 평가하고 있다. 각 당사국이 INDC에 명시(약속)된 수준의 감축안을 그대로 이행했을 경우에도 온실가스 배출량은 '2도' 목표를 달성할 수 있는 감축 시나리오에 따른 배출량보다 2025년도에 19%(10~29% 편차) 정도 높다. 배출량으로 평가해보면 87억 톤(47~130억 톤 편차)이 더 많이 배출될 것으로 예측된다. 2030년도의 경우에 15.1% 정도 더 많이 배출한다. 기온으로는 2.7도가 상승할 것이라고 예측된다.[5] 당사국들이 약속을 준수했을 경우에도 그렇다는 말이다.

결론적으로 감축 노력이 미흡했다. 유럽연합은 상당 부분 약속한 목표를 이루었으나, 대부분의 국가는 갈 길이 멀어 보인다. '2도' 목표의 달성을 위해서는 각 당사국이 약속한 INDC보다도 훨씬 높은 감축 노력이 요구된다는 점이다.

1. 온실가스 감축의 제약요소와 한계점

1992년도 리우 정상회담 이후 거의 모든 국가가 기후변화 대응을 약속하고, 2015년 파리 당사국 총회에 야심찬 자발적 감축 계획안을 제시하였음에도 불구하고 '2도' 목표를 달성하기에는 요원하다. 왜 그런가?

온실가스 감축은 시급하지만, 여전히 어려운 과제라는 것을 말해주고 있다. 온실가스 감축이 배태하고 있는 일반적인 어려움과 한계에 대해서 살펴보면, 대략 근본적인 또는 태생적인 어려움, 구조적인 한계, 한시적 애로점 등으로 나누어 볼 수 있다.

첫째, 획기적인 대책을 취하지 않는 한, 전 지구적 차원에서 인구와 도시가 증가, 경제도 성장을 하게 된다. 특히 개발도상국의 경우가 그러하다. 이러한 예측에 따라 자원과 에너지를 더 많이 필요로 하게 되었고, 자연히 온실가스를 많이 배출하게 된다. 하지만 생태계의 자원공급량은 고정되고 환경오염 등으로 인간이 사용할 수 있는 자원도 갈수록 더 줄어든다. 물 부족현상이 대표적이다. 농지도 부족해지고, 식량자원도 수요량에 비해 공급량이 상대적으로 부족해진다.[6] 생태계 자원을 빨리 개발하려는 단기적인 필요성이 장기적인 지속가능한 개발 방식을 압도하게 된다. 생태계 자원을 지속가능한 방식으로 보전하려는 노력은 이 같은 근본적인 한계에 부딪히게 된다. 인간의 이기심 역시 태생적인 한계라고 할 수 있겠다. 기후변화는 간단히 요약하면 무임승차의 대가 아닌가? 미래의 대의나 편익보다 당장 손에 잡히는 오늘의 이익을 우선하기 쉽다. 요르겐 랜더스는 "미래는 멀고 오늘은 가깝다"라고 하면서 석탄 산업을 예로 들어 설명한다. 석탄광을 소유한 사람, 여기에 직장을 가지고 있으면서 돈을 버는 사람, 유통과정에 종사하는 사람, 관련 제품을 만드는 사람 등은 반대할 것이다.[7] 『성장의 한계』의 공동저자이자 미래학자인 그는 "지속가능한 사회로 나아가기 위해서는 단기적 이익만을 추구하는 인류의 쇼터미즘(short-termism)을 극복해야 합니다. 기후 변화를 막기에는 이미 늦었는지도 모릅니다. (…) 단기 이익에 투자하는 자본주의, 세금 인상과 규제 강화 도입이 쉽지 않은 민주주의의 특성상 쇼터미즘을 해결하기 쉽지 않을 것"이라고 경종을 울렸다.[8]

둘째, 자본주의 생산-소비 체계는 인간의 이기적인 욕구에 구조적으로 동력과 속도를 붙이게 한다. 자본주의의 속성은 더 빨리, 더 많이, 더 값싸게 생산하고, 그리고 이와 마찬가지로 소비하는 습관에 기초하고 있다. 이 같은 생산성만능주의나 소비만능주의는 21세기 시대의 핵심가치인 환경보전과 사회통합과 양립하기가 어렵다. 변화가 없는 한 현존의 자본주의 체계는 '2도' 목표에 구조적인 한계를 부과하고 있다. 지속가능한 발전 및 기후변화 대응은 경제성장뿐 아니라, 사회통합, 환경보호의 세 가지 측면을 모두 고려하기 때문에 진행 속도도 느리고 이해당사자 간의 협력도 중시한다. 이윤을 빨리 실현하려는 자본주의 특성과는 구조적인 어려움이 상존한다.[9] 자유민주주의 체제의 구조적인 한계점도 들 수 있겠다. 사회적 독점세력의 이기주의, 집단이기주의는 외부효과를 낳고, 4년 선거를 통한 변동성 (지속성이 아니라, 단기적 관점에 본 이익) 등이 그 한계점이다. 하지만 지구온난화 및 생태계의 위험은 자동적으로 자연적으로 회복이 될 수 있는가? 한 번 다 녹은 북극빙하가 다시 얼 수 있는가?[10] 구조적 한계점을 하나 더 들어 보면, 중앙집권적 의사결정구조가 단단할수록 에너지 분산이 어려워져서 지역의 특성에 부합되는 재생에너지 체계를 구축하는데 제한이 되고, 이것은 재생에너지가 빠르게 확산되는 과정을 구조적으로 지연시키게 된다. 글로벌 차원에서의 구조적 어려움도 있다. 글로벌 차원에서 해결책을 찾아야 하는데, 경쟁하면서, 책임을 회피하려는 국가 간의 협의에 의존해야 하는 어려움이 상존하기 때문이다. 국가 주권을 제한하는 어려움이 있다.

셋째, 한시적 애로점으로는 2008년 이후의 세계 경제·금융위기로 인한 어려운 점을 들 수 있겠다. 투자가 어렵고, 새로운 태양광 기술투자에 대한 재정지원도 어렵고, 기반시설의 교체와 확장 역시 어렵다. 탄소세를 부과하는 정책도 저항에 부딪힌다. 글로벌 수준에서 사회경제적 불평등이 더 심화되고 있다. 한시적-구조적 한계점으로 작용한다. 개발도상국은 빈곤퇴치 및 인간다운 생활을 위해 값싼 화석연료에 기초한 값싼 경쟁력 있는 상품을 해외 시장에 많이 팔아야 되는 압박과 유혹에 노출되어 있기 때문이다. 국내의 사회경제적 불평등 역시 비용이 많이 드는 기후변화 완화와 적응을 위해 투자할 여력을 적게 만드는 구조적이자 한시적 한계점으로 작용한다.

온실가스 감축의 근본적인 한계점, 구조적인 제약, 한시적 어려움 등 일반적인 한계점들은 '2도' 목표를 달성하는 데 제약 조건으로 항상 작용한다. '2도' 목표를 달성하는 데 구체적인 어려움이나 제약에 대해 한 걸음 더 들어가 보자. 앞서 1장에서 언급한 '2도' 목표가 의미하는 요소, 조건과 특성을 돌이켜 생각해보면 '2도' 목표 달성의 어려움을 잘 이해할 수 있을 것이다. 크게는 비용과 책임 분담의 측면, 전환의 어려움, 복합적 차원의 과제, 시간의 압박, 대상 및 영역의 전 지구적 광범위성에서 기인한다고 볼 수 있다.

첫째, 비용의 측면을 보자. '2도' 목표를 위해서는 필수적으로 온실가스 감축을 해야 한다. 즉 폐기물처럼 쉽게 대기에 방출한 온실가스를 정화하여 배출 처리해야 한다. 혹은 흡수하여 저장

해야 한다. 모두 정화 및 처리비용이 많이 들어가기 때문이다. 비용이 부과된다. 이산화탄소 배출권 거래제든, 탄소세든, 재생에너지로의 전환이든 결국은 모두 이 비용을 상품가격에 부과하는 것이다. 가격이 상승하게 된다. 이 점은 국내시장이나 수출시장에서 가격경쟁력을 떨어뜨릴 수 있다. 제약의 주요한 요소가 된다. 이 부담을 줄이는 것이 관건인데, 각 국가가 어떠한 민주적인 거버넌스를 구축할 수 있는 가에 달려 있다. 가격이 상승하면 수요도 수축하는 것이 일반적이고,[11] 따라서 공급 측면에서도 초기투자가 어려워진다. 가격 상승, 국제 가격경쟁력 부담, 수요 감소, 비용 부담, 투자 감소 등의 제약 요소들을 다양한 조세 및 감축정책, 인센티브, 시민들의 합의로 줄여나가는 것이 관건이다.

둘째, 전환의 어려움 자체가 제약 요인이 된다. '2도' 목표를 이루기 위해서는 화석에너지 체계에서 저탄소 및 재생에너지 체계로, 시간의 압박 속에 전환해야 한다. 기존의 에너지, 기술, 지식 체계를 버리면서 새로운 체계로 가능한 빨리 전환해야 한다. 기존에는 성장 확대지향적인 방식에서, 어떤 측면에서 보자면 에너지와 자원을 절약하는 축소지향적인 방식으로 전환해야 한다. 어려운 과제이다. 이 축소되는 영역을 새로운 에너지 및 기술 체계로 메꾸어내고, 오히려 확장시킬 수 있는지가 이 같은 축소·제약 요인을 극복하는 관건이 될 것이다. 지역마다의 저탄소 및 재생에너지 자원을 찾아내어, 개발하고, 혁신하고, 활용하는 거버넌스에 달려 있다.

셋째, 복합적이고 통합적 성격의 과제이다. 화석에너지는 경제성장의 동력으로 기후변화나 사회통합과는 애초에 관련이 없었다. 하지만 저탄소 및 재생에너지는 경제성장뿐만 아니라 기후변화 대응과 사회통합의 과제와 밀접히 연관되어 있다. 새로운 에너지 체계는 이 같은 복합적이고 통합적인 차원과 측면을 고려하면서 구축되어야 하기 때문에 그 진행속도가 늦어질 수 있는 것이다. 화력발전소를 재생에너지 발전소로 전환하는 문제가 어려운 것도 이러한 측면을 모두 고려해야 하기 때문이다. 원활한 컨트롤 타워 구축의 여부가 중요한 과제가 될 것이다.

넷째, 시간의 압박이 작용한다. 2050년 이내로 목표를 달성해야 한다. 단기, 중기, 장기계획이 목표에 맞추어 순차적으로 실현되어야 한다. 전 단계의 성과가 목표에 미치지 못하면 그다음 시기로 이월되면서 그 부담은 갈수록 커진다. 그리고 시행이 늦으면 늦을수록, 비용과 피해가 더 커질 것이고, 부담은 더욱 가중된다. 마치 마감 기한이 다가올수록 더 초조해지는 것처럼. 목표가 달성되지 못할 경우, 마감 기한이 끝나도 부담은 그대로 남게 된다. 사실은 마감 기한이 있는 것이 아니라, 우리가 설정한 것이다. 마감 기한은 자동적으로 연장되고, 우리가 감축해야 하는 목표도 연장되는 것이다. 기한 이내로 달성해야 될 이유가 여기 있다.

다섯째, 전 지구적 차원의 공동 과제의 성격을 띠기 때문이다. '2도' 목표는 전 지구적 협력과 약속을 필요로 하기 때문이다. 기후변화에 대한 관점의 차이, 책임의 차이, 기후변화 완화 및 적응의 우선순위에 대한 입장의 차이, (기술)역량 및 (재정)능력의 차이 등이 쟁점사항이자 공동협력의 장애요소가 된다. "공동의, 그러나 차별적인 책임"의 원칙에 의거한 글로벌 거버넌스를 구축하는 것이 핵심 과제가 될 것이다.

온실가스 감축과 '2도' 목표 달성에는 이와 같이 다양한 제약요소, 한계점, 그리고 쟁점사항들이 많다. 이는 갈등의 여지가 많

다는 측면을 말하고 있다. 랜더스의 한 인터뷰는 이 점을 잘 말해주고 있다

> 기후변화 피해에 적응하고, 지속 가능한 사회를 위해서 한시 바삐 더 많은 인력과 자본을 기후 변화에 투입해야 한다. 단기적 이익에 집착하는 심리 때문에 이를 실천하기란 쉽지 않다. (…) 모든 구성원이 의사결정에 참여하는 민주주의에는 문제가 없지만 구성원들이 세금을 내거나 더 많은 규제에 반대하면서 단기 이익을 추구하는 의사결정이 문제이며, 자본주의에서 사람들은 가장 수익성 높은 프로젝트에만 자본을 투입하기 때문에 쇼터미즘을 극복할 수 없게 된다. 기후 변화를 막기 위해서는 기술적으로는 현재 화석에너지 산업에 투입하는 노동력과 자본의 2%만 청정에너지로 전환하면 된다. 하지만 화석에너지, 자동차 사업자들의 저항과 규제 강화, 세금 부담 반대 세력에 부딪혀 실현이 쉽지 않다. (…) 선진국부터 나서야 한다면서 1자녀 정책을 통해 인구 성장을 둔화시키고, 화석, 석유, 가스 사용을 금지하면서 친환경 에너지에 투자해 이산화탄소를 감축시켜야 한다고 강조했다. 2052년 전망 보고서는 개인, 기업, 국가의 현재 활동에 기반한 것입니다. 하지만 예측대로 된다면 우리 미래는 매우 비관적이지요. 개인, 기업, 국가가 단기적 이익에 집착하지 않고 이익을 공유하는 방식으로 변해가야 합니다.[12]

온실가스 감축과 '2도' 목표를 위한 현재의 노력이 미흡한 이유는 다양한 차원의 제약요소 및 쟁점이 많이 있다는 점을 살펴보았고, 그 배경에는 경제사회적, 정치적, 그리고 국제정치적인 갈등요소가 자리 잡고 있다는 측면을 알게 되었다. 한걸음 더 들

어가서 이제 '2도' 목표와 갈등의 제 측면을 살펴보자.

2. '2도'를 둘러싼 갈등의 제 측면

'2도' 목표는 다차원의 복합방정식이라고 1장에서 이미 밝힌 바 있다. 한 걸음 더 들어가 보면 다차원의 갈등의 복합방정식이라는 측면이 본질적이라고 할 수 있다. 지구평균 기온 상승을 '2도' 이내로 억제하는 것은 기존의 지속 불가능한 체계에서 지속 가능한 저탄소 발전 체계로의 대변화를 의미하기 때문이다. 대변화, 곧 체계의 전환은 갈등의 소지가 많다. 그리고 갈등이 복합적이다. 이 전환에는 모든 영역이 서로 연계되어 있기 때문이다. 갈등의 소지가 많고 복합적일수록 갈등이 발생할 가능성은 더 커진다. 이 전환은 비용과 시간이 많이 들고, 불확실성하며, 기존의 많은 것들을 변화시켜야 하기 때문이다. 전환의 비용과 위험이 상존하기 때문이다. 변화의 범위는 글로벌 사회까지 확장된다. 따라서 '2도' 목표 달성은 굉장히 복합적이고 복잡한 갈등요소들이 얽혀 있는 고차원의 갈등 복합방정식을 풀어내는 지난한 과정이다. 즉 $Y= f(X1, X2, X2(a, b, n), X3... Xn)$ 함수이다. $X2(a, b, n)$의 요소는 미국, 중국, 태평양 군소 도서 국가를 의미할 수 있다. $X1$은 앞서 언급한 제약 요소들이—근본적인 한계점, 구조적인 제약, 한시적인 어려움 등—될 수 있고, $X3$은 구체적인 제약 요소 등이—비용 부과, 전환의 애로점, 통합적 속성, 시간적 압박, 전 지구적 범위 등—될 수 있다.

구체적으로 그 이유들을 한 번 풀어보자. 자본주의에 기초한 생산성만능주의와 소비만능주의의 경제성장 방식과 '2도' 목표는 근본적으로 양립하기에 어렵기 때문에 갈등을 해결하는 것은 어렵다. '2도' 목표를 위해서는 1) 화석에너지 사용을 줄여야 하고, 2) 오염(폐기)물질을 줄여야 하며, 3) 배출된 이산화탄소 등 온실가스 등을 흡수해야 하기 때문이다. 그러나 자본주의는 '더 빨리' 성장을 위해 더 많은 화석에너지를 사용해야 한다. 갈등(모순)요소이다. 자본주의 시장경제의 경쟁에서 경쟁력을 유지하기 위해서는 가능한 한 비용을 줄이고 (즉 가격을 낮추고) 비용(가격) 대비 상품가치(효용)을 높여야 한다. 하지만 오염(폐기) 물질을 줄이기 위해서는 처리비용이 들어 비용이 상승하게 된다. 이 또한 갈등(모순) 요소이다. 화석에너지 소비를 줄이기 위해서는 에너지 효율성을 높여야 한다. 에너지 사용량은 줄어들지만, 한편으로는 효율성 제고 또한 비용이 들어간다. 비용과 편익이 고려되는 저울질의 문제이다. 하나의 갈등 요소이다. 온실가스 흡수에도 비용이 들어간다. 흡수시설 설치에는 비용이 들어가게 마련이다. 엄청난 비용이 소요되기도 한다. 해양과 숲을 잘 보전하여 이산화탄소 저장고로서 기능하도록 하는 데도 역시 비용이 투입되어야 한다. 즉 온실가스 감축에는 비용이 들어가게 마련이다. 비용을 줄이려는 자본주의 시장 경제의 방식과 비용이 더 요구되는 '2도' 목표는 근본적으로 충돌하게 마련이고 양립하기 어려운 것이다. 재생에너지 체계로의 전환과정에는 비용이 더욱더 소요된다. 갈등요인이 더 커지는 것이다. 이러한 갈등의 측면은 고비용의 재생에너지에 대한 수요가 예상보다(기대보다) 크지 않은 이유를 잘 설명해주고 있다. 그리고 초기 투자가 부진한 이유도 동시에 설명해주고 있다.

물론 비용을 줄이는 문제는 중요한 문제다. 그런데 성장만이 중심과제였던 이전 시대에서는 고려할 필요가 없었던 (무임승차) 비용을 지불해야 되니 갈등이 생기고 어려운 것이다. 그런데 온실가스 감축의 주체는 누구인가? 누가 감축을 해야 하는가? 모든 사회구성원이다. 모든 사람이 이 감축비용을 지불해야 한다. 세금을 적게 내고자 하는 것은 모든 사람의 희망사항이듯이 이 비용도 적게 부담하고자 한다. 갈등이 모든 사회구성원과 연계되는 것이고, 따라서 모든 구성원이 이 갈등을 풀어야만 한다. 복잡한 문제를 피하고 싶지만 이 불편한 실천을 해야만 하는 것이다.[13]

한 사회 구성원 모두에게 해당이 되고 부담이 된다는 것은 국가적인 의제(Agenda)라는 의미이다. 국가적 차원에서 이 비용 및 부담과 연관된 문제들을 조정해야 되는 것이다. 이 비용은 사회구성원 모두가 사실상 선 지불하지 않고 이용해온 무임승차 비용이다. 온실가스 폐기물 처리비용을 지불하지 않고 대기라는 공공재에 폐기한 것과 다름없다. 시장실패의 대명사인 '공유재의 비극'인 것이다. 국가가 나서서 해결해야 되는 대표적인 영역이자 과제이며 국가의 개입과 재정의 영역이다. 언제, 어디서, 왜, 어떻게, 얼마만큼 개입하고, 세입과 세출의 분배에 관한 문제가 되는 것이다. 이 점 또한 복합적인 갈등의 요소가 된다.

나아가 국가의 역할은 글로벌한 상호관계 속에서 설정되어야 한다. 온실 가스는 국경을 넘어서서 자유롭게 움직이고 있기 때문이다. 초국가적 과제로서 전 지구적 구성원 모두에게 해당이 되며 부담도 된다. 모든 국가가 함께 해결해야 됨으로써 복잡한 방정식임에 틀림없다. 그리고 각 국가마다 현 조건과 여건이 매우 상이한 점은 문제 해결을 더욱 어렵게 한다. '2도' 목표와 밀접하게 관련되는 기후변화 완화의 과제만 하더라도 선진국과 개발도상국의 (특히 군소 도서국가) 복합적인 갈등이 상존한다. 게다가 기후변화 적응, 손실과 보상 등에 투입되어야 할 필요한 재정, 기술, 역량 등의 차이에서 오는 갈등 요소는 더 크다고 할 수 있다.

　갈등 요소가 복잡하고 복합적이다. 경제, 정치, 사회, 지역, 국제 등의 영역을 다 아우르고 있다.

　경제 영역에서만도 성장, 경쟁력, 재정, 기술 등의 차원이 다 연관이 된다. 우선 온실가스 감축목표량을 결정하는 것부터 갈등의 소지가 발생된다. 온실가스 감축목표량을 높게 설정하면 경제성장의 위축이 우려되고, 낮게 잡으면 '2도' 목표는 멀어진다. 어떤 기업에게는 배출권 할당량을 많이 허용하고, 어떤 업종은 세금감면의 혜택을 주는 등의 크고 작은 갈등의 소지가 많을 것이다. 특히 개발도상국의 경우 인간다운 기초생활을 위한 경제성장에, 기후변화 적응에 우선 투자를 해야 되는데 감축 비용은 어디서 충당할 것인가? 선진국은 후진국을 어떻게 지원할 것인가? 등의 논쟁이 되는 갈등요소도 이미 증폭되고 있다.

　경제의 주요 축인 기술발전에 관한 차원도 복합적이다. 어떤 기술을 우선 개발하고, 지원하고, 국가는 그 기술개발에 얼마만큼 개입해야 하는지 등의 질문이다. 나아가 원자력 기술개발에 대한 지원 여부, 화력발전소의 효율성 향상을 위한 지원의 기한도 쟁점과 갈등의 대상이다. 화력발전소의 폐기 문제 역시 뜨거운 쟁점이 되고 있다. 재생에너지 기술발전을 위해서 과학인재양성에 얼마만큼의 지원을 할 것인지는 교육 역량 강화의 차원으로 확장된다.

이러한 과제를 더 어렵고, 더 복합적으로 만드는 것은 바로 한 사회가 해결해야 할 기존의 갈등 문제 예를 들면, 빈곤, 실업, 경제적 불평등, 다양한 격차들, 부족한 복지재원, 선·후진국의 확대되는 불평등 및 격차 등을[14] 해결하면서, 즉 기존의 갈등·문제들과 연계되면서 동시에 이 다차원의 복합 방정식을 풀어야 한다는 사실이다.[15]

그런데 정말 이 과제를 더 어렵게 하는 것은 이 문제는 피할 수 있는 문제가 아니라 필연적으로 해결해야 하는 숙제라는 점이다. 게다가 어떤 위기처럼 시간이 지나가면 자동적으로 해결될 수 있는 것이 아니라, 시간이 갈수록 더 악화되기 때문이다. 돌이킬 수도 없다는 점이다. 한 번 녹은 빙하를 누가 다시 얼게 할 수 있을까? 주어진 시간이 많지 않다는 사실은 더욱 우리를 압박하게 한다. 시간이 제한적이기 때문에 부담과 강제성이 크다. 「스턴 보고서」에서도 보았듯이, 시간이 흐를수록 비용과 부담은 더 증폭된다. 2100년도까지 '2도' 목표를 성취할 수 있는 경로에는 얼마나 많은 갈등의 요소와 변수[16]가 연계되어 있을까?

1992년 리우 정상회의에서 본격적으로 논의가 된 후 많은 회의와 매년 정기 당사국 총회 등의 우여곡절을 거치고 23년이 지난 2015년 제21차 파리 기후변화협약에 와서야 비로소 '2도' 목표를 약속한 것만 보아도 '2도' 목표가 다차원의 갈등 복합방정식임을 잘 말해주고 있다. 이제 '2도' 목표는 비로소 출발한 것이다. 우리 앞에 많은 과제가 놓여 있는 것이다.[17]

'2도' 목표와 직접 연관이 있는 갈등의 세 가지 예를 들어보자.

첫째, 한국의 온실가스 감축목표를 수립하는 과정에서 일어나는 사회적 갈등에 대해 살펴보자.[18]

한국의 환경부는 2011년 '부문별·업종별·연도별 온실가스 감축목표 확정'과 아울러 "2020년 저탄소 녹색사회 구현을 위한 로드맵(Roadmap)"을[19] 발표한다. 환경부의 이 계획안에 대한 비판적인 입장에 대해 환경부는 해명보도를 한다. 이 해명보도는 갈등의 요소와 성격을 잘 말해준다.[20]

우선 목표 감축률에 대한 비판이다. 산업계는 감축률이 높다는 점과 감축률이 차별적이라는 점을 지적하였다. 시민단체는 오히려 감축률 상향과 산업계 부담의 확대를 요구하였다. 이에 대해 정부는 부문별 감축잠재량, 국가경쟁력에 미치는 영향, 사회적 감축비용과 실현가능성 등을 종합 검토하여 부문별·업종별 감축목표안을 마련하였고, 관계부처 합동으로 부문별 감축 이행을 실효성 있게 뒷받침할 세부 이행방안과 취약부문에 대한 보완대책을 마련하기로 하였다고 해명을 하였다.[21] 산업계는 높은 감축률 목표에 대해 이의를 제기하면서 "산업계는 이미 세계 최고 에너지 효율을 달성했는데, 정부는 제시하는 감축수단이나 감축기술이 검증되지 않은 상태에서 목표 설정을 했다"고 주장하였다. 이에 대해 정부는 "일부 업종이 세계 최고수준의 에너지 효율을 달성하고 있으나 에너지 원 단위의 국제 비교 수치를[22] 언급하며, 산업계 전반적으로는 아직 개선의 여지가 충분하다"고 반박하였다. 또한 "이번 목표설정을 위해 약 760여 개의 감축기술이 검토되었으며, 이 중에서 산업계 현장조사 및 업계 의견청취를 거쳐 현장적용이 가능한 기술만이 채택되었음"을 강조하였다.[23] 산업계는 정부와의 대화와 소통의 부재를 비판하였다. 정부의 하향식 방식의 결정에 불만을 제기하면서, "BAU 대비 2020년도까지 30% 감축목표에 딱 맞춰진 부문·업종 할당 안으로 정부가 업계의 의견을 수용할 여유가 없었음"을 지적하였다. 정부는 이에 대해서 우리나라가 국제사회에 약속한 국가 중기 감축목표(2020년 예상배출량 대비 30%)의 이행을 위한 후속조치로서, 그 기본전제 안에서 우리 경제여건과 부문별 감축여력 등을 고려하여 최적 배분을 하고자 노력하였음을 환기시켰다. 확정된 업종별 감축목표와 목표관리제와의 연계에 관해 지역 순회 설명회를 개최하여 의견을 수렴할 계획임을 약속하기도 하였다.

온실가스 감축을 위한 배출권거래제도의 도입과정에서도 이미 많은 이해관계 당사자와 수많은 갈등의 소지가 나타나고 있다. 배출권거래제도에는 사실상 대기업들만이 감축 규제 대상이자 할당업체들이다. 게임 참여자들이 제한적인데도 할당 수준, 기술 수준, 감축목표의 실현가능성, 정부의 비민주적 거버넌스 등의 문제점을 지적하고 있다.[24] 탄소세 이슈가 주제가 될 때에는 국민 모두가 게임 참여자로서 관여가 되기 때문에 갈등의 여지가 훨씬 커질 것이다.

둘째, 주택분야에서의 감축에서도 갈등의 여지가 적지 않다. 태양광 설치를 둘러싼 공동주택(아파트) 주민회의 풍경을 그려보면 쉽게 알 수 있다. '우리 아파트 옥상에 태양광 발전소를 설치하자'는 동대표의 제안을 가정해보자. 아마 찬성하는 주민은 매우 적고, 반대나 관심이 적은 주민들이 거의 대부분이고, 대략 아래와 같은 대답이 돌아올 것이다:'세입자인데요, 이사 갈 건데요,

돈이 없어요, 누가 관리하나요, 우박이 내리면 수리비는 누가 부담해요, 시간 없어요, 난 가스공사가 직장인데요, 옆집하고 사이가 안 좋아요, 비싸잖아요![25], 복잡해요, 주민회의는 시간을 너무 많이 잡아먹어요, 왜 우리 아파트만 나서서 해요!' 등등.

이 같은 단순한 공동주택의 주민회의에서도 '2도' 목표의 복합적인 갈등들이 존재하는 것이다. 기업의 재생에너지 투자에 관한 전략회의를 가정해보면, 아파트 주민회의보다 더 복잡한 요소들이 추가로 고려될 것으로 미루어 짐작할 수 있다. 국내와 세계시장에서의 가격경쟁력, 불확실한 수요, 초기 투자의 실패 등으로 볼 수 있다.

셋째, 기존 화석에너지 체계로부터 재생에너지 체계로의 전환에서 발생될 수 있는 갈등의 제 측면을 살펴보자. 원래 발전소는 공공성이 강한 공기업의 속성이 컸다. 공공성이 강했던 화석연료 발전소를 건강과 공공이익을 위해서 재생에너지 발전소로 전환하는 것은 세계적 추세이다.[26] 온실가스 감축뿐 아니라 미세먼지 등 대기오염을 줄여서 국민의 건강과 안녕을 지키는 것은 국가의 책임이자 의무이다. 화석연료 발전소는 장차 폐기될 운명이지만,[27] 재생에너지 발전소는 비용이 많이 들어가고 기술적으로도 어려운 부분이 아직 적지 않다. 화석연료 발전소를 폐기하면 전기료도 인상될 것이고, 발전업종이나 광산업 등 연관 업종에서 당장 일자리를 잃는 실업자가 발생한다. 갈등이 복합적 성격을 띠게 된다. 발전소 폐기 지역의 회생 정책, 고용안정 및 사회안전망 구축이 필요하게 된다. 해당 지역의 경제적 미래와 사회통합성 수준이 재생에너지 체계로의 전환과 직접 연계가 되는 것이다.

3. '2도' 목표의 구조조정과 사회통합성

화석연료 발전소의 폐기와 함께 화석에너지 산업의 축소가 가져올 구조조정의 갈등과 그 영향에 대해 살펴보자. 한국의 경우이다. 우선 한국표준산업분류 9차 개정에 의한 대분류에 따라서 총사업체 수와 총 종사자 수를 살펴보자.

	총 사업체 수	총 종사자 수
전 산업	3,812,820	19,899,786
농업, 임업 및 어업	3,184	36,474
광업	2,013	16,311
제조업	397,171	3,957,394
전기, 가스 증기 및 수도 사업	1,840	70,593
하수, 폐기물처리, 원료재생 및 환경복원업	7,716	82,216
건설업	128,215	1,098,535
도매 및 소매업	991,720	2,998,923
운수업	378,884	1,047,788
숙박 및 음식점 업소	703,364	2,071,581
출판, 영상, 방송통신 및 정보서비스업	40,664	533,297
금융 및 보험업	41,909	698,516
부동산업 및 임대업	141,186	494,750
전문, 과학 및 기술서비스업	96,376	929,655
사업시설관리 및 사업지원 서비스업	50,785	976,789
공공행정, 국방 및 사회보장 행정	12,096	648,579
교육 서비스업	175,389	1,509,046
보건업 및 사회복지 서비스업	131,505	1,413,443
예술, 스포츠 및 여가관련 서비스업	103,635	365,964
협회 및 단체, 수리 및 기타 개인 서비스업	399,723	949,932

표2. 2014년 전국사업체 조사: 시 · 군 · 구 별 산업세세분류별 현황[28]
(2014년 기준자료/전국)[29]

우선 에너지 산업을 정의해 보자면, 에너지의 공급 및 생산과 관련된 유무형의 활동으로서 에너지를 합리적으로 이용하는 하드웨어 및 소프트웨어 시스템 개발·생산·서비스하는 산업도 포함할 수 있다. 범위는 정책적 범위, 산업적 범위로 구분할 수 있으며, 이를 통계적 범위로 정량화 해보면 에너지원의 생산과 유통에 관련된 광업, 제조업 중 코크스, 연탄 및 석유정제품 제조업, 전기 장비 제조업, 기타 기계 및 장비제조업 등의 에너지제조업, 발전과 관련되는 전기, 가스, 증기 및 공기 조절 공급업 등의 발전업, 그리고 도소매업 중 기타 전문 도매업, 연료소매업 등의 에너지서비스업으로 나눌 수 있다.

표준산업분류의 세세분류에 의거해서 이러한 네 종류의 에너지 산업에 속하는 산업을 세세하게 분류를 해보면 아래와 같다:[30]

첫째 광업에는 석탄광업, 원유 및 천연가스 채굴업, 원유 및 천연가스채굴 관련서비스업, 기타 광업지원 서비스업 등이, 둘째 에너지 제조업에는 코크스 및 관련 제품제조업, 연탄 및 기타 석탄관련제조업, 원유정제 처리업, 윤활유 및 그리스 제조업, 기타 석유정제물 재처리업, 전동기 및 발전기 제조업, 변압기제조업, 방전램프용안정기제조업, 기타발전기 및 전기변환장치 제조업, 전기회로개폐보호 및 접 속장치제조업, 배전반 및 전기자동제어반 제조업, 일차 전지제조업, 축전지제조업, 내연기관제조업, 기타 기관 및 터빈 제조업 등이, 셋째 에너지 발전업에는 원자력·수력·화력·기타 발전업, 송전 및 배전업, 가스제조 및 배관공급업, 증기냉온수 및 공기조절 공급업 등이, 넷째 에너지서비스업에는 고체·액체·기체연료 및 관련제품 도매업, 차량용 주유소 운영업, 차량용 가스충전업, 가정용고체·액체·기체 연료소매업 등이 포함될 수 있다.

　이 분류에 따라서 에너지 산업의 업체 수와 종사자 수를 살펴보고, 화석에너지 산업의 축소와 함께 영향을 받을 구조조정의 범위와 영향을 살펴보자.

2014년	사업체 수	종사자 수
전 산업	3,812,820	19,899,786
에너지산업	35,183	298,217
광업	30	3,060
석탄광업	16	2,390
에너지 제조업	10,647	154,410
원유 정제처리업	21	7,276
에너지 발전업	1,289	54,842
화력 발전업	156	12,592
기타 발전업	301	939
에너지서비스업	23,217	85,902

표3. 에너지 산업의 업체 수와 종사자 수

　우선 에너지 발전업에서는 화력 발전업에 종사하는 사업체와 종사자가 수축 및 퇴출의 수순을 밟게 될 것이다. 수력 발전업이나 기타 발전업(신재생에너지) 분야는 확대될 전망이고, 발전의 30%를 담당하는 원자력은 친환경에너지 군에 속하지만 위험성의 논란이 아직 사회적으로 종결되지 않았기 때문이다. 에너지제조업 분야는 워낙 광범위하고 화석연료의 감축에 따라서 축소될 부문이 분명하게 나누기 곤란한 부문이 많기 때문이다. 원유 정제처리업의 경우에도 산업제품의 수요가 있기 때문에 연료에너지 부문만 수축이 될 것이다. 그리고 발전기 제조업 부문은 축소가 되겠지만 축전지나 일차전지 제조업부문은 오히려 확장될 것이다. 송전 및 배전업 역시 기존의 사회간접시설이 활용될 수 있는 영역이 크다. 결론적으로 화력발전소, 석탄광업, 일부 원유 정제처리업, 에너지서비스업(연료 도·소매업)에 수축 및 퇴출의 압박이 높아질 것이고, 다른 분야는 큰 충격 없이 구조조정이 진행될 수 있을 것이다.

에너지산업체에서 기타 발전업(신재생에너지산업)의 사업체 수를 제외한 화석에너지산업의 산업체 수는 34,882개로 전 산업체의 0.9% 수준이고, 종사자 수는 297,305명으로 전 산업 종사자 수의 1.49%에 불과하다. 화력발전업, 석탄광업, 원유 정제처리업의 종사자집단(22,258명)에 속하는 집단이 우선적으로 감원과 퇴출의 충격을 받을 것이다. 하지만 매우 적은 수이다.[31] 대부분의 화석에너지 관련 종사자들은 2050년도까지 원만하고 체계적인 구조조정 과정을 겪을 수 있을 것이다.

구조조정의 여파는 생각보다 그리 크지 않다. 오히려 작다고까지 말할 수 있다. 사업이나 해당 종사자의 범위나 규모가 크지 않고, 특히 몇 분야에 집중되어 있음을 알 수 있다. 대부분의 분야나 업종은 큰 충격 없이 구조조정을 할 수 있는 것이다. 따라서 중요한 것은 퇴출되는 종사자들의 실업구제 및 재취업 과정을 체계적으로 만드는 것이 제일 급선무이다. 충분히 이 전환의 과정을 조절할 수 있다.

조금 더 깊이 들어가 보자. 광업 분야에 사업체 수나 종사자 수가 매우 적은 것을 알 수 있다. 그 이유는 매우 분명하다. 한국에는 석유 매장량도 석탄 등 화석연료의 매장량도 거의 없기 때문이다. 에너지 수입의존도가 2016년의 경우 94.7%에 달하는 정도로 아주 높은 이유도 여기에 있다. 이 사실은 한국의 발전에 오히려 절호의 기회를 열어줄 수도 있다. 화석 연료에 기반을 둔 광업 업체와 종사자 수가 적은 편이라서 구조조정의 어려움도 크지 않을뿐더러, 새로운 저탄소에너지 체계로 전환하기에 적합한 환경이라고 할 수 있다. 화석 연료가 풍부한 국가들은 저항이 매우 클 것이지만, 한국의 경우는 저탄소에너지 체계를 새롭게 디자인 할 수 있는 여건이 비교적 깨끗하기 때문이다. 2016년도 에너지 수입액도 800억 달러가 넘는다. GDP의 약 8.5%에 달한다. 아주 높은 에너지 수입 의존도도 낮추고, 외환도 절약할 수 있다. 재생에너지 체계로의 전환을 체계적으로 한다면 한국에게는 새로운 발전의 기회와 동력을 제공할 것이다.

'2도'라는 목표는 갈등의 총체라고 할 수 있다. 따라서 갈등의 조정 및 관리가 매우 중요하다. 이 다차원의 갈등 복합방정식은 정부를 비롯하여 수많은 이해관계자들의 참여하여 크고 작은 공론화를 거쳐서 목표 달성을 위한 목표, 내용, 방식, 그리고 주요 원칙을 세우는 것이 중요하고, 워낙 변수와 요소가 많이 얽혀 있어서 융통성 있는 수정도 필요할 것이다. 따라서 새로운 체계를 만들고 거버넌스를 구축하는 것이 아주 중요하다. 그리고 복잡할수록 우선순위를 설정하는 것이 중요할 것이다.[32]

4장

2도 목표와 새로운 기후 거버넌스의 구조, 과제와 특성

'2도' 목표와 새로운 기후 거버넌스의 구조, 과제와 특성

'2도' 목표는 다차원의 갈등 복합방정식이다. '2도' 목표는 또한 인류 사회의 대전환을 의미한다. 대전환의 과정에는 혼란과 갈등의 여지가 크다. 새로운 기본이념, 원칙, 가치, 방향을 제시하면서 갈등을 체계적으로, 효과적으로 조정할 수 있는 새로운 협치 구조, 즉 새로운 거버넌스가 꼭 필요하다. 자연과의 관계도 지속가능한 한계 내에서 새롭게 만들어야 한다. 국내 차원에서와 마찬가지로 글로벌 차원에서도 새로운 거버넌스가 절실히 필요하다. 국가의 모든 영역이 '2도' 목표 및 환경과 연관되어 있기 때문에, 모든 분야가 정치적으로 재검토되고, 재조정되어야 한다. 시민이 공동으로 참여할 수 있는 거버넌스도 구축되어야 한다. 왜냐하면 '2도' 목표와 환경보전은 전 국민의 새로운 사회계약을 필요로 하고 있고, 전 국민이 참여해야만 의미 있는 결과를 가져올 수 있기 때문이다. 계약은 어느 한쪽이 실천하지 않으면 효력이 없어지기 때문이다. 또한 '2도' 목표와 환경보전을 온전히 달성하기 위해서는 국민이 세계시민으로 지위를 전환해야 한다. 즉 근대민주주의 국가의 "국민의, 국민에 의한, 국민을 위한"

이라는 저 유명한 선언에서 글로벌 세계시민사회의 '세계시민의, 세계시민에 의한, 세계시민을 위한'이라는 새로운 선언으로 전환되어야 한다.[1] 글로벌 시민단체의 공동참여를 보장할 수 있고, 국제협약이 실질적 구속성을 가질 수 있는 새로운 거버넌스가 전지구적 차원에서 시급히 요청되고 있다.

일반적인 법의 체계에서는 주체와 객체의 권리와 의무가 분명하다. A라는 사람이 B라는 피해자에게 얼마만큼 피해(상해)를 입히면 그만큼 보상(배상)하면 된다. 그리고 그 사건은 일회성으로 끝나고 종료된다. 그러나 기후변화 피해의 경우는 피해의 주체(가해자)와 객체(피해자)가 분명하지 않고, 피해의 기한은 일회성으로 끝나지 않고 계속된다. 심지어 피해 규모가 갈수록 더 커지게 된다. 새로운 권리, 의무, 책임의 체계, 즉 거버넌스를 구축해야 하는데 어려운 과제이다. 책임과 의무가 불분명하기 때문에 피할 수 있는 여지가 크다. 사실 이러한 점이 여태까지의 무임승차의 결과를 만들지 않았는가!

하지만 온실가스 감축의 책임과 의무를 관료적인 방식으로 강압적으로 부과하고 시행하려고 하면 감시 및 검증 등 운영비용이 많이 들고, 과정 역시 길고 복잡해져서 효율성이 현저히 떨어지게 되어 시행이 어렵게 될 것이다. 그리고 책임소재의 갈등이 끝없이 일어날 것이다. 따라서 상향식(bottom-up) 방식으로 이해관계 당사자, 원주민, 기업, 전문가 및 시민단체, 지방정부, 도시, 국가, 그리고 시민 개개인이 참여와 토론을 통하여 사회적 합의를 이끌어내는 것이 중요하고 필수적이다.[2]

기후변화 대응 및 '2도' 목표를 위한 새로운 권리와 책임의 체계를 구축해야 한다. 하나의 새로운 민주적인 기후 거버넌스를 만들어야 한다. 1장 2절에서 '2도'가 가지는 복합적인 함의를 살펴보았다. '2도' 목표는 1992년 리우의 유엔기후변화 정상회담 이후 이제까지의 기후변화 대응의 연장선에 있으면서도 새로운 질적 함의를 갖고 있다.

'2도' 목표는 첫째, 2010년 UNFCCC 칸쿤 당사국 총회 이후 구체적인 글로벌 목표가 되었다. 새로운 공식 목표가 되었다. 이 목표는 실현되어야 함으로 '2도' 목표에는 이정표가 제시되어야 한다. 기존의 기후변화 대응은 기본 지향점, 방향, 성격, 대응 방식의 관점에서 '2도' 목표와 동일하지만, 여러 측면에서 모호하거나 느슨한 면이 적지 않았다. 개발도상국에는 감축 의무가 구체적으로 주어지지 않았고, 선진국의 시행 결과에 대한 평가나 제재 수단 역시 분명하지 않았고, 느슨하였다. 하지만 '2도' 목표가 세워짐으로써 전 지구적으로 목표를 달성할 책임이 생기게 되었다. 둘째, '2도' 목표에는 구체적인 새로운 기한이 주어졌다. 21세기에 '2도'를 넘지 않도록 해야 한다. 이제 '2도' 목표는 21세기 이내에 책임을 갖고 시행해야 하게끔 된 것이다. 셋째, 2015년 UNFCCC 파리 당사국 총회에서 새로운 결정이 명문화되어 구속력을 갖게 된다. '2도' 목표를 글로벌 공식 목표로 결정한다. 그리고 1997년 교토 기후 거버넌스와 달리 모든 국가가 '2도' 목표를 달성하는 데 당사국으로 참여하게끔 되었다. 각 국가의 의무 사항인 INDC를 제출하게 된 것이다. INDC에는 모든 국가가 일정 기한 이내에 온실가스 감축을 위한 단기, 중기, 장기적인 계획이 시행방식과 함께 담겨 있다. 그리고 이 계획은 계획뿐 아니라 시행결과에 대해서도 각자의, 그리고 전 지구적으로 평가를 받게 된다. 이처럼 분명하고, 구체적이며, 필수적인 전 지구적 공동의 과제가 모름지기 등장한 것이다. 이는 '2도'가 인류사회와 생태계의 위험 경계선으로 받아들여졌기 때문이다.

이 같은 차원에서 '2도' 목표는 기후변화 대응의 연장선에 있으면서도 새로운 질적 함의를 갖는다. 더 목표 지향적이며, 강화된 새로운 기후 거버넌스가 필요한 이유이다. 그리고 그 이듬해인 2016년도에 많은 국가가 비준을 하여, 사실상 효력을 얻게 된다. '2도' 목표는 새롭게 전환되는 글로벌 사회의 목표이자 이정표가 된 것이다. '2도' 목표는 2010년 칸쿤 합의 이후 새롭게 등장하였고, 2015년 파리 합의 이후 새롭게 구속력을 얻게 되었고, 2016년 사실상의 효력을 얻었으며, 2020년 이후 실제로 시행된다. '2도' 목표와 새로운 거버넌스는 2010년 이후부터 영향을 미치면서 가동이 되었고, 2015년 파리협정에서 '2도' 목표가 결정문과 조약에서 명문화됨으로써, 시작된 것으로 보면 무방할 것이다.[3]

이제 '2도' 목표를 위한 새로운 기후 거버넌스의 구조, 과제와 특성을 알아보자.

'2도' 목표를 위한 새로운 기후 거버넌스의 기본적인 구조는 두 단계로 압축할 수 있다. 첫 단계는 온실가스 감축의 쟁점 및 갈등에 대한 논의를 거쳐서, 즉 사회적 합의를 거쳐서 온실가스 감축목표를—분야별 감축목표 수준이 포함되는 것이 일반적임—기한과 함께 설정하는 것이다. 예를 들어 2020년까지의 감축목표를 1990년 대비 또는 2020년 BAU 대비 30%로 수립하는 것이다. 이를 위해 필요한 핵심제도, 정책, 입법 및 프로그램을 제정하여, 각 분야별 주체들이 분담하며, 동시에 공조하면서 실행하는 과정이다. 두 번째 단계는 기한 내 목표의 이행과정을 모니터링하면서 시행결과에 대해 조사 및 검증하고, 평가하고 개선하는 과정이다. 목표를 초과하면 속도를 조절할 수도 있을 것이고, 목표에 미흡하면 부족한 원인을 찾아 기존의 감축 내용과 방식을 강화하거나, 새로운 감축 잠재력을 찾아내거나, 또는 새로운 감축 정책을 추가적으로 시행하면 될 것이다. 그리고 필요할 경우에는 기한 내의 감축목표도 약간 조정할 수도 있을 것이다. 이러한 두 단계의 과정을 지속적으로 반복함으로써 '시행을 통한 학습과정'[4]을 거치게 되어 궁극적으로 '2도' 목표에 효과적으로 도달할 수 있을 것이다.

'2도' 목표를 위한 새로운 기후 거버넌스의 역할은 온실가스 감축 행동을 제약하는 다양한 요인과 그 속에 숨어 있는 다차원의 복합적 갈등을—비용 및 책임 분담, 과학기술 및 역량 수준, 선진국과 개발도상국의 관점과 능력의 차이 등—민주적으로 조정함으로써 목표를 달성하는 것이다. 민주적 컨트롤 타워의 위상을 가져야 한다. 새로운 기후 거버넌스의 목표는 '2도' 목표 달성과 함께 경제적 성장과 사회통합성을 이루어야 한다. 이를 위하여 새로운 기후 거버넌스는 지속가능한 발전의 토대 위에 새로운 기본이념, 방향, 원칙을 세우는 역할도 감당해야 할 것이다.

'2도' 목표를 위한 새로운 기후 거버넌스의 주요 과제는 온실가스 감축의 핵심 방식인 에너지 효율성 개선, 재생에너지의 촉진, 재생에너지원의 전력화, 그리고 CCS를 추진할 수 있는 다양한 차원의 정책이나 프로그램을 만들고 시행하는 것이다. 그리고 온실가스 감축의 포괄적인 제도로서 이산화탄소 배출권거래 제도, 탄소세제, '재생에너지 촉진법', '에너지 효율성 개선법' 등을 시행하며, 동시에 다양한 분야에 적합한 구체적 정책이나 프로그램을 시행하는 것이다. 그리고 시행된 제도나 정책의 성과에 대한 평가 역시 빼놓을 수 없는 과제이다. 그리고 금융 및 재정 지원 등 다양한 지원을 할 수 있어야 한다.(2장 2절, 3절 참조)

'2도' 목표를 위한 새로운 기후 거버넌스의 기본 이념, 역할, 과제와 구조에 상응하는 새로운 기후체계는 다음과 같은 특성을 담아야 한다.

첫째, 과학적 거버넌스의 성격을 가져야 한다. '2도' 목표를 달성하기 위해서는 글로벌 사회가 온실가스 배출량을 2050년까지 1990년 대비 50% 감축해야 하고, 이를 위해 선진국들은 80~95%까지 감축해야 한다. 이처럼 계량적이고 측정가능한 객관적인 목표를 제시하는 것이 제일 중요하고, 시작의 첫걸음이다. 이 같은 목표 설정을 가능하게 한 것은 다름 아닌 자연과학적 지식의 총체적 결과물이다. 기온 상승, 온실가스 배출량, 대기 중의 온실가스 농도, 기온 상승이 불러오는 피해의 범위 같은 주요한 요소들의 비례적 인과관계가 과학적으로 증명되었기 때문이다.[5] 그리고 시행결과에 대한 검증과 평가가 중요한데, 이 점 역시 과학적 근거에 바탕을 두어야 되기 때문이다. 즉 목표를 달성하기 위한 계획 수립과 시행 결과에 대한 평가가 계량화되고, 그 인과관계를 과학적으로 검증할 수 있어야 된다. 과학적 근거를 가질 때에 타당성을 얻을 수 있어 사회적 합의를 이끌어내는 데 수월해진다. 실행 결과의 성공적 요소, 장애 요인, 미흡한 부분 등에 대한 과학적 평가를 통하여 시행착오를 줄이고 수정·보완할 때 후속 단계로, 더 높은 단계로 사회적 신뢰를 구축하면서 이행할 수 있기 때문이다. 따라서 과학자들의 조사, 연구, 예측, 검증 결과가 존중되고 최대한 반영되는 구조를 구축해야 한다. 대표적인 예로서 자연과학자와 사회과학자 등의 전문가 그룹으로 구성된 UNFCCC의 과학적인 자문기관인 IPCC와 같은 기관이 필요한 이유이다. 전문 과학자들의 조사연구서와 평가보고서는 시작이자 끝이라고 할 만큼 매우 중요하다. 사회과학자들의 역할 역시 적지 않다. 실제로 각 국가에게 온실가스 배출허용량과 감축량 등의 목표 설정과 배분, 그와 관련된 기본원칙, 정책 및 방식, 시간 일정표에 대한 합리적 방안을 제시하는 역할은 사회과학자들의 중요한 몫이다. 누가, 어떻게, 왜, 언제, 어디서, 얼마만큼 온실가스를 감축해야 하는지는 사회과학의 영역과 대부분이 겹치기 때문이다. 글로벌 차원의, 국가적 차원의 그리고 지역 차원의 거버넌스 구축에서도 과학자들의 의사결정과정이 최대한 존중되어야 한다. 어떤 형태의 감축 사업의 결과에 대한 평가에 대해서는 다양한 의견이 개진될 수 있는데, 과학적 데이터, 목표, 과정, 결과에 대한 전문가의 검증은 그 평가에 대한 신뢰성과 객관성을 담보할 수 있는 최후의 보루이기 때문이다.[6]

둘째, 의사소통의 거버넌스 성격을 가져야 한다. 사회구성원들이 지속적으로 대화, 실행, 검증, 학습, 그리고 조정해가는 과정에서 의사소통은 매우 중요하다. 온실가스 감축과정은 장기적으로 진행되는 과정으로서, 2050년도까지의 장기적인 감축목표와 병행하면서 단기, 중기적인 목표를 이루어가야 한다. 전체적인 목표와 각 부분의 목표가 조정되면서 진행이 된다. 이 감축의 과정에는 많은 이해관계자뿐 아니라 수많은 변동 요인이—인구 변동, 국내·외적 경제 및 기술의 변화, 사회 각 분야의 감축 잠재성의 상이점, 시민의 인식과 태도의 변화, 기후변화 영향 자체의 변동을 포함하여—동반하고 있기 때문이다. 따라서 감축의 결과에 대해 타당한 평가를 내리기 위해서는 지속적인 검증, 평가 및 사회적 소통을 거쳐야 한다. 누가, 어디서, 왜 부족했고, 잘했는지에 대해, 그리고 후속단계의 목표 설정과 이행방식에 대한 사회적 대화와 소통이 필요한 것이다. 그래야 다음 단계의 단기, 중기 목표를 세우는데 시민 상호 간의 신뢰와 객관적 타당성을 얻을 수 있고 효율적인 진행을 할 수 있기 때문이다. 이 논리체계는 자연히 민주적인 의사소통 거버넌스를 필요로 하게 된다. 참여 및 숙의 민주주의 형태의 "시행을 통한 학습과정(learning by doing)" 성격을 가진다.[7]

셋째, 융합적인 성격의 거버넌스이다. 감축 계획의 첫걸음은 가정부터 국가차원을 넘어서서 글로벌 차원까지 각 층위에 적합한 온실가스 목록을 구축하는 작업일 것이다. 이 구축과정은 새로운 지식을 필요로 하고, 역량강화와 훈련 역시 필요로 한다. 감축을 위해서는 계획도 수립해야 하고, 비용도 필요하고, 감축의 적합한 기술 역시 필요하고 매우 다양하다. 이 과정에서 새로운 일자리도 생기지만, 화석에너지와 연관된 일자리는 점차로 사라질 것이다. 원활한 진행을 위해서는 다양한 차원의 융합적 사고와 해결 방식이 요청된다. 개발도상국에는 이런 자원의 많은 것이 부족하기 때문에 도움이 요청된다.[8]

넷째, 온실가스 감축의 주요한 핵심 제도의 시행에도 민주적 거버넌스가 필요하다. '2도' 목표는 사회 전 영역의 구성원이 참여하는 민주적인 거버넌스를 요구한다. 그리고 이산화탄소 배출권거래제도, 탄소세, 재생에너지 지원 같은 주요한 핵심 제도의 시행에도, 작동방식이 각기 상이하기 때문에 각각의 부분적 민주적 거버넌스가 필요하다. 배출권거래제도는 대규모 배출 기업을 대상으로 하고, 탄소세는 전 사회 모든 부분에 적용되기 때문이다.

다섯째, 각 분야별로 민주적 거버넌스를 관할하는 상위의 컨트롤 타워 역시 필요하다. 배출권거래제는 대규모 배출 기업을 대상으로 하여 감축목표를 달성하려는 제도이지만, 비-배출권거래제 영역과의 업무 분담 등을 조율할 필요가 있기 때문이다. 즉 배출권거래제 영역, 산업분야, 교통 및 주택 분야, 농업 분야 등의 각 분야를 관할하는 민주적 컨트롤 타워가 필요하다. 이 같은 컨트롤 타워는 여러 형태의 갈등을 조정하는 역할도 동시에 수행해야 한다.

여섯째, 새로운 저탄소에너지 체계는 지방 분권과 자율에 기초해야 한다. 지방의 다양한 (재생)에너지에 기초한 지방 분권의 새로운 민주적 에너지 체계를 구축해야 한다. 화석에너지 체계는 점차로 재생에너지 체계로 전환해야 한다. 각 지방에는 태양광, 풍력, 수력, 바이오매스, 조력, 지열 등 고유한 재생에너지 자원을 확보할 수 있다. 기존의 중앙집권형 전력 생산 및 송·배전 시스템에서 분권화된 지자체의 자율적인 에너지 체계로의 전환을 의미한다. 따라서 재생에너지 시대로의 전환의 성공 여부는 지방 고유의 재생에너지 자원을 활용하는 방식과 거버넌스에 크게 영향을 받는다. 에너지 분권과 자율의 시대에 맞추어서, 그리고 각 지역의 재생에너지 특성에 맞추어 지역을 거점으로 한 에너지 생산과 활용이 자리 잡아야 한다. 주민 친화적, 현장 친화적, 생태자원 친화적인 지역적 거버넌스가 중요하게 된다. 또 이러한 원칙은 지역의 생태자원 및 생물다양성 보전의 원칙에도 동일하게 그대로 부합될 수 있다. 지역의 특성에 합당한 재생에너지 발굴 및 활용은 농촌·어촌·산촌 등 지방의 발전 정책에서 커다란 의미를 갖게 될 것이다. 지방의 새로운 발전의 기회와 동력을 살리는데 중앙정부는 지원을 아끼지 말아야 할 것이다.

일곱째, '2도' 목표와 새로운 기후 거버넌스 구축을 위해 재정이 지속적으로 확보되어야 한다. 또한 친환경적 조세체계로의 전환이 필요하다. '2도' 목표는 국민과 세계 시민의 건강, 안전, 지속가능한 미래와 같은 공공의 이익과 물, 산림, 해양, 대기와 같은 인류 사회의 공공재를 지키기 위한 것이다. 마치 국방이라는 공공재에 재정이 투입되듯이, 공익보호와 공공재의 보전을 위해서 국가 재정과 글로벌 차원의 재정이 투입되는 것은 마땅할 것이다. 그리고 재정투입은 비용이 아니라, 미래와 번영을 위한 새로운 발전의 기회를 충분히 만들 수 있는 투자로서의 가치가 증명되고 있다. 중앙정부와 분권화된 에너지에 기초한 지방정부 모두가 재정을 확보해야 한다. '2도' 목표를 위한 기후 거버넌스는 국내적 구조조정과 국제협력을 위해 재원을 확보해야 한다.[9] 국내적 구조조정 재원은 다름 아닌 대전환의 구조조정 자금인데, 사실 거의 모든 영역에 필수적으로 소요되기 때문에 이것이 확보되지 않으면 사실상 대전환의 동력과 속도는 지연될 수밖에 없기 때문이다.[10] 감축 계획이 늦어질수록, 위험은 더 커지고, 비용은 더 많이 들고, 주어진 시간은 더 짧아지는 딜레마에 빠지게 된다. 우리를 제약하는 기후 거버넌스의 고약하면서도, 고유한 속성이다.

여덟째, '2도' 목표를 위한 거버넌스는 주요한 원칙을 지키면서 구축되어야 한다. '2도' 목표의 과정은 다차원의 복합적 과제를 수행해야 하는데, 복합적이고 복잡할수록 원칙과 기준은 매우 필요하며 유용한 해결책을 제시하기 때문이다. 기후변화 대응의 원칙은 다음과 같이 요약할 수 있다. 1) 지속가능한 발전의 큰 틀 안에서 '2도'라는 목표를 추진한다. 2) 지구온난화의 주범인 온실가스를 정화비용을 치루지 않고 쓰레기처럼 버린 것이기 때문에 우리 인류사회가 앞으로는 공동으로 계속 비용을 지불해야 한다. 역사적으로는 먼저 산업화를 거치면서 무임승차해온 선진국의 책임이 크다. 개발도상국은 기초소비와 인간다운 생활을 할 수 있는 만큼의 경제성장이 필요하다. 따라서 '공동의 그러나 차별적인 책임'에 의거하여 '2도' 목표를 시행해야 한다. 이러한 원칙은 각 국가의 사회계층이나 집단에게도 적용될 수 있다. 사회 지배계층이나 엘리트 계층이 책임을 많이 지고, 사회 취약계층의 인간다운 생활과 복지를 보장하면서, 모두 함께 기후변화 대응에 효율적으로 참여할 수 있도록 해야 한다. 사회통합성의 원칙이 지켜져야 한다. '오염자부담 원칙'을 준수해야 하지만, 사회적 형평성을 고려해야 한다. 탄소세나 온실가스 감축정책의 시행 시에 세입과 세출 구조의 역진성이 발생하지 않도록 해야 한다. 3) 기후변화 완화와 함께, 또는 우선적으로 기후변화 적응 대책도 마련해야 한다. 기후변화가 가속화시킬 수 있는 양극화에 대한 사전, 사후대비 역시 체계적으로 이루어져야 한다. 기후변화의 피해에 대해서 사회적 취약계층이 더 큰 피해를 받는 것은 잘 알려진 사실이기 때문이다.[11] 에너지 산업의 구조조정의 불가피성과 함께 고용안정 및 사회안전망 구축을 통하여 갈등을 최소화하고 사회통합을 유지하는 것이 주요하다. 4) '2도' 목표는 환경보호, 사회통합성과 동시에 경제 발전도 동반하는 저탄소 발전 전략을 성격을 기본적으로 견지해야 한다.

아홉째, 글로벌 성격의 거버넌스가 필요하다. 이미 언급했듯이 유럽연합의 "유럽 기후변화 프로그램"과 같은 지역적 거버넌스도 필요하고,[12] UNFCCC 같은 글로벌 거버넌스 역시 필수적이다. 대기의 온실 가스는 국경을 넘어서서 전 지구적으로 피해를 주고, 모든 생태계에 폐해를 끼치기 때문이다. 글로벌 차원의 기후 거버넌스는 국민국가를 약화시키는 것이 아니라 보편주의의 현실정치가 필요하다는 의미이다. 이 거버넌스는 '2도' 목표가 달성될 수 있다는 신뢰를 주어야 하며, 배출권거래제도나 탄소세뿐 아니라, 에너지 체제를 근본적으로 변화시키는 노력을 담아야 한다. 과학적 연구나 초기 고비용 투자, 인프라 재건, 정부 기술투자를 초기에 집중 투자할 수 있도록 해야 한다. 국제적 차원에서는 한 번에 하향식 방식은 어려우므로, 상향식 방식으로 해야 한다.[13] 기후변화 문제를 해결하기 위해서는 특별한 거버넌스가 필요하다. 왜냐하면 세계금융위기가 발생했을 때마다 IMF, 세계은행 등 세계금융기구가 전담하며 해결책을 제시했던 반면에, 기후변화 대응분야에는 지속적으로 환경문제를 관리할 기구가 없기 때문이다.[14] 또 기후변화가 예측하기 어려운 것은 사람들이 현명하지 못해서도 아니고 정보가 부족해서도 아니라, 변화의 복합성과 변화의 속도와 방식이 항상 우리를 놀라게 할 정도로 다양하고 예측하기 어렵게 만들기 때문이다.[15]

열 번째, 감축목표를 체계적으로 잘 진행하면 할수록, '2도' 목표의 거버넌스는 긍정적 혜택과 효과를 거둘 수 있다. 단기적인 장애 요소는 감소되고, 장기적인 편익은 증가할 것이다. 대기만 성형 성격을 지닌다. 감축계획이 시행되면 될수록, 먼저는 우리 사회와 생태계가 안전하고 건강하게 될 것이다. 화석연료 수입이 지속적으로 줄어들어, 에너지 수입의존도가 감소하고 외환도 절약할 수 있을 것이다. 저탄소 기술의 개발과 혁신은 해를 거듭할수록 가속도가 붙을 것이다. 기술 발전은 재생에너지의 가격을 지속적으로 인하시켜 경쟁력을 갖게 할 것이다. 재정이나 금융지원의 규모도 점차로 축소될 것이다. 기술 발전은 에너지 효율성도 개선시킬 것이다. 이 과정은 혁신과 파급을 불러오고, 결과적으로 생태친화적 근대화라는—환경, 경제, 사회통합성의 가치가 동반 번영하는—21세기 새로운 지속가능한 발전 모델을 이루어낼 것이다. 한 차원 수준 높은 사회로 전환하는 것이다.

끝으로, '2도' 목표를 위한 기본 이념, 방향, 원칙, 역할, 과제와 구조에 상응하는 새로운 기후체계는 중·장기적이며, 거대한 사회적 프로젝트의 성격을 가진다. 2020년, 2050년, 2100년까지 지속되는 프로젝트이기 때문이다. 그리고 수많은 이해당사자, 전문가 그룹, 시민단체, 지방자치단체, 국가, 글로벌 기관, 글로벌 시민사회가 함께 의사소통하고, 갈등을 조정하고, 합의하면서 진행해가는 거대한, 인류 최초의 숙제이기 때문이다.

1. 새로운 기후 거버넌스의 현 단계

새로운 기후 거버넌스의 모습은 목적, 규모와 층위에 따라서
매우 다양하다. 그리고 그 수준에 대해 평가해보자. 먼저 국내적
차원에서 살펴보자.

1-1 한국의 기후 거버넌스의 현 단계와 과제

대한민국 수도 서울시의 경우를 살펴보자. 서울시도 에너지 시
민 주권과 에너지 분권화의 시대에 맞추어 새로운 에너지 거버넌
스를 구축하며, 적지 않은 성과를 나타내고 있다. "원전 하나 줄
이기 시민위원회"는 다양한 분야의 시민과 전문가들로 구성되어
있고, 시민 대토론회를 통하여 시민의견을 수렴하면서 구축이 되
었다. 시장과 민간인 2명이 공동으로 위원장을 맡았다. 기업, 지
역, 환경, 여성, 교육, 문화, 종교계, 그리고 대학생들의 환경단체
인 대자연 등 다양한 시민단체가 참여하였다. 공동위원장을 포
함하여 19명의 위원들이 최고 의사결정을 하였다. 이러한 민주적
인 에너지 및 기후변화 거버넌스를 구축하게 된 배경에는 시민
들의 역할과 실천이 매우 적극적이었기 때문이다.[16] 서울시의 전
기에너지는 타 지역의 발전소(화석에너지 또는 원자력)에서 생산된
것을 대부분 끌어다 사용하기 때문에, 동 위원회는 서울시의 에
너지 의존도를 축소하자는 목표로 우선 200만 TOE(석유환산 톤)
에 달하는 '원전 하나가 생산하는 에너지양만큼 에너지를 줄이
자'는 취지로 만들어졌다. 사업은 재생에너지 생산, 에너지 효율

화, 에너지 절약 부문으로 나누어 진행하였다. 에너지 절약부문에서 목표인 48만 TOE를 훌쩍 넘어서 무려 91만 TOE를 달성한 것이다. 에코마일리지 회원 확대 및 그린리더 등 시민활동으로 78만 TOE를 절약하였다. 2013년 서울시 전체 가구의 47%인 168만 가구가 에코마일리지 제도에 참여했고, 3만 명의 학생들이 참여해 가정과 학교에서 에너지 절약활동을 벌였다. 재생에너지 생산에서는 겨우 5만 7천 TOE에 불과하였고, 에너지효율화 사업도 목표치에 미달하였다. 즉 비용이 많이 들어가는 대규모 사업은 추진하지 못했고, '2도' 목표를 위한 체계적인 거버넌스를 만드는 데는 미흡하다고 할 수 있다. 하지만 시민참여형 민주적 에너지 절약 체계를 구축하였고, 소기의 성과도 달성하였다.[17] 목표를 조기에 달성했는데, 2012~2013년 전력사용량을 1.4% 절감하고, 석유사용량도 1.7% 절감하였다.[18]

한국 정부는 2008년 기후변화종합기본계획을 발표한다. 2009년 대통령 직속기관으로 녹색성장위원회를 출범시키고, 2020년까지 2005년 기준 BAU 대비 30%의 온실가스 감축목표를 천명하였다. 2010년도에 "저탄소 녹색성장 기본법"을 제정한다.

한국의 환경부는 2011년 '부문별·업종별·연도별 온실가스 감축목표 확정'과 아울러 "2020년 저탄소 녹색사회 구현을 위한 로드맵(Roadmap)"을 발표한다. 최초의 온실가스 감축 제도로서 대규모 배출 기업과 사업장을 대상으로 "온실가스·에너지 목표 관리제"를 2012년부터 시행하기로 하였다.

산업	전환	수송	건물	농림어업	폐기물	공공기타	국가전체
18.2	26.7	34.3	26.9	5.2	12.3	25	30

표4. 한국의 각 부분별 감축목표 확정안(%), 2020년

정부의 이 계획안에 대해 여러 각도에서 비판적인 입장이 개진되었다. 한국의 온실가스 감축과 '2도' 목표를 위한 새로운 기후체계 내에 많은 갈등의 요소가 있다는 것을 말해준다.[19]

우선 목표 감축률에 대한 비판이다. 산업계는 감축률이 높다는 점과, 감축률이 차별적이라는 점을 지적하였다. 반면에 시민단체는 감축률이 낮다는 점과 산업계 부담이 적다는 점을 지적하였다. 이에 대해 정부는 부문별 감축잠재량, 국가경쟁력에 미치는 영향, 사회적 감축비용 등을 종합 검토하여 부문별·업종별 감축목표안을 마련하였고, 세부 이행방안과 취약부문에 대한 보완대책을 마련하기로 하였다. 산업계는 정부와의 소통의 부재를 비판하였다. 정부의 중앙집권 방식의 불만을 제기하면서, "BAU 대비 2020년도까지 30% 감축목표에 딱 맞춰진 부문·업종 할당안으로 정부가 업계의 의견을 수용할 여유가 없었음"을 지적하였다. 이에 대해 정부는 한국 정부가 2009년 UNFCCC 코펜하겐 당사국 총회에서 약속한 국가 중기 감축목표(2020년 예상배출량 대비 30%)의 이행을 위한 후속조치로서, 그 기본전제 안에서 우리 경제여건과 부문별 감축여력 등을 고려하여 최적 배분을 하고자 노력하였음을 환기시켰다.

시민단체의 "2020년 저탄소 녹색사회 구현을 위한 로드맵"에 비판은 한국의 '2도' 목표의 새로운 기후 거버넌스의 문제점을 여러 면에서 적절하게 지적한 것이었다. 첫째, 동 로드맵은 시민

단체 간담회 등 대국민 의견수렴 이후 3주일도 채 안 되어서 확정되었다는 사실이다. 이는 이해당사자와 시민과 함께하는 의사소통의 거버넌스가 부재했던 측면을 잘 말해준다. 둘째, 표4에서 알 수 있듯이, 수송 분야가 감축률이 제일 높고 평균 감축률보다 훨씬 높다. 주택·건물 분야가 그다음으로 감축률이 높다. 에너지 발전업종의 전환 분야는 평균 감축률보다 낮으며, 산업계의 감축률은 평균 감축률보다 훨씬 낮다. 이 점은 놀랍다. 표6에서 보듯이, 독일의 경우에는 에너지 분야의 감축률이 높고, 수송 분야의 감축률은 평균보다 훨씬 낮고, 산업 분야의 감축률은 평균에 조금 못 미친다. 그리고 유럽연합의 ETS 부문과 비-ETS 부문의 감축률을 보더라도, 에너지 분야와 산업 분야를 포괄하는 ETS의 감축률이 훨씬 높은 편이다. 이를 비교해보면, 한국의 경우에는 산업 분야와 에너지 분야 등의 책임이 작은 반면에, 시민들에게 부담을 상대적으로 전가한 셈이 된다. 교통·수송 분야나 주택·건물 분야에서 시민들이 많이 감축해야 하는 것이다. 이는 '공동의 그러나 차별적인 책임'의 원칙이나, '오염자부담 원칙'에 합치한다고 할 수 없다. 셋째, 업종별 감축률이 매우 상이한 점도 특이하다. 독일 등 일반적인 경우에 업종별 감축률이 거의 동일하기 때문이다. 한국의 경우 BAU 대비 방식을 적용하여, 업종별 서로 상이한 예상 성장률이 반영되기 때문이다. 예측을 바탕으로 한 예상성장률을 산정하는 방식을 놓고 충분히 갈등이 발생될 수 있다. 이 같은 기준의 혼선은 한국이 2011년 현재까지 기업 및 산업의 경제 성장을 '2도' 목표보다 더 중시하는 정책을 추진하는 데 그 근본적인 원인이 있다. 경제성장의 가치가 환경보호나 사회통합성의 동반 가치보다 우위에 있는 기후 거버넌스 구조인 셈이다. 목표가 달성되지 못했을 경우, 그 실패의 원인을 규명하는 데도 어려움을 겪을 수 있다. 감축노력이 미흡했는지 혹은 예상성장률을 잘못 예측했는지 등의 혼란이 야기될 수 있기 때문이다. 독일의 경우는 감축방식이 BAU 방식이 아니라, 절대적 감축방식으로 감축목표를 설정하고 있다. 예상성장률과 무관하게 절대적으로 감축해야 하는 것이다. 넷째, 독일의 산업계의 경우에는 산업계의 자율적인 감축선언을 함으로써 독일 정부가 감축계획을 시행하는데 큰 도움이 되었는데, 이 점 역시 한국 산업계의 소극적인 태도와 판이하게 차이가 나타난다. 책임과 참여의 성격이 약한 거버넌스를 보여주고 있다. 다섯째, 독일의 경우 독일연방환경부가 일관되게—물론 감축 계획이 실현되는 과정에 상응하여 사안별로 독일연방경제기술부와 함께—주관부처로서 온실가스 감축목표 설정과 시행을 담당하고 있다. 한국의 경우는 주관부처가 딱히 없으며, 각 부처가 조정 및 합의하는 방식이다. 특히 2015년도부터 시행되는 온실가스 배출권거래제도의 주관부처는 환경부에서 경제와 재정분야를 주관하는 기획재정부로 이관된 점도 선뜻 이해하기 힘들다.

온실가스 감축을 위한 배출권거래제도의 도입과정에서도 이미 많은 이해관계 당사자와 수많은 갈등의 소지가 나타나고 있다.[20] 배출권거래제도에는 사실상 대기업들만이 감축 규제 대상이자 할당업체들이다. 게임 참여자들이 제한적인데도 할당 수준, 기술 수준, 감축의 실현 가능성, 정부의 비민주적 거버넌스 등을 문제 삼고 있다. "2020년 저탄소 녹색사회 구현을 위한 로드맵"에 대한 비판이 그대로 재현된 셈이 되었다. BAU(예상배출량)과 업종별 다른 예상성장률을 토대로 배출권거래제도가 수립된 점이 복합적인 갈등을 유발할 수 있기 때문이다.

이미 "온실가스 배출권의 할당 및 거래에 관한 법률" 제정부터 기획재정부 장관이 할당위원회의 위원장이 되어 할당기본계획과 기업별 할당량을 결정한다.[21] 할당량 및 할당에 관한 최종적인 권한은 환경부가 아니고, 할당위원회의 위원장인 기획재정부 장관에게 주어진다. 이는 온실가스 감축계획과 배출허용량 배분에 있어서 환경적인 논리보다 경제적인 논리가 더 우선됨을 의미한다.

"온실가스 배출권의 할당 및 거래에 관한 법률" 제4조에 따르면 정부는 배출권거래제도를 효과적으로 달성하기 위해 10년을 단위로 하여 5년마다[22] 배출권거래제에 관한 중·장기 정책목표와 기본방향을 정하는 "배출권거래제 기본계획"을 수립하여야 하는데, 동법 시행령 제2조에서는 기획재정부장관이 매 계획 기간 1년 전까지 이 "배출권거래제 기본계획"을 수립하여야 한다고 명시하고 있다. 동법 제4조에 따르면 이 기본계획에는 배출권거래제의 모든 사항이 포괄적으로 다 들어 있다. 온실가스 감축목표를 고려한 배출권거래제도 운영의 기본방향, 경제성장과 부문별·업종별 신규 투자 및 시설확장에 따른 온실가스 배출 전망, 국내 산업의 지원대책 등이 포함되어 있다. 이처럼 경제 등과의 밀접한 연관성으로 인해 기획재정부 장관이 이 기본계획을 수립하는 권한을 갖도록 한 규정은 백 번 양보해서 수긍할 수 있다. 하지만 "국가 배출권 할당계획"의 수립 등은 환경부나 하나의 정부 통합기구가 주관하는 것이 적절하다 할 수 있다. 이 모든 것의 최종 목표는 온실가스 감축이 우선 목표이고, 사회적 대화를 통하여 규제와 감축의 타당성을 공유하는 것이 중요하기 때문이다. 동법 제5조 "국가 배출권 할당계획"의 1항에는 온실가스 감축목표를 고려한 온실가스 배출허용총량에 관한 사항 등 중요한 항목을 두루 다루고 있다. 할당 대상의 부문 및 업종에 관한 사항, 부문별·업종별 배출권의 할당기준 및 할당량에 관한 사항, 할당대상 업체에 대한 배출권의 할당기준 및 할당방식에 관한 사항 등에 관하여 언급하고 있다. 2항에는 부문별·업종별 배출권거래제의 적용 여건 및 국제경쟁력에 대한 영향 등을 고려하는 항목을, 4항에는 미리 공청회를 개최하여 이해관계인의 의견을 듣는 것에 관하여 언급하고 있다. 이 조항 등을 고려하여 시행령 제3조에는 환경부장관이 배출권 할당계획을 수립하도록 하였다. 그러나 이 권한마저 2016년 6월 이후에는 기획재정부 장관으로 이관하였다.

배출권거래제도에 관한 2016년 한국 정부의 이러한 관점은 '2도' 목표를 위한 기후 거버넌스를 경제성장 지향적으로 조직하는 문제를 낳게 된다. 배출권거래제가 온실가스 감축에 상당한 비중을 갖지만 하나의 주요한 부분이고, 다른 타 부분(주택, 교통, 농업, 폐기물 등)과의 관계 설정을 통해서 그 지위와 역할을 갖는 것이다. 그런 점에서 배출권거래제 역시 환경성과 사회통합성과 함께 구축되는 것이 적절하다. 배출권거래제에 관한 동법에서 배출권거래제도와 이 제도에 해당하지(속하지) 않은 다른 분야(주택, 교통, 농업 등)와의 관계 설정에 대해서는 분명히 언급하고 있지 않은 점이 그리 놀라운 일은 아닐 것이다. 또한 배출권거래제도의 기본계획이나 할당계획 수립 시에는 지방자치단체 및 이해관계자와의 의견을 수렴하도록 명문화 하고 있으나, 그 중요성이나 취지에 대해서는 전혀 언급이 없는 점 역시 마찬가지다. 유럽연합과 독일의 경우 배출권거래제도는 타 분야의 이해당사자 및 시민과의 사회적 토론을 거쳐서 배출 총허용량에 관한 합의점을 도출하고, 시민사회 영역의 감축의 공동노력을 확인하면서 수립되었다. 주정부와 지방자치단체의 입장도 충분히 반영하면서 수립되었다. 독일의 경우 적합하게 독일연방환경부가 총괄기관으로서 컨트롤 타워의 역할을 맡았다. 독일의 "국가할당계획"을 살펴보면, 사회적 공론화와 참여라는 민주적 거버넌스 구축을 매우 중요하게 언급하며 강조하고 있다.[23]

'2도' 목표를 위한 새로운 기후 거버너스의 구축 과정이 경제성장에 경도된 위험은 2015년도의 "제7차 전력수급기본계획(2015~2029년)" 등에서 이미 나타나고 있다. 그린피스는 시민사회의 의견이 제대로 반영되지 않았음을 비판한다. 경제성장을 우선시하여 전력 소비 증가를 과도하게 예측하여 발전시설을 늘리려 하고 있고, 특히 석탄화력발전소의 증설을 계획하고 있다는 점 등을 지적하였다. 화력발전소의 오염 배출물질인 미세먼지와 기후변화로 인한 국민건강의 악화 등에 대해서도 우려도 밝혔다. 미진한 재생에너지 정책 역시 비판의 화살을 피하지 못했다.[24]

2015년 한국의 박근혜 정부는 INDC를 제출하면서 UNFCCC 및 국제사회와 이미 갈등을 드러내기도 하였다. 한국정부는 비판적인 국내 및 국제 여론의 뭇매를 맞고서야 INDC를 급히 수정하여 다시 제출하는 모습을 보여주었다. 한국의 기후 거버넌스의 결함을 고스란히 드러내는 부끄러운 장면이었다. 정부가 제시한 온실가스 감축 시나리오 중 가장 진전된 수준의 시나리오를 택한다 하더라도 2030년 배출목표량은 5억 8,500만 톤이었다. 이는 이전 이명박 정부의 2020년 배출 목표량인 BAU 대비 30% 감축된 5억 4,300만 톤보다 더 많은 배출목표량이다. 따라서 이는 '후퇴 금지 원칙'을 위반하는 것으로 국내 비판의 대상이 되었을 뿐 아니라 유엔, 미국, 국제 NGO 등 국제사회로부터도 비판을 받았다. 다른 한편으로는 국내 산업계는 이런 감축목표조차 과도하다며 반발하기도 하였다. 이러한 국·내외 비판을 의식해서 박근혜 정부는 2015년 6월 다시 국무회의를 열고 '2030년 BAU 대비 37% 감축 (5억 3,600만 톤 배출)'을 조금 진전된 INDC의 감축목표로 확정하였다. 이는 국내·외에서 제기된 "후퇴 금지 원칙"에 대한 비판을 수용한 결과였다. 다만 37% 감축을 목표로 하는데, 그중 국내 감축노력을 통해 시나리오 3에 해당하는 25.7%를 줄이고 나머지 11.3%는 해외 배출권 시장을 통해 해결한다는 계획이다. 그리고 같은 날인 2015년 6월 30일에 이러한 내용의 INDC를 유엔기후변화협약사무국에 제출하였다. 이 또한 기후 거버넌스의 결함을 적나라하게 보여준다. 시민의 참여 가운데 소통을 통한 새로운 INDC의 구축이 아니라, 정부의 일방적이고 졸속으로 결정하였다. 감축의 내용도 문제점이 많다. 감축의 약 30% 정도의 몫을 해외 배출권 시장을 통해 해결한다는 계획은 온실가스 감축 계획조차도 구체적으로 세우지 못하였다는 것을 반영한다. 국내에서 25.7% 감축하고, 부족한 부분 11.3%는 해외에서 배출권을 사든지 혹은 해외에서 감축사업을 해서 충당하자는 등 주먹구구식으로 계획을 내놓았다.[25]

그리고 영국이나 독일과 다르게, 한국의 경우 2050년까지의 장기계획은 아직 논의도 안 되고 있다. 따라서 목표를 달성할 구체적 방식과 수단을 아직 제시하지 못하고 있다. 또한 중기 계획의 이행 과정을 점검 및 평가할 수 있는 구속력 있는 기관도 규정하지 못한 상태다. 배출권거래제도에 속하지 않은 다른 많은 분야의 감축 계획은 사실상 체계적이지 못하다. 앞에서도 보았지만 비-ETS 분야의 감축률이 ETS 분야보다 오히려 더 높은 것만 보아도 알 수 있다. 탄소세 도입에 대해서는 아직 논의가 되지 않고 있다. 탄소세 이슈가 주제가 될 때에는 국민 모두가 게임 참여자가 되기 때문에 갈등의 여지가 훨씬 더 커질 수 있다.

한국의 '2도' 목표의 기후 거버넌스가 가지고 있는 이러한 문제점들은 결과적으로 드러나고 있다. 아래 그림6은 실제 배출량의 경로와 2020년 목표 달성을 위한 감축 로드맵을 보여주고 있다. 2020년 배출량 목표 달성이 매우 어렵다는 것을 보여주고 있다. 새로운 기후 거버넌스를 잘 구축한 독일의 배출량 경로와는 (표5 참조) 판이하게 다른 것을 볼 수 있다. 한국은 2014년에는 감축 로드맵보다 4.6%, 2015년에는 8.2% 더 많이 온실가스를 배출하여, 목표에 훨씬 못 미치고 있다.

박근혜 정부의 공식 온실가스 감축목표는 수정된 INDC에 제시되어 있듯이 2030년 BAU 대비 37% 감축하여 2030년도까지 5억 3,600만 톤을 배출하는 하는 것이다. 하지만 한 걸음 들어가 보면, 국내 총배출량은 2030년도까지 6억 3,200만 톤으로 계획되어 있다. 2020년의 배출량 목표(5억 4,300만 톤)보다 2030년의 온실가스 배출량이 오히려 16.4% 더 많다. 실제로 '후퇴 금지 원칙'을 지키지 못한 것이다. 그림7에서 보듯이 1990년 이후 꾸준히 상승세를 그리다가 2013년도에 온실가스 배출이 정점에 도달한 것처럼 보이지만 또다시 상승세를 그릴 경향이 짙어지고 있다. 실제로 이산화탄소 배출량은 2017년도에 2016년도에 비해 2.2%나 증가하였다.[26] 국내에서 배출량의 증가를 해외 배출권 시장을 통해 해결하고자 한다. 구체적 계획도 없다. 편법이자 졸속이다. 한국의 '2도' 목표와 새로운 기후 거버넌스의 결함을 잘 보여주고 있다.

독일의 저먼워치(German Watch)와 유럽기후행동네트워크는 "기후변화실행지수(CCPI)"를 개발하여 지난 13년 동안 연간 CCPI 결과보고서를 발간하면서 각 국가의 대응 노력을, 특히 '2도' 억제를 위한 노력을 비교 평가하고 있는데, 한국은 박근혜 정부 등장 이후 매년 수위가 하락하여 58등으로 매우 나쁨의 수준에 위치해 있다.[27] 2017년 7월 발표된 G20 기후변화대응성과지수(CCPI: Climate Change Performance Index)에서 한국이 100점 만점에 35.18점으로 20개국 중에서 18위를 기록했다. 미국과 산유국인 사우디아라비아를 제외하고는 G20 국가 중에서 꼴찌이다. 이번 보고서는 선진 7개국(G7)과 유럽연합(EU), 신흥시장 12개국 등 세계 주요 20개국을 대상으로 하였다. G20 국가는 현재 지구 온실가스배출량의 75%를 배출하고 있다. 파리협정 이후 각국의 온실가스 감축목표량이 정해지면서 평가비율을 조정해 온실가스 배출량(40%), 에너지 이용(20%), 재생에너지(20%), 기후변화정책(20%) 등 4개 항목으로 평가하였다. 보고서에 따르면, 한국은 1인당 에너지소비량이 높고 온실가스 감축에 있어서도 낮은 성과를 보이면서 지구온도 '2도' 목표 경로에서 심각하게 벗어나 있다. 다행인 측면은 재생가능에너지 비중이 늘어나고 있고, 국제

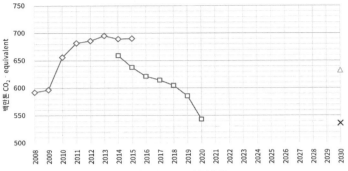

　ー◇ー 실제 배출량(2017년 제3차 「국가 온실가스 통계 관리위원회」)
　ーロー "국가 온실가스 감축목표 달성을 위한 로드맵"(2014) 배출량 목표
　△ INDC ─ "의도하는 국가결정기여"(2015) 국내 배출량 목표
　✕ INDC ─ "의도하는 국가결정기여"(2015) 해외배출권 구입·상쇄 포함 배출량 목표

그림6. 한국의 온실가스 실제 배출량과 정부의 목표 감축 경로

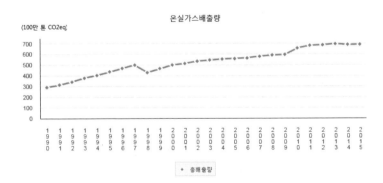

그림7. 한국의 온실가스 배출량 추이(1990~2015)

기후정책에서 중간 점수를 받은 것이다. 이것은 2017년 5월 등장한 새로운 문재인 정부가 재생가능에너지를 늘리고, 석탄 화력발전소를 줄이겠다는 계획이 반영되었기 때문이다.[28]

한국의 녹색당은 우선 신규 석탄 화력발전소 건설을 백지화하고, 온실가스 감축목표를 절대량 기준으로 전환하고, 해외 감축분 11.7%(5,640만 톤)을 국내 감축으로 전환하는 것이 시급하다고 새 정부에 주문하고 있다. 이런 지적은 적절하다. 다행히 문재인 정부는 '2도' 목표와 기후변화 대응에 적극적으로 나서고 있다. 30년 이상 된 노후 화력발전소를 조기에 폐쇄하고, 신규 석탄 화력발전소의 건설 계획을 전면 재검토하기로 하였으며, 배출저감 장치를 강화하기로 하였다. 석탄 사업에 대한 공적인 금융 지원을 중단할 방침이다. 전력 생산의 신재생에너지원의 비중을 2030년까지 20%로 상향 조정할 것이며, 미세먼지와 기후변화에 대응하기 위해 에너지 과세 체계를 친환경적으로 개편할 계획이다.[29] 이 같은 변화는 탄소세 도입을 시행하는 준비 과정이 될 것이다. 더욱 중요한 것은 이러한 개선 과정이 '2도' 목표를 위한 원칙과 구조 및 특성을 갖춘 새로운 기후 거버넌스를 구축하는 것과 함께 진행되어야 한다. 앞서 언급하였듯이, 이는 의사소통형이며, 사회통합형이며 과학적이며 그리고 모든 주체들이 시행하고, 검증하고, 학습하면서, 갈등을 조정하고 혁신적 발전 기회를 만들어가면서 감축목표를 달성하는 중·장기적인 융합형 거버넌스를 구축해야 한다.

1-2 독일의 기후 거버넌스의 구축 과정과 특성

독일의 경우 '2도' 목표를 위한 매우 다양한 차원의 민주적인 새로운 기후변화 거버넌스를 구축하고 있다. 협동조합 형태의 에너지 자립마을 공동체부터, 지방자치단체의 녹색도시 플랜, 유럽연합 차원의 EU-ETS 협치 구조까지 다양한 형태로 존재한다.

독일 니더작센 주의 윤데(Juehnde) 마을은 150가구에 주민이 750명 정도가 되는 농축산 시골마을이었다. 이 마을은 5~6년 사이에 에너지 분권과 자율에 기초한 '바이오 에너지 자립 공동체'로 놀랍게 변모한다. 독일 괴팅겐(Goettingen) 대학교 교수진들이 1999년 인근의 윤데(Juehnde) 농촌 마을을 찾아오면서부터 변화가 시작되었다. 윤데 마을의 고유한 바이오매스를 활용한 열병합발전 사업을 공동으로 추진하기로 한 것이었다. 독일에서 첫 시험 작이 출범한 것이었다. 때마침 "재생에너지법"이 2000년도에, "열병합발전법"이 2001년도에 독일에서 시행되었다. 우여곡절 끝에 이 시범 사업은 추진 동력을 얻게 된 셈이었다. 윤데 마을의 농부들과 기술자들은 고유 기여금과 저리의 대출자금을 투자하여 협동조합을 설립한다. 혐기시설, 열병합발전소 시설, 열·난방 배관시설 공사와 함께 바이오매스를—밀, 해바라기, 축산 분뇨 등—연료자원(메탄)으로 개발하고, 활용하는 열병합발전소를 2005년부터 가동하게 된다. 이로써 전기와 열을 효율적으로 생산하여 전력 및 열·난방을 자급자족할 수 있게 되었고, 남은 전력은 판매까지 하여 수익을 얻는다. 화석연료비는 걱정할 필요가 없게 되었다. 온실가스 배출량도 70% 이상 대폭 줄일 수 있게 되었다. 농·축산업이 주된 조용한 농촌마을이 바이오에너지 마을로 전환되었다. 버려질 축산 폐기물과 바이오매스를 재생에너지로 전환하는 사실상 에너지 공업마을로 변모된 것이다. 새로운 기술자들이 필요하게 되고, 이런 변화를 설명하고 전수할 교육자들이 필요해지며, 점차 첨단 재생에너지 센터로 변모한다. 성공한 1호점에는 관람객이 많은 법이다. 세계적인 관광 명소내지 학습체험장으로 유명해져서 생태관광 사업도 겸하고 있는 윤데 마을은 새로운 일자리 창출이 충분히 가능하다는 것을 입증하였다. 농촌과 지방의 새로운 발전의 기회를 만들어내고, 에너지 분권과 자립의 민주적 기후 거버넌스를 구축한 모범적인 사례이다. '2도' 목표 및 환경보호, 혁신적 경제성장, 사회통합성 증진을 다 같이 성취하고 있는 이 에너지 자립 마을 프로젝트는 2017년 현재 150여 곳으로 독일전역으로 확산되고 있는 중이다. 물론 전 세계적으로도 확산되고 있다.[30] 놀라울 정도로 '생태적 근대화'의 전환을 성공적으로 이루어내고 있다.

독일의 대표적인 환경도시인 프라이부르크(Freiburg)는 지속가능한 도시를 추구하고 있다. 이 시는 지속가능한 발전 목표를 시정(市政)에 통합시키며, 이를 재정보고서와 연동시켰다. 시민, 정치인 그리고 전문가들의 협력을 통해 2006년 60개의 지속가능한 발전 목표를 만들어 계속 진행하고 있다. 이 같은 상위의 목표 달성을 위해 2007년 "2007 프라이부르크 기후보호전략"을 도출하면서 2030년까지 탄소배출량 50% 감축, 2050년까지 탄소중립 달성이라는 중·장기 감축 계획도 모두 수립하였다. 친환경 명소가 도시 곳곳에 있다. 보봉 지역의 저탄소 공동주택 협동조합, 태양을 따라 도는 태양광 발전소, 태양광으로 뒤덮여진 건물 벽, 도시를 관통하는 인공 물길 조성, 세계적인 태양광 연구소인 프라운호프 태양에너지 시스템 연구소, 저탄소 패시브 하우스, 장애인을 고용하는 녹색 호텔, 울창한 산림 등 도시 전체가 지속가능한 발전과 '2도' 목표를 위한 실험장이자 녹색도시의 살아 있는 박물관이다.[31] 시민들의 참여 역시 활발하다. "프라이부르크 어젠다 21"의 거버넌스 아래에 다양한 행동과 실천을 하고 있으며, "생태구역(OekoStation)"이라는 교육 프로그램도 활발하게 진행한다.

독일의 이산화탄소 배출권거래제도의 다층적 협치 구조를 살펴보자. 우선 독일 주정부들 간의 대표적인 협치 구조로서 16개 주정부 환경부장관들의 협의체인 환경부장관회의(Umweltministerkonferenz, UMK)를 들 수 있다. UMK는 독일연방의 차원에서 환경법규 및 정책이 최대한 일관되고 통일적으로 시행될 수 있도록 조정을 한다. 환경 분야와 관련된 8개의 "연방-주정부-워킹그룹(Bund-Länder-Arbeitsgemeinschaft)"을 운영하고 있는데, 특히 1998년 이후 기후변화와 에너지 분야를 담당했던 "에너지와 환경(Energie und Umwelt)" 워킹그룹은 그중 하나다.[32] 이 워킹그룹은 독일연방정부나 유럽연합의 기후변화 및 에너지 정책의 구상과 시행방식이 주정부 차원에서 원활하고 체계적으로 시행될 수 있도록 연구 및 조정하는 역할을 한다. 하나의 예를 들면, 유럽연합 차원의 ETS 제도의 준비 작업에 발맞추어 독일연방정부의 배출권할당계획안을 준비하는데, UMK 산하의 "에너지와 환경"은 독일연방정부 차원의 워킹그룹인 "온실가스감축을 위한 배출권거래제 워킹그룹(AGE)"과 함께 독일 (배출권)할당계획안 2005~2007년을 탄생시키는 데 핵심 역할을 한다. "에너지와 환경"은 AGE 같은 워킹그룹뿐만 아니라 민간 전문가, 연구기관, 경제 및 환경시민단체와 수많은 대화와 조정을 수행하였다. 독일 이산화탄소 배출권거래제도는 배출권거래제에 속하지 않는 다른 분야와(EU-EDS)의 배분 등의 문제를 해결하기 위해 수많은 시민단체와 이해당사자들과의 협의가 필수적이었기 때문이다.[33] 이처럼 다양한 형태의 의사소통적인 협치 구조들이 독일 연방환경부 주관하의 배출권거래제도의 거버넌스 구축에 반영이 된 셈이다. 독일의 이산화탄소 배출권거래제도의 거버넌스는 더 상위의 거버넌스에, 즉 EU-ETS에 속하면서 공조를 통해 작동되었다. 2장에서 보았듯이 EU-ETS는 '2도' 목표를 달성하는 데 커다란 기여를 하고 있다.

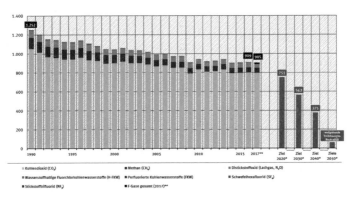

토지이용, 토지이용변경, 산림분야는 제외된 배출량
* 2020-2050 목표치는 독일연방정부의 에너지기본계획(2010) 참조
** 2017년은 추정치

표5. 독일의 이산화탄소 및 온실가스 배출량의 추이(단위: 백만 톤)
독일연방환경청, 2017[34]

위의 세 가지 예시가 보여주듯이 독일은 '2도' 목표의 달성을 위한 기후 거버넌스의 원칙을 유지하면서 각 부분에 적합한 형태의 기후 거버넌스를 잘 구축하고 있다. '2도' 목표를 향한 이행도 계획에 따라 순차적으로 잘 진행하고 있다. 표5는 온실가스 감축 노력의 결과를 잘 보여주고 있다.

독일의 온실가스 배출량이 지속적으로 감소하고 있고 감축 성과 역시 독일연방정부의 감축목표에 근접하고 있는 사실도 알수 있다. 독일은 농촌과 도시에서뿐 아니라 유럽연합과의 공조를 거치면서 글로벌 차원에서 선도적인 역할을 잘 수행하고 있다. 이에 성공적인 독일의 기후보호정책과 특히 '2도' 상승 억제 정책의 핵심제도, 주요 내용과 시행방식, 구체적인 대책수단, 그리고 그 전개과정을 역사적으로 간략히 살펴보자. 아울러 독일 기후보호정책의 내용과 시행방식이 어떠한 배경과 원칙 아래에서 전개되었는지, 그리고 새로운 기후 거버넌스의 구조와 특성을 밝혀보자. 이를 통해 독일기후보호정책의 일반적인 적용가능성, 또는 유의미한 시사점을 도출해볼 수 있을 것이다.

독일의 기민당 중심의 보수연방정부는 기후변화의 심대한 영향과 피해에 대해 엄중하게 인식하면서 이미 1990년도에 2005년도까지 이산화탄소 배출량을 25% 자율적으로 감축하겠다는 목표를 선포한다. 독일은 유럽연합의 차원에서 회원국들과의 연대를 유지하면서 1997년 교토 유엔기후변화협약 당사국 총회에서 선도적인 역할을 발휘한다. 유럽연합의 온실가스 감축목표인 8%보다 훨씬 많은 21% 감축을 약속한다. 이 같은 확고한 의지는 독일연방정부의 기후보호정책이나 프로그램에서도 쉽게 찾을 수 있다. "독일연방부처간워킹그룹, 이산화탄소감축(Interministerielle Arbeitsgruppe, CO$_2$-Reduktion, IMA)"은 2000년 독일연방하원에 「국가기후보호프로그램(Nationales Klimaschutzprogramm)」이라는 보고서를 다음과 같이 제출한다. 2005년도까지 1990년 대비 25% 이산화탄소 감축, 유럽연합 차원의 1990년 대비 21% 감축을 재확인하면서 저탄소에너지기술에 대한 목표제시와 함께 2010년까지 재생에너지의 비중을 2배로 확대하고, 열병합발전과 에너지효율성을 강화한다는 점을 기본 목표로 제시하였다.[35]

1998년 새롭게 연정을 통한 사민당-녹색당 진보연방정부는 위의 기본 목표를 이루기 위해서, 그리고 적극적으로 추진하기 위해 다음과 같은 핵심 정책과 프로그램을 추진하고자 했다. 이것은 저탄소에너지 정책 및 기후보호 정책을 체계적이며 획기적으로 시행하는 것을 의미했다. 첫째, 1999년에 "생태세(Oekosteuer)"를 체계적으로 도입함으로써 모든 영역에서 화석에너지 가격을 단계적으로 올려 에너지소비를 절감하도록 유도하고 또한 저탄소에너지 신기술의 개발 및 시장진입을 촉진하고자 했으며, 둘째, 2000년도에 재생에너지의 개발과 사용을 촉진하는 "재생에너지법(Erneuerbare Energien-Gesetz)"을 도입했으며, 셋째, 태양광사업의 투자활성화를 위해 "태양광지붕 10만 호 사업"을 추진하였다. 이러한 핵심제도 및 프로그램 역시 앞서 2장에서 살펴본 것처럼 유럽연합과의 공조와 적극적인 협력 과정에서 진행되었다.[36] 녹색당과 연정한 새 연방정부가 도입한 생태(탄소)세와 재생에너지법은 기후변화 완화정책의 핵심적이며 근간이 되는 제도로 평가할 수 있다. 독일연방정부는 한 걸음 더 나아가 온실가스 감축과 저탄소에너지 체계로의 전환은 지속가능한 생산 및 소비체계와 첨단 신기술의 개발과 투자로써 가능하다는 점을 인식하고, 일찌감치 이 전환의 계기를 독일경제를 한 단계 더 현대화시켜 최고 수준의 글로벌 경쟁력을 갖추는 "생태적 현대화"를 달성하려는 기회로 포착했다.[37]

2005년도까지의 목표인 이산화탄소 배출량 25%의 감축을 위해서는 2001~2005년 기간 동안 이산화탄소의 배출량을 5,000~7,000만 톤 더 추가로 감축해야 된다는 "독일연방부처간워킹그룹, 이산화탄소감축"의 「국가기후보호프로그램」 제5차 보고서에 의거하여 새로운 사민-녹색당 연방정부는 생태세제와 재생에너지법 같은 근간이 되는 핵심정책의 도입 외에도 각 분야나 대상에 적용되는 주요 정책 또는 프로그램을 추가적으로 시행하고자 하였다.[38] 이를 아래와 같이 간략히 요약해 보자. 2001년도에 "열병합발전법(Kraft-Waerme-Kopplung)"을 시행하도록 추진하였다. 2001년도부터 새로운 "에너지절약지침(Energieeinsparverordnung)"을 시행함으로써 주택이나 건물 분야에서 원천적으로 1차 에너지수요를 절약하도록 하였다. 구 건축물의 자재와 설비의 교체나 재정비를 지원하는 기존의 "재건축대출프로그램(Kreditanstalt fuer Wiederaufbau)"의 연장이나, 새로운 "건물기후보호프로그램(Klimaschutzprogramm im Gebaeudebestand)"을 시행하여 이산화탄소배출량 감축하고자 하였다. 독일연방정부는 독일 경제계의 2005년도까지 이산화탄소 배출의 28%,

2012년도까지 35%의 자발적 감축선언에 대해 흔쾌하게 공동 협약을 체결하게 된다. 교통 및 수송 분야의 감축에 대해 역점을 두면서 다양한 프로그램을 추진한바, 철도 및 대중교통 시설에 대한 투자와 지원 확대, 화물차의 고속도로 통행세 도입, 저탄소 승용차에 대한 세제혜택 부여, 자동차 경량화의 장려, 친환경 주행방식에 대한 교육 및 홍보의 강화, 비행기이용 수수료부과 강화 등의 프로그램을 추진하였다. 주거지 폐기물 분야에서는 1,500만 이산화탄소 상당량의 메탄(CH_4)의 배출 감축프로그램을 추진하였다.[39]

독일은 탄소세제도나 재생에너지법과 같은 에너지 및 기후보호 정책의 근간이 되며 모든 부분을 아우르는 핵심정책(제도)과 함께 각 (대상)부분에 적용되는 맞춤형 주요 정책이나 프로그램을 시행하면서 기후변화에 대응해 가고 있는 특성을 보여주고 있다. 또한 온실가스 감축의 결과에 대한 평가, 새로운 감축목표의 설정, 국내·외 기후변화 정치역학의 변화 등에 따라서 새로운 핵심정책이 도입되고 부분별 주요 정책이 추가되거나 기존 정책이 강화·수정되어 시행되는 것을 알 수 있다. 기후보호 정책의 두 축이 되는 핵심 정책과 부분적 주요 정책은 상호의존적이며 상호보완적인 구조로 연계되어 점차로 높은 수준으로 심화되면서 더 높은 목표를 향해 전개되는 과정을 보여주고 있다.

2005년부터 탄소세나 재생에너지법과 같은 핵심제도의 하나인 이산화탄소 배출권거래제도가 독일 및 유럽연합 차원에서 새롭게 도입되어 동시에 시행된다. 글로벌 차원에서 가장 광범위한 국가를 포괄하는 감축 제도이다. 독일은 이 제도 도입을 위해 선도적인 역할을 하였다. 이 제도는 크게 세 가지 차원에서 핵심적인 역할을 하는데, 첫째로, 독일의 이산화탄소 총 배출량의 60% 정도의 큰 몫을 배출하는 발전·에너지 및 제조업 분야의 대량배출기업(에너지 다소비기업)을 주요 대상으로 포괄함으로써 온실가스 감축 계획 및 시행에 있어 보다 효율(합리)성과 예측가능성을 높일 수 있고, 둘째로, 보다 비용을 효과적으로 감축할 수 있다는 점이다. 셋째로, 글로벌 협력과 공조를, 특히 유럽연합의 차원에서 부담과 노력의 공유를 통해서 이 제도가 시행되고, 여기에 연계되어 독일의 에너지 다소비기업과 각 분야의 감축 계획이 진행된다는 점이다. 예를 들어 2008~2012년 교토협정 기간 동안 선진국들은 1990년 대비 5.2% 감축, 유럽연합은 8% 감축, 독일은 21% 온실가스 감축의 의무가 지워졌다. 감축목표의 많은 부분은 이산화탄소 배출권거래제를 통하여 설계되었다.[40]

독일연방정부는 2007년 또 하나의 핵심적인 프로그램인 **통합에너지기후프로그램**을 공포하면서 '2도' 목표를 공식적으로 선언한다. 기후변화 대응 정책과 에너지 정책을 하나의 통합된 체계 안에서 상호 연계하여 운영하는 프로그램이다. 배경으로는 기후변화 대응의 최우선 과제는 안정적이고 경제적인 저탄소에너지를 공급하는 것과 밀접하게 연관이 되기 때문이다. 글로벌 기후보호 차원에서, 유럽연합의 기후보호 목표에 발맞추는 공조의 차원에서 독일의 **통합에너지기후프로그램**은 신뢰성 있는 기후변화 대응 협력을 알리기에 충분하였다.

독일연방정부는 2007년 14개의 법과 시행령 등 29개의 주요 정책을 담은 프로그램을 결정하고, 유럽연합이 20%(30%) 감축하는 것과 연동하여 2020년도까지 1990년 대비 40% 온실가스 감축목표를 발표한다. 2005년까지의 25% 감축목표보다 훨씬 강화된 목표이다. 앞서 2장에서 언급하였듯이, 주요 수단 및 방식으로는 유럽연합의 지침에 부합하는 재생에너지 확대와 에너지 효율성 증가를 통해서이다.

이 프로그램의 특성을 살펴보자면, 첫째, 실행 기간과 기술 및 재정 지원 등의 사항이 구체적으로 명시되어 있다. 둘째, 독일연방환경부와 독일연방경제기술부를 주축으로 모든 부처가 함께 참여하는 부처 간 통합프로그램의 성격이 강하지만 각 부분과 대상에 적용되는 프로그램의 각각의 또는 복수의 책임부처도 지정되어 있다. 에너지와 기후보호 정책을 통합하여 구체적인 이정표를 제시한 동 프로그램은 야심차면서도 전례가 없는 획기적인 정책으로 평가되기도 한다. 또한 모든 연방부처가 통합적으로 실행하면서 각 부분과 대상을 아우르는 **통합에너지기후프로그램**은 전 사회적인 소통과 협력 없이는 시행되기 어려운 명실공이 전 사회적 과제이다. 따라서 셋째, 기후보호 프로그램은 연방정부, 주정부 및 지방자치단체, 이해 당사자, 시민단체가 함께 풀어가야 할 전 사회적 프로젝트라는 점을 재확인한다.[41] 넷째, 동 프로그램 역시 유럽연합 차원의 협력과정을 거치면서 구체화된다. 앞서 보았듯이, 2007년 유럽연합의 정상들은 '2도' 이상 상승하지 않도록 합의하면서, 재생에너지의 확대와 에너지효율성의 증가를 그 주요한 수단과 방식으로 채택한다. 이 같은 합의는 2009년 유럽이사회의 동의를 얻은 결정 또는 지침으로 시행됨으로써 법적인 구속력을 갖게 되었다. 이에 따르면 2도를 넘지 않게 하려면 전 세계가 2050년도까지 1990년 대비 50% 이상 감축해야 하는데, 유럽연합을 포함한 선진국은 적어도 60~80%까지 감축해야 하고, 2020년도까지는 30% 감축을 해야 된다.[42] 유럽연합과 독일에서는 '2도' 상승 억제가 2007년 이후 공식적으로 기후변화의 기본 목표와 이정표가 되었다. 더 강화된 새로운 기후 거버넌스가 구축되기 시작한 셈이다. 에너지효율성을 2020년까지 20% 증가하기로,[43] 이와 함께 에너지 생산의 재생에너지 비중을 20%로 확대하는 것을 목표로 세웠다.[44]

독일연방정부는 경제적이고 친환경 에너지를 안정적으로 공급하는 것을 주요 과제로 여기고, 이 과제를 풀어가는 과정을 거치면서 동시에 에너지 효율적이며 친환경 경제구조를 달성하고자 하는 목표를 일찍이 세웠다. 즉 21세기 기후변화의 시대에서 경쟁력 있는 산업지로서의 독일을 만들면서 경제적 번영, 미래지향적 일자리 창출, 혁신, 현대화를 이루려는 국가적 목표를 강화하였다. 이는 기존의 화석에너지 체계의 전면적인 에너지 전환(Energiewende)을 필요로 하게 된다. 이에 기본적이고 장기적인 목표를 향한 계획을 세우게 되는 바, 바로 **에너지기본계획**(Energiekonzept)이다. 독일연방정부는 **에너지기본계획**을 통하여 안정적이고 효율적이며 저탄소에너지체계로 나아가는 기본방향과 목표를 정하면서 처음으로 "재생에너지 시대의 길"을 제시하였다. 재생에너지가 중심이 되는 2050년까지의 장기적인 종합전략의 과정과 시행을 담게 된다.

에너지기본계획이 제시하는 중·장기 목표의 시기와 계획을 통해 2050년도까지 1990년 대비 온실가스 80~95% 감축목표를 재확인한다. 그리고 이 경로를 충실히 실행하기 위해서 시간표를 정하는바, 2020년까지 40%, 2030년까지 55%, 2040년까지 70% 감축목표를 제시한다. 이 목표를 달성하기 위해서 더 구체적으로는, 최종 에너지소비의 재생에너지 비중을 2020년까지 18%, 2030년까지 30%, 2040년까지 45%, 2050년까지 60%로 상향시키는 목표를 제시한다. 동시에 최종 전력소비의 재생에너지 비중을 2020년 35%, 2030년 50%, 2040년 65%, 2050년 80%까지 확대하는 목표를 세웠다. 에너지기본계획의 원활한 시행을 위해 구체적 시기, 목표, 방식뿐 아니라 필요한 재정도 **에너지 및 기후기금**을 통해 추가로 조성하기로 하였다.[45]

독일은 **2010 에너지기본계획**을 발표하면서 재생에너지의 시대를 열었다. 2011년 일본 후쿠시마 원전사태가 발생하자 2022년까지 원자력발전소를 단계적으로 폐쇄하기로 결정하면서, 에너지기본계획을 더 강화하는 차원에서 **미래에너지로 가는 길, 에너지전환**(Energiewende)을 2011년 선포한다. 이는 재생에너지가 중심이 되는 전력체계로 더 빠른 전환을 요구하게 된다. 이는 재생가능한 에너지체계로의 전환을 알리는 최초의 선진대국이 되는 것을 의미하는바, 재생에너지와 고효율 에너지 시대를 위해서는 혁신과 기술을 필요로 하고, 틈새시장이 대규모 시장으로 전환되어야 한다. 대전환이다. 이 전환이 빠를수록 성장 동력이 강할 것이다. 에너지 전환에 관하여 매년 모니터링하고, 각 분야의 기관들과 전문가로 구성된 위원회도 구성하고, 각각 의무를 부과하였다. 연방경제기술부는 송·배전망확대, 저탄소 발전소건설, 대체투자, 에너지효율성에 관해 보고하도록 하고, 연방환경부는 재생에너지의 확장에 관해 보고하도록 한다. 이 두 보고서에 기초하여 연방하원에 보고하고 개선안을 제출하도록 하였다.[46] 매년 에너지전환에 관한 모니터링은 **미래의 에너지**(Energie der Zukunft) 라는 연차 모니터링 보고서로서 발행된다. 2012년 1차 모니터링 보고서에 이어 2016년 5차 모니터링 보고서가 제출되었다. 그리고 3년마다 **개선보고서**(Fortschrittsbericht)를 제출해야 한다.[47]

독일정부는 2014년 **기후보호행동프로그램 2020**(Aktionsprogramm Klimaschutz 2020)을 제시하면서 기존의 정책수단이나 프로그램을 보완 및 강화한다. 온실가스 배출량을 12억 5,000만 톤(1990년)에서 7억 5,000만 톤(2020년)으로 40% 감축하는 목표를 설정하면서 전 부분에서 추가적인 감축 노력을 주문하였다. 동 프로그램은 장기적 계획, 정책적 수단, 주정부, 지방정부의 행동 등을 다 포함하고 있다. 주정부 대표자, 전문가 그룹, 시민단체 등 거의 모든 이해관계 당사자의 참여를 통해 실행과정을 검증하고, 개선할 수 있는 이행방식을 도입한다. 연방환경부는 매년 「기후보호보고서 (Klimaschutzbericht)」를 발간하여 모든 실행과정을 공개하도록 하였다. 그리고 2015년 파리 유엔기후변화협약에서 지구 평균기온이 2도를 상승하지 않도록 하는 글로벌 협약이 체결될 수 있도록 독일정부가 선도적 역할을 자임하여 분명한 신호를 보여주려는 의도를 담고자 하였다.[48]

독일은 2022년까지 자국 내 모든 원자력발전소를 폐쇄하겠다고 발표한 바 있다. 에너지 전환을 앞당기고, 2020년까지의 온실가스 감축목표를 달성하기 위해서는 전력의 45%를 생산하는 화력발전소의 축소가 불가피하다고 판단하면서 2015년 5개의 대형 석탄 화력발전소를 단계적으로 폐쇄하는 결정을 한다. 독일은 동 폐쇄 결정으로 전기값의 인상이 불가피하나, 재생에너지 발전과 에너지효율성 개선에 더 박차를 가하는 방향으로 결정하였다. 폐쇄 대상에 포함되는 석탄 화력발전소를 전력량이 부족할 때를 대비해 비상가동용으로만 사용하기로 하였다. 석(갈)탄 화력발전소의 폐쇄로 인한 그 지역의 경제적 발전과 일자리 창출 같은 사회통합성이 고려되어야만 한다. 폐쇄결정이 나기 전에 그 지역의 미래청사진을 제시하고 지역적 산업 전략을 마련하여 구조조정을 적극적으로 대처할 수 있도록 투자유치와 일자리 창출을 위한 지원이 필요할 것이다. 그 해당 지역과 노동자가 고용, 경제성장, 사회안전망에 대한 확실한 전망을 확보할 때 구조조정이 원활하게 이루어질 수 있기 때문이다. 그렇지 않을 경우 에너지 전환은 국가 차원뿐 아니라 유럽연합차원에서도 신뢰를 얻기 어렵게 되기 때문이다. 따라서 독일연방정부는 이미 2016년 주정부와 함께 "지역경제구조의 개선"이라는 공동과제의 틀 안에서 브란덴부르크 주의 라우지츠(Lausitz) 지역에 향후 4년 동안 730만 유로를 지원하기로 합의하였다. 또한 노르트라인-베스트팔렌, 라우지츠, 미텔도이첸 레비어(Nordrhein-Westfalen, Lausitz, Mitteldeutschen Revier) 해당지역의 구조조정 과정에서 연방정부, 주정부, 지자체, 경제단체 및 노동조합 등은 지역의 미래 청사진에 관하여 사회적 대화를 추진하고 있다.[49]

2016년도에 독일정부는 **기후보호플랜 2050(Klimaschutzplan 2050)** 을 통해 다시 한 번 2050년도까지의 온실가스 감축목표를 재확인하면서, 재생에너지의 확장과 에너지효율성의 개선을 위한 이정표를 확실하게 세운다. 기후보호정책의 실시 이후 처음으로 2030년도까지의 각 분야의 온실가스 감축목표를 설정한다. 에너지 분야, 주택·건물 분야, 교통·수송 분야, 제조업 분야 농업 분야 등 5개 부분의 감축목표를 제시하였다.

해당 분야	1990 (in Mio. Tonnen CO_2-Äq.)	2014 (in Mio. Tonnen CO_2-Äq.)	2030 (in Mio. Tonnen CO_2-Äq.)	2030 (1990 대비 감축 비율)
에너지	466	358	175 – 183	62 – 61 %
주택·건물	209	119	70 – 72	67 – 66 %
교통·수송	163	160	95 – 98	42 – 40 %
산업(제조업)	283	181	140 – 143	51 – 49 %
농업	88	72	58 – 61	34 – 31 %
분야별 합계	1,209	890	538 – 557	56 – 54 %
기타	39	12	5	87 %
합계	1,248	902	543 – 562	56 – 55 %

표6. 독일의 분야별 배출량과 2030 목표 배출량(단위: 백만 톤)

동 기후보호플랜은 투자와 전략적 선택을 위한 구체적인 방향을 제시한다. 독일정부는 시행된 정책과 프로그램의 경제적, 사회적, 환경적 결과를 독일의 시민사회와 함께 분석하고 평가하여 지속적으로 수정 보완해 나갈 것이다. 이 플랜을 통해 독일정부는 파리협정에서 요구하는 기후보호-장기 전략을 처음으로 제시한 국가군에 속하게 되었다. 말하자면, 2050년도까지 온실가스 배출을 제로로 하는 야심찬 장기 전략을 제시한 것이다.[50]

기후보호플랜 2050을 제시함으로써 독일의 에너지 및 기후보호 핵심정책은, 나아가 2도 상승 억제를 위한 독일연방정부와 독일 사회의 노력은 일단 대단원을 내리게 된다. '2도' 상승 억제 목표는 2007년도 **통합에너지기후프로그램**부터, 2010년 **에너지기본계획**, **2020년 기후보호행동프로그램과 기후보호플랜 2050**에서 기본방향과 이정표로서의 지위를 얻게 되었다. 남은 할 일은 이정표를 따라 이행하는 것, 그리고 지속적으로 조정 및 보완하는 것이다.

이상에서 독일사회는 '2도' 목표를 위한 새로운 기후체계를 여러 측면에서 오랫동안 잘 구축해온 것을 알 수 있었다. 필자가 앞서 제시한 새로운 기후 거버넌스가 갖추어야 할 구조나 특성을 잘 구축하였으며, 해야 할 역할이나 과제를 잘 수행하고 있다고 할 수 있다. 이는 '2도' 목표 달성이라는 어렵고 복잡한 사회적 프로젝트를 주도적으로 기획 및 조정할 수 있는 컨트롤 타워가 기여한 바가 크다. 한 가지만 덧붙여 보고자 한다.

독일의 경우는 "독일연방부처간워킹그룹, 이산화탄소감축"인 IMA가 컨트롤 타워의 역할을 맡았다. IMA는 이산화탄소 배출의 현황 및 특성을 분석하고, 감축목표, 정책 및 프로그램, 실행방식 등을 기획 및 조율하는 등 매우 중요한 역할과 지위를 가지고 있다. 독일연방정부 부처 간의 워킹그룹으로서 연방정부 부처 간의 이해관계를 조율할 뿐만 아니라 시민사회와의 소통과 협의[51]를 관장하고 있다. "독일연방 환경, 자연보호, 원자력안전부(Bundesministerium fuer Umwelt, Naturschutz und Reaktorsicherheit, BMUN)"의 책임 아래 조직되어 있으며, 이미 1990년도에 구성이 되어 이산화탄소 배출의 현황 분석과 감축을 위한 **국가기후보호프로그램**(Nationales Klimaschutzprogramm)을 기획하고 필요한 제도, 정책, 시행 방식을 개발하고 조정하는 역할을 하였으며 연방하원에 정기보고를 하였다. 연방경제기술부, 연방교통건설건축부,

연방식량농업산림부, 연방환경자연보호원자력안전부 등이 워킹 그룹 5개 조를 구성하여 포괄적이며 핵심 정책을 기획하고 동시에 에너지공급, 신기술, 교통, 건물, 농업과 산림경제 등의 각 부분과 대상에 관한 주요 감축정책 및 프로그램을 제시하였다.[52] IMA는 연방환경부 산하로 되어 있다. IMA는 이미 1990년도에 2005년도의 감축목표 25%를 제시하였다. 이 같은 야심차고 분명한 감축계획은 IMA 같은 컨트롤 타워가 작동함으로써 가능하였을 것이다. 인간의 활동에 기인한 이산화탄소 배출행위가 기후변화의 주요 요소로서 과학적으로 채 입증되지 않았던 시점을 고려하면 더욱 그러하다.[53] IMA는 2005년도에 6차 보고서를 제출한 후, 즉 15년간의 컨트롤 타워의 역할을 한 후, 그의 기능은 연방환경부와 연방경제기술부로 이관되었다. 이 두 축이 타 연방부처와 공조하면서 공동으로 시행하는 컨트롤 타워 역할을 사실상 하고 있다. 온실가스 감축과 재생에너지에 관한 사항은 주로 연방환경부가 주관하고, 재생에너지 기술과 에너지 효율성에 관한 것은 주로 연방경제기술부가 관장하는 협력 체계로 진행되고 있다. 컨트롤 타워의 역할은 연방 정부 부처 간의 협력뿐 아니라, 주정부, 지방의 기초자치단체와의 공조를 거치고 시민사회와의 소통과 협력을 통한 공감대를 형성하는 것까지를 포함하였다.

이제 독일의 새로운 기후 거버넌스 구축 과정과 특성에 대해 평가해보자.

독일 사회는 효율적이고 역량 있는 컨트롤 타워를 1990년 이후부터 구성하여 기후변화 대응과 '2도' 목표를 위한 초석이자 핵심 제도인 친환경 생태세제, 재생에너지법, 이산화탄소 배출권거래제, 통합에너지기후프로그램, 에너지 기본계획을 확고한 의지를 가지고 순차적으로 도입, 시행하고 있다. 유엔기후변화협약 틀과 유럽연합 차원에서 적극적인 공조를 이루어가면서 선도적인 역할을 잘 수행하고 있다. 핵심정책들과 연계하면서 온실가스 감축의 목표를 완수하기 위해 개정, 강화 및 보완하거나, 필요한 추가적인 주요 정책 및 프로그램을 도입한다. 열병합발전법의 도입, 에너지절약지침이나 재생에너지법의 지속적인 개정, 재건축대출프로그램의 연장 등이 그러한 프로그램에 속한다. 정부가 교체되어도 기후보호 프로그램의 큰 흐름은 바뀌지 않고 지속적으로 추진되었다. 핵심정책이나 주요 프로그램의 시행과정에는 감축목표량, 시행방식, 재정적 지원이 구체적으로 포함되어 있어 정책집행의 신뢰성을 부여하고 있다. 정책의 신뢰성과 높은 예측가능성은 독립적인 전문가 그룹의 체계적이고 과학적인 조사 및 연구결과를 충분히 반영하였기 때문이며, 시민단체 및 이해당사자들과의 소통, 협의, 공개적 검증을 거치기 때문이다. 특히 시민사회의 주요한 한 축이자 온실가스 배출의 큰 부분을 차지하는 독일경제계의 야심찬 자율적 감축선언은 목표 달성의 전망을 밝게 하였다.

'2도' 목표와 기후보호를 위한 정책과 프로그램은 에너지 및 산업부문에만 한정된 것이 아니라 주택, 교통, 농촌, 연구개발, 교육 및 홍보, 재정 등 독일사회의 전반적인 영역을 가로지르는 성격을 갖고 있으며, 따라서 시민사회의 공감과 동참 없이는 제대로 시행될 수도 없다. 즉 '2도' 목표는 정치영역, 에너지와 경제분야를 넘어서서, 지역, 시민사회, 일상의 전 영역을 아우르는 사회적 프로젝트로서의 위상과 차원을 갖게 된다. 2015년 "기후보호행동연대"와의 만남에서 환경부 장관은 이렇게 말한다.

우리는 모든 기후보호 대책이 야심차게 진행될 때만 기후보호 목표를 달성할 수 있을 것이다. 이 목표는 정부 혼자서 이룰 수 없는 하나의 거대한 사회적 공동과제이다. 성공을 위해서 우리는 전 사회의 광범위한 참여를 필요로 한다.[54]

독일연방정부는 2016년도에 2015년 파리협약을 준수하면서 2050년도까지 1990년 대비 80~95% 감축하기로 재천명한다. 이에 2016년도에 **기후보호계획 2050(Klimaschutz 2050)**을 제시한다. 2050년까지의 독일의 탄소중립을 위한 장기적 목표와 방향을 제시하면서, 기본 비전과 전환의 경로를 보여주고, 2030년도까지의 각 분야의 이정표와 감축목표를 제시하고, 각 분야의 목표 달성을 위한 전략적 대책을 제시하였다. 파리협정에서 동의한 '더 전진된 목표 수립'의 원칙을 지키기 위하여 온실가스 감축과정을 더 잘 시행할 수 있는 개혁과 학습의 과정으로 구축하는 점이다. 주요한 점은 **기후보호계획 2050**을 사회 전반에 걸친 혁신을 통해 생태적 현대화를 이루는 발전의 기회로 삼는다는 측면이다. 즉 기후보호라는 피할 수 없는 필연적인 경로를 단순한 일면적인 기후보호계획으로만 추진하는 것이 아니라, 혁신을 통한 도약과 발전의 기회로 삼아서 추진하는 국가적 발전 전략으로 삼는다는 점이다. 재생에너지 확대와 에너지효율성 개선을 기초로 한 에너지 전환은 투자를 위한 미래의 지침이자 방향이 될 것이며, 저탄소 글로벌 사회에서 경쟁력을 갖추는 데 필수적인 여건을 마련하게 될 것이다.

　요약해 보자면, 독일은 이 에너지 전환의 과정에서 경쟁력 향
상을 통한 경제성장, 환경보호, 사회통합성의 증진이라는 세 원
칙을 견지하면서 탄소세, 배출권거래제, 재생에너지법 등의 핵심
제도를 바탕으로 하면서, 조세 및 재정제도를 기후친화적으로
개정하고, 유럽연합 등 전 지구적인 협력을 유지 및 선도하면서,
"유엔 지속가능한 발전 목표"와 정합적으로 생태계 보존을 추구
하였다. 자료나 통계의 투명성과 표준화를 달성하고, 기후에 관
한 연구개발을 사회와 기술의 혁신을 촉진하는 수단으로 삼고,
사회과학과 자연과학의 융합적 연구를 국내·외적으로 지원하
여 적절한 감축 시나리오 선택을 하도록 도움을 주고, 정보공개,
홍보, 네트워크를 통하여 기후변화에 대한 인식을 바꾸도록 하
며, 학교 등 교육기관뿐 아니라 실제 참여를 통한 학습과정을 지
원하면서, 지속가능한 생산과 소비 과정을 독일 전 사회가 체득
할 수 있도록 하였다. 삶의 현장이자 기후변화 대응의 현장인 지
방자치단체에서 효율적이고 체계적으로 시행될 수 있도록 하였
다. 독일의 기후보호정책과 '2도' 목표의 시행에 있어서 관철되었
던 이 같은 기본원칙, 고려사항, 시행방식의 특성은 2015년 파리
협약의 핵심사항과 IPCC의 기후변화 대응을 위한 권고 사항과
일치할 정도라고 해도 과언이 아닐 것이다.[55]

　독일 사회의 '2도' 목표를 위한 노력은 독일 내의 기후 거버넌
스의 구축에만 한정되어 있지 않다. 지역과 글로벌 차원에서의
노력 역시 모범적이라 평가할 수 있다. 유럽연합 내에서 선도적

인 역할과 공조를 이끌고 있을 뿐 아니라, 세계와의 협력에서도 앞서가고 있다. 일례로 유럽연합과 미국의 "대서양 기후 및 기술 이니셔티브"를 2007년에 체결하면서 미국과의 협력을 잘 보여주었다. 어떠한 공조가 옳은지도 잘 보여주고 있다. 독일연방환경부 장관 헨드릭스는, 트럼프 미국 대통령이 파리 유엔기후변화협약의 결정을 부인하면서 탈퇴를 선언하자 매우 강한 어조로 트럼프의 탈퇴를 비판한다. 동시에 독일정부와 유럽연합은 기후보호를 위해 지속적인 노력을 계속할 것이고, 선도적인 역할을 할 것이라는 약속을 다짐한다.

> 유럽연합과 세계는 트럼프의 파리협정 탈퇴에도 불구하고 기후보호를 위한 노력을 멈추지 않을 것이다. 파리협정의 역사적인 전환은 미국 없이는 제대로 이행되지 않을 수도 있으나, 파리협정은 미국 없이도 진행될 것이다. 다른 국가들이 선도적인 역할을 할 것이고, 유럽은 당연히 그 역할을 할 것이다.[56]

독일연방정부는 개발도상국과도 전 지구적인 협력을 모범적으로 진행하고 있다. 개발도상국의 기후보호와 적응을 위하여 2015년도에만 27억 유로에 달하는 연방예산을 기술과 재정 분야에 지원하고 있다. "재건축지원 독일연방개발은행(KfW Entwicklungsbank)"과 "독일투자 및 개발회사(Deutsche Invetitions-und Entwicklungsgesellschaft)"는 47억 유로의 자금을 좋은 조건으로 제공하고 있다.[57]

독일연방정부는 2016도년에는 예산을 증액하면서 34억 유로의 연방예산을 기후보호를 위해 지원한다. 2017년도에는 개발도상국이 "국가자율감축계획안, INDC"을 작성하는 데 필요한 자원을 지원하기 위해서 3,100만 유로를 지원하기로 약속하였다. 이와 더불어 새로운 보험기금을 마련하여 개발도상국의 기후변화 피해를 지원하기로 하여 1억 1,000만 유로를 제공하였다. 동 보험기금을 통해 2020년도까지 4억의 인구를 피해로부터 보호하려고 한다. 2017년 현재 4억 7,000만 유로의 보험금이 적립되어 있고, 그중 독일은 1억 9,000만 유로를, 기여금의 약 40%를 제공하고 있다.[58]

독일연방환경부는 2008년 이후 "독일기후보호이니셔티브(NKI)"와 병행하여 "세계기후보호이니셔티브(Internationale Klimaschutzinitiative, IKI)"를 설립하여 개발도상국과 신흥공업국가의 기후 및 생물다양성 프로젝트를 지원하고 있다. 23억 유로 상당의 예산으로 550여 개의 프로젝트를 지원하고 있다. 예를 들면, 모로코에서 제일 큰 규모의 현대적 태양광발전소를 건립하고, 콜롬비아에서는 산림과 숲의 보존을 위한 프로젝트를 진행하였고, 베트남에서는 연안보호사업을 지원하였다.[59] 독일연방공화국은 덴마크, 룩셈부르크, 노르웨이, 스웨덴, 영국에 이어 2016년에 유엔 지속가능한 발전 목표 중 17번째 2항의 목표를—국민총생산의 0.7% 이상을 공적개발지원(ODA)으로 개발도상국에 지원하는 목표—시행하기로 약속하였다.[60]

1-3 유럽연합의 기후 거버넌스의 현 단계와 특성

독일 사회의 기후보호 노력이 유럽연합의 기후 거버넌스 구축에 기여한 바도 적지 않다. 또한 독일사회의 새로운 기후 거버넌스 구축 과정 역시 유럽연합으로부터 배운 것이 적지 않다. 서로 상호 소통과 공조를 통하여 유사한 기후 거버넌스를 구축한 모양새이다. 유럽연합은 28개 국가의 연합으로 구성된 지역적 체계를 갖추고 있다. 이 같은 성격에 상응하는 특성만 언급하고자 한다.

EU-ETS는 "유럽기후변화계획"이라는 유럽연합 차원의 새로운 기후변화 거버넌스에서 탄생되었다. 유럽연합의 경우에는 28개 회원국의 여건을 수렴하고 이해관계를 조정하기 위해서는 민주적 소통 거버넌스를 구축하지 않으면 안 되었다. 유럽집행위원회 산하의 "유럽기후변화계획"이 2000년에 발족된 이후 이 역할을 잘 하고 있다. 이 기구는 기후변화에 관한 법과 정책을 개발하고, 각 회원국들의 여건을 반영, 조정, 통합하면서 비용효과적인 가이드라인을 제공하는 우산과 같은 컨트롤 타워 역할을 수행한다. 이해당사자, 환경단체를 포함한 공공 및 사적 이해관계자들의 의견이 수렴되는 장소이기도 하다. 앞 절에서 언급한 독일연방환경부의 배출권거래제도의 참여 당사자들이— "에너지와 환경" 같은 워킹그룹—ECCP에 참여하여 EU-ETS를 만들어낸다.[61]

유럽연합은 2007년 이미 '2도' 상승 억제를 공식 목표로 선언하였다. '2도' 목표를 위해 2009년 "기후와 에너지 패키지"라는 종합계획에서 온실가스 감축목표를 확정하였다. 2020년도까지 1990년도 대비 20% 감축하는 것이다. 온실가스 감축의 부문을 크게 2부문으로 나누었다. 하나는 유럽연합의 EU-ETS통해

2005년 대비 21% 감축을 목표로 하였고, 다른 하나는 "노력공유 결정"이라는 제도를 통해 2005년 대비 약 10%의 감축을 목표로 하였다.

주목할 점은 어떤 이유로 2부문으로 나누고, 각각의 감축비율을 정하였는지 하는 점이다. EU-ETS 부문은 화석연료를 20MW 상당 이상 연소하는 제조업 및 전력산업의 대기업 11,000여 개만을 포함하며,[62] ESD 부문은 여타 부문으로 교통·수송, 주택·건물, 중소기업, 농업, 폐기물 분야 등이다. EU-ETS 부문이 포괄하는 제조업 및 전력산업 분야는 더 경제적이며 비용 효과적으로 할 수 있기 때문에 보다 많은 21% 감축을 목표로 하였다. 한편 ESD 부문은 다수의 소규모 배출자이지만 전체 배출의 약 55%를 차지하고 있고, 각 국가와 시민 모두가 노력과 부담을 공유한다는 원칙하에 10% 감축목표를 설정하였다. 교통·수송, 주택 및 건물의 냉·난방, 전기소비, 폐기물과 같은 분야에 적용된다. 개인과 시민사회도 이런 방식으로 동참하는 것이다. EU-ETS는 법적 구속력이 있는 반면에, ESD는 각 국가의 차원에서 자율적인 방식으로 달성하도록 구조화되어 있어, 유럽연합 차원의 구속력이 제한적으로 적용된다. 하지만 유럽연합 차원의 규정 및 표준제도나 지원체계는 구속력을 발휘하면서 각국의 정책결정에 영향을 미친다. ESD의 각 국가의 분담 비율은 주요한 원칙인 "공동의, 그러나 차별적인 책임"원칙에 입각하여 매우 합리적이고, 유럽의 사회통합적인 방식으로 배분된다. 일인당 국내총생산 (GDP)이 주요한 기준이 된다. 일인당 국내총생산이 유럽연합 평균 이하의 국가들은 온실가스 감축이 아니라 증가를, 최대 20%까지 허용하고 있을 정도이다.

이를 통해 실제적인 (감축)노력과 이와 관련되는 제반 비용은 공정하고 공평한 방식으로 배분되는 것을 보증한다. 나아가 이는 타 앞선 국가들을 따라갈 수 있도록 경제성장이 여전히 필요한 덜 부유한 국가에게 계속 성장을 허용하도록 한다.[63]

배려를 통한 유럽차원의 사회통합성을 확장하면서 이행하는 모범을 보여주고 있다. 앞서 보았듯이 경제성장도 이루었고, 온실가스 감축도 세계에서 가장 성공적으로 이루어내고 있다. 합리적이면서도, 사실 놀랍다.

2. 글로벌 거버넌스의 현 단계

1987년 몬트리올 의정서를 조인하였다. 국제협력을 통해 오존층 파괴 방지대책을 수립한 것이다. 이는 기후변화 영향에 대하여 전 지구적으로 협력할 수 있는 가능성을 열어놓았다. 전 지구적 국제협력과 이행이 필수사항이지만, 이산화탄소 배출량 감축목표에는 2014년 현 시점까지 쉽게 국제공조에 이르지 못하고 있다. 국내 요인뿐 아니라 국제 정치적 요인이 국제공조를 어렵게 하고 있다. 선진국과 개발도상국의 입장차이도 국제협력을 더디게 하고 있지만, 진전된 측면도 나타나고 있다.

이산화탄소 배출량 감축에 관한 첫 국제회의를 살펴보자. 1992년 155개국이 리우정상회담에서 "유엔기후변화협약"에 서

명했다. 1997년 교토 기후 체제에서 새로운 협정을 맺어서 2012
년까지 1990년 수준보다 5.2% 감축하도록 목표를 정했다. 우여
곡절 끝에 다행히 2004년 러시아 등이 비준하여 교토의정서는
2005년 3월에야 가까스로 발효가 되었다. 선진국에 속하는 부
속서 I 국가만이 감축의무를 부여받았다. 하지만 데이비드 빅터
(David Victor)에 의하면 교토의정서 방식은 네 가지 점에서 국제
협력을 끌어내기가 사실상 어렵다고 지적하였다. 첫째, 모든 당
사국의 참여가 있어야 한다. 둘째, 구속력 있는 온실가스 감축목
표를 설정해야 한다. 셋째, 통합적 탄소 배출권거래제 도입이 필
요하다. 넷째, 개발도상국들의 협력을 이끌어내기 위한 경제적
보상 등이 풀어야 될 과제로 남아 있기 때문이다.[64]

　2011년 11월 남아프리카공화국 더반에서 개최된 제17차
UNFCCC 당사국 총회(COP 17)에서도 이러한 과제는 타결
을 보지 못한 채로 또 미루어졌다. 겨우 교토의정서 체제를
2013~2017년까지 5년간 더 연장하는 선에서 협상을 마쳤다. 그
것도 선진국들의 감축목표는 확정되지는 않은 채로 끝이 났다.
2013년 제19차 바르샤바 당사국 총회에서는 2020년 이후 선진
국과 개발도상국을 포함한 모든 당사국에 적용가능한 단일 의
정서를 채택할 수 있도록 2015년까지 협상을 마무리 짓고, 2020
년까지 후진국을 위해 1,000억 달러 규모의 녹색기후기금(Green
Climate Fund, GCF)을 조성하자는 데에는 합의하였다. 합의였지만
진전이 이루어졌다.

　보스턴 대학의 프리드릭 파르드(Frederick S. Pardee) 센터는
OECD 개발지원위원회의 방침과 유사한 선·후진국 협력관계의
3가지 주요 요소를 제시하고 있다. 첫째, 개발원조로부터 공공재

의 보전을 위한 지원으로의 전환, 둘째, 친환경적이고 사회통합적인 실천이 보상을 받도록 유인, 셋째, 현지(지역사회)의 다양성과 특수성을 적극적으로 고려하면서 지원해야 한다.[65]

또한 국제정치의 지정학적 측면에서 특히 중국과 미국은 분명히 서로 협력해야 할 필요성이 있다. 첫째로, 개도국과 선진국의 갈등을 조정하는 역할을 할 것이다. 둘째로, 군사대국으로써의 합의는 그 구속력을 발휘할 수 있을 것이다. 중국도 이전의 성장 지향적인 태도를 일부 바꾸었는데, 2006년 발표한 "기후변화계획"은 2020년까지 재생에너지원의 전력 생산 비중을 16%까지 점진적으로 개선하겠다는 내용을 담고 있다. 미국과 중국이 에너지 정상회담을 매년 개최하여 기후변화와 관련된 중요한 협정을 맺는 것도 효과가 클 것이다.[66] 이 같은 기대는 '2도' 목표가 점차로 구체화되며 파리 정상회담이 다가올수록 현실화되기 시작하였다. 미국과 중국은 2014년의 제1차 기후변화 정상회담을 개최하고 장기 온실가스 감축목표에 합의하게 된다. 2015년의 제2차 기후변화 정상회담에서는 파리 유엔기후변화협약 당사국 총회의 성공적 타결을 위해 공동협력을 약속하며 기후변화정책 및 저탄소 기술개발 협력 등을 약속한다. 주요 특징으로 2017년 중국의 국가단위 배출권거래제도 시행계획, 중국 발전부문의 저탄소 계획, 중국의 개발도상국에 대한 재정 지원 등을 들 수 있다. 기후변화 정상회담과 병행하여 도시와 지역 지도자들의 회담도 동시에 개최되었다.

새로운 거버넌스도 구축하는데 2014년 1차 회담 이후 양국은 미-중 기후변화작업반(CCWG, Climate Change Working Group)을 설립하여 자동차, 스마트그리드, 탄소 포집 및 저장, 에너지효율,

온실가스 데이터 관리, 산업용 보일러에 대한 협력사업(실행 계획)을 개시하였다는 점이다. 미국과 중국의 2015년 제2차 기후변화 정상회담 주요 내용에는 모든 국가가 온실가스 감축뿐만 아니라 기후변화 적응, 이행수단(재원, 기술, 능력배양, 투명성 등)에 대한 행동을 촉구하였다. 당사국들이 국내 및 국제적 수준에서 기후 회복성을 구축하고 취약성을 감소시키기 위해 노력해야 하며 정기적이고 고위급 수준에서 적응을 중요하게 다루어야 함을 강조함으로써 개발도상국에 대한 긍정적인 태도를 보여주려 하였다. 미국과 중국은 선진국들이 개도국들의 문제 해결을 위해 2020년까지 공동으로 1,000억 달러의 녹색기후기금(GCF)을 조성하기로 약속했으며, 공적 및 사적 자금 뿐만 아니라 양자 및 다자간 노력을 통해 기금을 조성할 것이라는 점을 재확인하였다. 이에 따라 미국은 녹색기후기금에 30억 달러의 자금 지원 의지를 재확인하였고, 중국은 녹색기후기금을(GCF) 포함하여 개도국 협력기금(South-South Climate Cooperation Fund) 설립을 위해 약 32억 달러를 제공할 것을 약속하였다.[67] 온실가스 배출량 세계 1등과 2등 국가이자 글로벌 차원에서 정치적 영향력이 가장 큰 국가 정상들의 약속이기 때문에 신 기후체계 구축에 큰 도움이 될 것이다.

1992년 UNFCCC 글로벌 체계 이후 23년이라는 세월이 흘러도 '2도' 목표에는 당사국들이 명문화된 합의를 보지 못했다. 그만큼 새로운 글로벌 거버넌스를 구축하기 어려운 점을 방증하는 것이다. 서로 합의하고 지켜야 될 약속들이 너무 복합적이고 많기 때문이다. 사실상 너무 다른 지위와 여건의 국가들이 '2도'라는 동일한 목표에 합의한다는 것은 어렵기 때문이기도 하다. 그리고 주요한 쟁점도 많기 때문이다. 주요 쟁점을 열거해보자. 기후변화 완화, 적응, 손실과 피해, 재정(지원), 기술발전 및 기술이전, 역량배양, 투명성, 글로벌 중간 점검 및 평가 등이다. 이 같은 다양한 차원의 복합적인 쟁점을 누가, 언제, 왜, 어디서, 어떻게, 언제까지, 민주적으로 조정할 수 있는 새로운 거버넌스의 구축은 어렵다. 다행스럽게도 2015년 21차 UNFCCC 파리 당사국 총회에서 협정문과 결정문에 처음으로 도달했다. 쾌거다.

2015년 공포된 유엔 지속가능한 발전 목표에도 새로운 거버넌스의 중요성은 강조되고 있다. 지속가능한 발전을 위하여 시민사회나 정부차원의 거버넌스 구축을 중요한 목표로 강화시켰다. 국내뿐 아니라 국제적인 차원에서도 투명하고, 신뢰할 수 있는, 공정하며, 모든 계층이 참여하는 민주적 의사결정과정과 제도를 구축할 것을 강조하였다.[68]

2015년 제21차 유엔기후변화 협약 파리 당사국 총회가 개최되고 전 세계 당사국들이 '2도' 목표를 달성하자는 데 처음으로 동의하였다. 이제야 '2도' 목표를 향한 글로벌 수준의 새로운 기후 거버넌스가 출범한 것이다. 이에 파리협정이 만들어내는 새로운 기후 거버넌스의 성과, 특성과 한계점에 대해 살펴보자.

3. UNFCCC 파리협정의 성과와 과제: 새로운 기후 거버넌스

파리협정(Paris Agreement)은 총회결정문(COP 21 Decisions)과 함께, 전문 및 29조항으로 구성되어 있으며, 법적 구속력이 있는 합의로서 당사국들의 동의를 얻어 2015년 12월 채택되었다.[69] 1997

년 개시된 교토 기후체제는 2012년에 마감한 후 2013년부터 2020년까지 연장되어 있는 상태이다. 파리협정을 통하여 2020년 이후 신(新)기후체제가 시작된다. 파리협정은 신기후체제의 근간이 되는 협정으로 주요한 목표, 원칙, 내용, 방향, 방식을 담은 법적 구속력 있는 약속이다. 2015년 12월 현재 총 188개국이 INDC를 제출하였고, 이례적으로 빠른 속도로 비준절차가 진행되어 2016년 11월에 파리협정은 필요한 비준을 얻어서 효력을 사실상 발휘하게 되었다.[70] 사실상 포스트-2020 신기후체제는 앞당겨져 효력을 발휘하면서 연장 상태에 있는 교토체제를 빠르게 대체하고 있다. 정부를 비롯하여 비정부 참여자 및 시민단체들이 함께 참여하는 "자발적 기후행동 선언문"을 계획하여 별도로 웹사이트 〈Lima Paris Action Agenda〉를[71] 운영하고 있다.

파리협정(Paris Agreement)의 주요 내용을 살펴보자.

2조 1항에서는 파리협정의 목표, 목적, 방향을 천명하고 있다. 지속가능한 발전과 빈곤퇴치라는 노력의 큰 틀 안에서 기후변화의 위협에 대해 전 지구적 대응을 강화하고자 하며, 지구 평균기온 상승을 '2도' 이하로, 가능한 한 '1.5도' 이하로 억제하고자 노력하고자 한다. '2도' 상승 억제라는 기후완화 목표뿐 아니라 기후변화 적응력 및 기후 회복력을 증대시키는 목표도 동시에 제시하고 있다. 이 목표에 정합적인 저탄소 발전 체계를 강화하고자 하며 이에 상응할 수 있는 재원을 조성하고자 한다.

2조 2항에서는 주요한 원칙 즉 "공동의, 그러나 차별적인 책임 및 개별적인 능력을(국가마다 처해진 여건에 비추어)" 다시금 천명하면서 형평성을 아울러 고려하고 있음을 밝히고 있다.

3조는 2조의 연장선상에서 개발도상국들이 효과적으로 이 협정을 이행할 수 있도록 선진 국가들이 지원할 의무를 인정하는 점을 분명히 한다. 이와 연계되어 개발도상국도 감축을 위해 더 노력할 것을 4조 5항에서 주문하였다.

4조는 주로 기후변화 완화에 관한 사항으로서 1항에서는 온실가스 최대배출년도(peak time)를 최대한 조속히 달성하도록 하며, 21세기 후반부에 실질 배출이 제로가 되도록 한다.

4조 2항에서는 모든 국가가 INDC를 제출하되, 3항에서는 후속 기간의 감축목표 제출 시, 이전 수준보다 진전된 목표를 제시하도록 했으며 가능한 한 가장 야심찬 계획을 제출하도록 했다.[72] 4조 8항에서는 INDC에 기재되는 모든 필요한 정보를 명백하고, 투명하고, 이해할 수 있도록 제출해야 한다.[73] 4조 9항에서는 각 국가는 5년마다 INDC를 제출해야 한다. 4조 19항에서는 "장기 저탄소 배출 발전전략"을 제출하도록 명기하였다.[74]

7조는 주로 기후변화 적응에 관한 조항으로서 중요도에 있어서 완화(감축) 항목과 동일한 수준으로 협정문 및 총회 결정문에 포함이 되었다.[75] 1항은 적응의 글로벌 목표, 2항은 적응의 중요성 및 역할에 대한 조항으로 적응은 전 지구적 차원에서 대응해야 될 과제이며 인간과 생태계를 보호하기 위한 핵심요소인 점, 특히 기후변화의 악영향에 취약한 개발도상국들의 절박하고 즉각적인 요청을 고려해야 한다는 점을 명기하고 있다. 4항에서는 적응과 감축의 연계성에 대해 언급하며 신속한 적응의 필요성을 인정하고 있다. 5항에서는 적응을 시행할 때에 주요 원칙과 고려 사항 등을 제시하고 있는데, 개별 국가에 의해서, 양성 평등에 기초하고, 참여적이며 투명한 절차를 따라서 시행하되 특히 취약 계층, 공동체 및 생태계를 우선적으로 고려하면서 현지에 적합한 지식과 방식으로 진행되는 것을 권고하고 있다. 6항에서는 개발도상국이나 특히 기후변화에 취약한 대상에 대한 국제적인 지원과 협력이 중요하다는 점을 인정하고 있다. 7항에서는 "칸쿤 적응체제(Cancun Adaptation Framework)"를 통한 협력을 강화하고자 하여, 적응행동에 관련된 과학기술, 계획, 정책, 시행수단 등에 대한 정보, 우수 사례, 경험 등을 공유하며, 협력 체제의 제도적인 보완, 시행수단의 효과성 제고 등 매우 광범위한 범위에서의 협력을 강조하고 있다.[76] 10항에서는 당사국이 적응부문에 대한 계획을 INDC에 포함해서 제출하도록 하고 있으며, 14항은 글로벌 이행점검을 할 경우 적응노력에 대해 평가한다는 점을 밝히고 있다.

8조는 손실과 피해에 관한 조항으로, 7조의 적응조항과 함께 처음으로 유엔기후변화협약 합의문의 개별조항으로 명기되었다. 선진국과 개발도상국 간의 최대 쟁점 중 하나로서 앞으로 많은 논쟁과 후속조치가 필요하다. 8조 3, 4항에서 손실과 피해의 중요성을 인정하고 당사국들의 이해와 협력이 필요한 점을 상기시키면서 위험의 평가와 관리, 보험제도 등을 고려사항으로 두고 있다.[77]

9조는 선진국과 개발도상국 간의 최대 쟁점 중의 하나인 재원공급에 관한 조항이다. 특히 선진국의 개발도상국에 대한 지원이 주된 내용으로 되어 있다. 1, 3항에 의하면 선진 국가가 다양한 형태의 재원과 수단, 경로를 통해서 주도적으로 기후 재원을, 특히 공공재원의 형태로, 마련하여 개발도상국을 지원하도록 명시하고 있다. 4항에서는 기후 재원도 진전된 방식으로 규모를 확대하도록 하며, 감축과 적응 간 균형을 맞추어 지원하도록 하였으며, 특히 기후변화 취약국가(최저개발 국가와 군소도서국가)에 공공재원 및 무상원조를 활용하도록 하였다. 5, 6, 7항에서는 사전, 중간, 사후 보고체계에 관한 조항으로, 선진국이 지원한 기후재원을, 특히 공공재원의 지원을, 2년 단위로 사전 및 사후 보고하도록 하였으며, 글로벌 이행점검에서도 중간점검의 성격으로 제출하도록 하였다.[78]

10조는 기술발전 및 이전에 관한 조항이다. 기술발전 및 이전이 기후변화 대응에 매우 중요한 요소임을 인정하며, 기술발전과 이전의 필요성에 공감하면서 선진국은 재정지원과 함께 특히 개발도상국에게 이 부분에 지원할 것을 권고하고 있다.[79]

11조는 역량배양에 관한 조항이다. 기후변화 대응을 위해서 새로운 역량이 광범위하게 필요하다는 인식하에, 개발도상국의 역량과 능력을 향상하도록 주문하고 있다. 적응 및 감축 행동의 이행을 포함한 효과적인 기후변화 대응을 위한 역량을 향상시키고, 기술개발 및 전파, 기후재원에의 접근, 그리고 이와 관련된 교육, 훈련, 홍보, 정보의 시의적절하고 투명한 보고 등을 용이하게 할 수 있도록 지원해야 한다.[80]

12조는 11조와 연관되어 있는 조항으로 당사국은 기후변화 교육, 훈련, 홍보, 정보에 대한 공공 참여 및 접근을 향상시키는데 국제협력의 필요성을 강조하고 있다.

13조는 행동 및 지원이 투명하게 이루어져야 상호 간의 신뢰와 믿음이 생기고 글로벌 차원에서 효과적으로 기후변화 대응을 수행할 수 있는 점을 명시하면서 투명성을 강조하고 있다.[81]

14조는 파리협정의 목표 이행 및 장기목표에 대한 집합적인 진행과정을 검증하고 평가하는 전 지구적 이행점검(Global Stocktake)을 5년마다 실시하는 것을 처음으로 명문화하고 있다. 2023년에 첫 실시를 하게 되고, 그 결과는 당사국 모두에게 정보를 제공한다. INDC 이행 정도, 파리협정의 목적에 상응하는 행동이나 지원, 그리고 국제협력의 수준 등에 관한 정보이다.[82]

이제 파리협정의 주요한 성과 및 특성에 대하여 평가해보자.

첫째, 파리협정문이나 결정문이 글로벌 국제조약으로 명문화되어 '2도' 목표와 관련 조약들이 구속력을 갖게 되었다는 점이다. 컨트롤 타워 역할을 할 수 있는 새로운 글로벌 거버넌스가 구축된 셈이다.

둘째, 교토체제와는 다르게 선진국과 개발도상국 모두가 '2도' 목표에 대하여 공동의 책임을 지기로 명문화함으로써 새로운 기후체제를 열었다는 점이다. 이해 당사자 모두가 참여할 수 있는 기후 거버넌스를 열었다.

셋째, 적어도 '2도' 상승 억제, 또는 1.5도 이하로 지구 평균기온의 상승을 억제하도록 목표를 정한 것은 기후변화의 피해에 직접적이고 심각한 고통을 받는 군소 도서국가 및 생물다양성이 풍부한 개발도상국들의 요구를 반영하였다.

넷째, '2도' 목표 달성을 현실화할 수 있도록 당사국들이 매 5년마다 자발적 국가 감축계획안(INDC)을 UNFCCC 사무처에 제출하도록 의무화하고 있으며, 2018년과 2023년을 시작으로 5년마다 글로벌 점검 이행을 실시하게 되어, 각 당사국과 당사국 전체의 목표 달성 의지와 이행과정을 점검할 수 있게 되었다. 시행계획과 결과에 대해 과학적 검증절차를 거치게 됨으로써 이행에 대해 신뢰성을 얻을 수 있고, 시행과정의 보완이나 수정 등을 합리적으로 타당하게 진행할 수 있게 된다. 동시에 글로벌 점검의 실시는 당사국들에게 온실가스 감축에 대한 상당한 압박을 주는 효과도 있을 것이다.

다섯째, INDC의 제출 시 '후퇴 금지의 원칙'을 명시함으로써 전진된 수준의 계획과 실천을 하도록 규제를 강화하였다. 아울러 5년마다 중간 점검을 함으로써 당사국들에게 감축계획안대로 시행하게끔 압박의 효과를 발휘하게 되었다. 그리고 장기 감축계획도 제출하게 함으로써 단기, 중기, 장기 계획이 체계적으로 운영되도록 하였다.

여섯째, 2020년 이후부터 매년 1,000억 달러 이상의 기후변화 대응 자금을 선진국 주도하에 기금으로 마련하여 개발도상국을 지원하기로 약속함으로써, 개발도상국이 '2도' 목표를 달성하는 데 수월하게 하였다.

일곱째, 파리 총회의 대부분의 과정이 상향식 방식으로 진행되어 기업 및 NGO 등 시민사회[83]와 기업이 많이 참여하였다.[84]

여덟째, 법적 구속력이 있는 결정문과 협정문이 제정되었다.

아홉째, 개발도상국이 오랫동안 요구했던 기후변화 적응, 손실과 피해 부문이 기후변화 완화 부문과 동등한 수준으로 반영되었다. 재정 및 기술지원도 이 같은 원칙을 반영하면서 집행된다.

열 번째, 양성평등 및 사회적 통합성 측면이 강조되었다.

끝으로, 주요한 여섯 가지 쟁점사항이 원만히 타결되었다. 2011년 더반 당사국 총회는 결정문 5항에서 여섯 가지 주요 요소이자 쟁점사항을 2015년 파리 당사국 총회에서 다루자고 제안하였다. 워킹그룹 ADP(Ad hoc Working Group on the Durban Platform for Enhanced Action)는 여섯 가지 주요 요소,[85] 즉 기후변화 완화, 적응(및 손실·피해), 재정, 기술발전 및 이전, 역량배양, 투명성 보장에 대해 동의를 이끌어내었다. 또한 이와 연관된 제반 기술, 사회적, 경제적 정보와 전문성을 갖고 추진하는 체계들도 구축하기로 한 점은 높이 평가할 수 있다. 이 측면은 개발도상국이 기후변화 완화와 적응을 추진하는데 실질적인 도움을 주게 될 것이다. 개발도상국은 재정뿐만 아니라, 기술, 기술개발, 기술적용의 역량 등의 전문적인 역량과 교육 인프라 시설이 매우 부족하기 때문이다.

파리 새로운 기후체제는 여러 측면에서 괄목할 만한 성과를 이루었다. 앞서 언급한 교토의정서 체제의 네 가지의 약점이—모든 국가가 동참하지 못함, 구속력 있는 온실가스 감축목표 설정의 부재, 통합적 탄소 배출권 거래제 도입의 부재, 빈국들의 협력을 이끌어내기 위한 경제적 보상 체계의 부재 등—파리협정 체제에서는 상당 부분 해소되었다. 앞서 언급한 '2도' 목표를 위한 새로운 거버넌스의 구조도 갖추게 되었고, 컨트롤 타워 역할도 일정 정도 갖게 되었다. '2도' 기후 거버넌스가 갖추어야 할 특성도 상당 부분 지니게 되었다. 파리협정은 이처럼 획기적이고 커다란 성과에도 불구하고 한계점 역시 드러내고 있다.

2015년 UNFCCC에 재출한 INDC에 대한 종합적 평가가 그것을 이미 잘 말해주고 있다. 2015년 UNFCCC 「INDC의 통합적 효과에 대한 종합보고서」 37항은 아래와 같이 평가하고 있다. INDC에 명시(약속)된 수준의 감축안을 각 당사국이 그대로 이행했을 경우에 온실가스 감축수준은 '2도' 이하의 감축 시나리오에 따른 배출량 수준에 비해 2025년도에 19% (10-29% 편차) 정도 더 높다. 배출량으로 평가해보면 87억 톤(47~130억 톤 편차)이 더 많이 배출될 것으로 예측된다. 2030년도의 경우에는 15.1% 정도 더 높은 수준으로 보고되었다. 기온으로는 2.7도가 상승할 것이라고 예측된다.[86]

국가마다 자발적 감축 방안을 제시한다는 점에서 각 국가의 결정에 의존하게 되고, 당사국이 불이행 할 경우 법적인 강제력과 제제를 동원하기 어려운 점은 파리 신기후체제의 근본적인 한계다. UNFCCC는 2018년 현재까지는 장기적인 감축 계획을 제시하지 못하고 있으며, 기후변화대응 기금인 1000억 불의 조성 방식과 절차가 확정되지 않았고, 기금 조성의 진행수준도 원활하지 못하다. 물론 2020년 후의 기금 역시 어떤 규모로 조성이 될지 아직 불분명하고, 1,000억 달러 규모의 적정성도 회의적이다. 개발도상국은 턱없이 부족하다고 평가한다. 안정적인 재원 마련은 '2도' 목표, 적응, 손실 및 피해 보상을 위해서는 필수적인 조건이자, 글로벌 협력 수준의 시금석이 될 것이다. 손실 및 피해 보상에 관해서는 선진국은 분명한 언급을 하지 않고 있는 데 비해서, 개발도상국은 민감한 주제로 중요하게 다루고 있다. INDC를 제출한 국가들 중 40~70% 정도만 손실과 피해에 대해 언급하고 있으며, 또한 10~40% 국가들만 구체적인 피해액수를 언급하고 있다. 주로 개발도상국들이다.[87]

'2도' 목표를 위한 과정은 저탄소 사회로 전환하는 과정이기 때문에 수많은 갈등을 유발할 수 있다. 갈등을 조정하고 관리하는 권한은 각 당사국의 영역에 속하지만, UNFCCC의 업무 영역이기도 하다. UNFCCC는 갈등관리에 관한 주요한 원칙과 해결책을 아직 제시하지 못하고 있다. 저탄소 장기 발전전략을 제시하지만 그 전환에서 발생되는 갈등 조정과 해결책 마련에 소홀하다는 점이다. 물론 구체적인 해결 방안을 찾는 것은 각 당사국과 시민사회의 몫이다. 이 점에서 당사국의 INDC를 실행하려는 의지와 새로운 거버넌스 구축이 중요하고, 실행이 중요하다. 그리고 각 국가는 다음 INDC를 제출할 때는 더 진전된, 야심찬 계획을 제시할 수 있도록 자국의 기후 거버넌스를 강화해야 할 것이다. 2015년도에 제출한 INDC는 '2도' 목표를 지킬 수 없기 때문이다.

위의 문제점이나 한계점들은 다음 당사국 총회에서도 강화되어 반영되어야 한다. 국민국가는 국가적인 차원의 권위가 있는 '기후변화 관리위원회' 내지 특별 부처 같은 컨트롤 타워를 구축하여야 한다. 여기서 '2도' 목표를 위해 중·장기 저탄소 발전계획을 세우고, 실행의 로드맵과 매뉴얼을 제시하고, 시민들의 광범위한 참여를 이끌어낼 수 있는 민주적 거버넌스를 구축할 수 있어야 한다. 그리고 여기서 당사국이 분명히 지속가능한 발전으로 지향하는 것을 보여줄 수 있는 확실한 신호나 우선순위의 상징적인 사업을 시행할 필요가 있어 보인다. 화석에너지 발전소 폐기 같은 사업처럼.[88] 이런 국내적, 글로벌 노력들이 더디게 진행된다면 극단적인 기후변화가 우리의 등을 밀게 될 것이다. 최근 몇 년간의 연이은 캘리포니아의 대형 산불이나 중국과 한국의 미세먼지 등이 우리를 엄습하게 될 것이다. 2018년 현재 여름의 폭염은 전 지구촌을 강타하고 있다. 열파는 가히 기록적이며 생태계와 우리를 덮치고 있다.[89]

파리협정문의 총회 결정문의 전문에 해당하는 구절을 인용해 보면서 '2도'라는 목표의 궁극적 의미에 대해 돌이켜 보자.

기후변화는 시급하고 인류 사회와 지구행성에게 더 이상 돌이킬 수 없을 정도의 위협이 되는 점을 인정하면서, 기후변화에 대응을 시급히 할 필요성을 강조하면서, 기후변화는 인류 사회의 공동의 관심사로서, 당사국들은 인간의 권리에 대한 각자의 책임과 의무를 다해야 하며 인간의 권리, 건강과 안전에 대한 권리, 원주민, 지역 공동체, 이주자, 어린이, 사회취약계층의 권리들, 발전에 대한 권리, 양성평등, 여성의 참정권 및 세대 간의 공평성에 대하여 존중하며 촉진시켜야 한다. 개발도상국의 특별한 요구와 관심들을 충분히 인지하면서, 개발도상국에 대한 재정, 기술, 역량개발 등의 지원이 시급한 점을 충분히 인정한다. 또한 시민사회를 포함하여 사적 영역, 이해관계 당사자, 도시들, 지역공동체들 역시 당사국들과 함께 강하고 야심찬 기후행동을 동원하기 위해서 지역적, 글로벌 협력을 추진하는 데 충분히 동의한다.

'2도'의 목표는 이처럼 인류 사회의 새로운 목표가 되었고, 인류 사회가 나아가야 할 새로운 방향을 구체적으로 제시하고 있는 이정표 역할을 하고 있다.

당사국 총회의 주요한 쟁점사항 중 하나인 역량강화를 예로 들어 살펴보자. 총회 결정문 72항 이하와 협정문 11조에서 보았듯이 기후변화 대응에 필요한 역량강화는 '2도' 목표를 달성하는 데 매우 주요한 방식이다. 신 기후체제에 대한 전반적인 지식과 태도를 의미한다.[90] UNFCCC 협약문 제 6조에서도 국제 협력의 수준에서의 역량강화를 역설하고 있으며, 그 의미를 강조한다.[91]

> 기후변화에 대한 해결책은 우리 모두가 더욱 안전하고, 건강하며, 깨끗하고 번영하는 미래로 나아가는 경로이다. 이것을 바라보면서 무엇이 필요한지 알기 위해서, 모든 국가들이 교육, 훈련, 시민의 인식제고에 대해 분명하면서 지속적인 관심을 가져야 한다. 그리고 정부, 시민사회, 기업 등 사회의 모든 수준에서도 동일한 관심을 가져야 한다.[92]

역량강화는 사실상 개인, 시민사회, 국가를 아우르며, 글로벌 사회의 전반적인 영역에서 광범위한 약속을 요구하고 있는 것이다. '2도' 목표를 통하여 지속가능하지 않은 글로벌 사회의 새로운 전환을 위한 약속을. 이런 의미에서 '2도' 목표는 장 자크 루소의 21세기 판 글로벌 일반의지(general will)이자 인류의 보편적 의지라고 말할 수 있겠다.

우리는 시대적인 요청을 잘 알고 있다. 이산화탄소 배출량 최상위 그룹인 중국, 미국, 유럽연합, 인도 등이 얼마만큼 야심찬 계획을 설정하고 실행하는지에 '2도' 목표의 미래가 상당 부분 달려 있다. 미국 대통령 트럼프의 파리 신 기후체제 탈퇴 선언 등 반환경적 노선에도 불구하고 중국의 변함없는 기후변화 대응 실천의지는 높이 살만하다. 하지만 미국과 중국의 결정에 휘둘리지 않을 수 있는 글로벌 시민사회의 힘이 기후변화 이슈와 '2도' 목표의 지속적인 공론화를 통해서 강해져야 한다.

다행스럽게도 그러한 전망이 보인다. 트럼프 대통령이 파리 새로운 기후 체제에서 탈퇴를 선언함에도 불구하고, 글로벌 사회에서는 충격보다 연대의 목소리를 더 높이고 있다. 중국도 변함없는 의지를 피력하였고, 유럽연합도 선도적 역할을 할 것이라고 목소리를 높인다. 고무적인 반응은 미국 내에서도 들리고 있다. 캘리포니아, 워싱턴, 뉴욕 주 등은 2017년 "미국 기후 연맹"을 조직하였고, 그 이후 많은 주지사들이 동참하였다. 수많은 도시의 시장들도 호응하며 동참하고 있다. 미국 시민사회의 대응 역시 상당히 희망적이다. 애플, 구글, 마이크로 소프트 같은 미국의 유수 기업들이 파리협약을 지지한다는 의미로 "우리는 여전히 함께 한다(We Are Still In)"라는 새로운 이니셔티브를 출범시켰다. 2017년 뉴욕 전임 시장, 주지사, 시장, 기업, 대학, 투자자 등이 "미국의 맹세(America's Pledge)"라는 캠페인을 시작하였다. 미 연방정부 대신에 "미국의 맹세"가 INDC와 유사한 감축 계획안을, 미 연방정부가 부담할 기후 기금과 함께, 제출할 것이라고 하였다.[93] 미 연방정부만을 제외한 새로운 기후 거버넌스가 구축되고 있는 것일까? 시민사회와 분권화된 지역과 권력이 상당한 의지와 힘을 발휘하고 있어 매우 고무적이다.

2016년 예상보다 훨씬 빠르게 많은 당사국들이 비준함으로써 2020년 보다 무려 4년 앞당겨서 2016년 사실상 파리 신 기후체제가 시작한 것이나 다름없다. '파리협정 특별작업반(Ad Hoc Working Group on the Paris agreement)'을 신설, 신기후체제 실행을 위한 기술적 논의가 진행되고 있다. 구체적으로 협정문에 포함된 주요 요소(감축, 적응, 투명성, 재원, 기술이전, 능력배양 등)의 실행지침 관련 논의가 본격화될 것으로 보인다. 또한 모든 국가가 장기 저탄소 개발 전략을 마련하고, 이를 2020년까지 제출할 것이다.

자그마한 희망은 우리가 만들고 있다. 오존층이 다시 살아나고 있다는 낭보이다. 오존층의 회복조짐은 지난 1987년, 문제의 심각성을 깨달은 국제사회가 오존층 파괴의 주범인 프레온 가스 줄이기에 힘쓴 덕분이다. 전문가들은 원상복구까지 엄청난 시간이 걸릴 거라고 전망했지만, 2050년 정도 되면, 1980년대 수준은 회복할 수 있다고 한다.[94]

4. 유엔의 새로운 목표 체계: 지속가능한 발전 목표

기후변화는 지속가능한 발전 목표의 한 부분이지만 핵심 분야이다. 지속가능한 발전 목표와는 매우 밀접한 연관성을 가지고 상호의존하면서 동시에 진행되어야 한다. 지속가능한 발전 목표의 구성, 특성, 그리고 기후변화와의 관계에 대해 살펴보자.

유엔은 전 세계가 2015~2030년 기간 동안 추구해야 할 목표로서 "유엔의 지속가능한 발전 목표(UN SDG, Sustainable Developmet Goals)"를 2015년 당사국들의 압도적인 동의하에 전 세계에 공포하였다. 동 목표는 유엔의 문건 「우리 세계의 전환: 지속가능한 발전을 위한 의제(2030 Transforming our world: The 2030 Agenda for sustainable development)」로 제출되었다. 지속가능한 발전 목표 내용과 방식을 17개의 목표와 이와 관련된 169개의 대상과 대책으로 알기 쉽게 집약하여 제시하였다.

17개의 목표를 살펴보면 빈곤퇴치, 기아퇴치, 식량안보 및 지속가능한 농업촉진, 건강과 행복 증진, 공평한 수준의 교육 및 평생 학습기회 보장, 사회적 양성 평등 및 여성지위 향상 보장, 물과 위생시설에 대한 이용 및 지속가능한 관리의 보장, 적절하고 지속가능한 에너지원 접근 보장, 사회 통합적이며 지속가능한 경제적 성장 및 괜찮은 일자리 보장, 복원력 있는 인프라 구축 및 지속가능한 산업화와 혁신, 국내와 국가 간의 불평등 완화, 안전하고 지속가능한 도시와 인간 거주지 조성, 지속가능한 소비와 생산형태 보장, 기후변화 대응을 위한 긴급 행동 촉구, 지속가능한 발전을 위한 해양, 대양 및 수자원의 보호 및 지속가능한 이용, 육상생태계의 보호, 복원 및 지속가능한 사용의 촉진(산림관리, 사막화방지, 토양 및 생물다양성손실 방지), 지속가능한 발전을 위한 평화적이며 사회통합적 사회의 촉진(정의롭고 신뢰할 수 있는 모든 층위에서의 제도 보장), 이행수단의 강화 및 지속가능한 발전을 위한 글로벌 파트너십의 재활성화이다.[95]

UN SDG는 전문에서 17개의 목표와 169개의 대상은 분리될 수 없이 서로 연계되어 있고, 지속가능한 발전의 세 가지 차원의—경제, 사회, 환경의 차원—균형 발전을 추구한다는 점을 분명하게 밝힌다. 이어서 이 목표와 대상들은 인간과 지구행성에 차후 15년 동안 결정적으로 중요한 영향을 미칠 것이라는 점도 강조하면서, 기후변화에 대한 시급한 행동을 취할 것을 주문하고, 빈곤한 자와 사회적 취약계층의 필요에 특히 관심을 기울이면서 전 지구적 연대와 참여, 협력체계(Governance)를 구축할 것을 강조하였다.[96]

UN SDG는 선언문에서 이 목표는 그 범위와 중요성에 있어서 전대미문의 의제이고, 모든 국가에 공동으로 적용되나, 각 국가의 능력과 여건에 따라서 수행되어야 하는 인류 보편적 목표이자 대상이라고 강조한다. 이 목표가 추구하는 기본 이념과 성격은 현 시대의 위험한 세계를—거대한 경제사회적 위험의 시대이자 기후변화와 같은 환경적 위험의 시대에 살고 있으며, 많은 사회와 지구 생태계 지원체계의 생존자체가 위험에 처해 있는 세계—전환하기 위한 최고의 야심차고 혁신적인 비전이라고 밝힌다. 신체적, 정신적 건강, 사회적 보호, 질 높은 교육에 누구나 보편적으로 접근을 할 수 있는 세계로의 전환을 추구한다. 안전한 물과 위생시설을 누릴 수 있고, 충분한 식량도 얻을 수 있으며, 주거가 안전하며, 에너지 사용이 안정적이며 지속가능한 세계로의 전환을 추구하고자 하는 것이다.

지속가능한 발전의 목표와, 기본 이념, 성격은 살펴본 것처럼 기후변화 대응의 그것과 대동소이하다. UN SDG는 UNFCCC의 기후변화 대응을 위한 노력에 공감하면서, 기후변화의 위험에 단호하게 대응할 것을 약속하며, 특히 '2도' 목표 달성을 위한 각별한 노력을 주문하였다. 또한 목표의 이행수단 역시 거의 동일하다. 개발도상국에 대한 재정과 기술개발 및 이전을 지원하고, 역량강화와 행동과 지원의 투명성을 제고할 수 있도록 협력하는 글로벌 협력체계를 구축하도록 강조하였다.[97] UNFCCC 파리협정 역시 제2조 1항에서 지속가능한 발전과 빈곤퇴치의 노력이라는 맥락에서 기후변화 위험에 대한 전 지구적 대응을 강화하고자 하며, '2도' 목표를 달성하고자 노력하기로 약속하였다.[98] 목표 설정이나 시행 방식의 구체성을 확보하기 위해서, 그리고 객관적으로 검증하고 평가할 수 있도록, 양대 기관은 측정 가능한 지표나 정량화가 되도록 권고하고 있는 점도 동일하다. 예를 들면, 선진국의 공적 개발원조를 국내총생산의 0.7%까지 제공해야 한다는 점을 명시하였다.

차이점을 굳이 들자면 UNFCCC는 2100년까지 지구 평균기온을 '2도' 이내로 억제하고, 2050년도까지 온실가스 배출량을 감축하도록 구체적인 목표를 제시하고 달성하고자 한다. 반면에 UN SDG는 2030년까지의 기한으로 작동되는 메커니즘으로 다양한 구체적인 대상이나 세부적인 목표치를 제시하고 있다. UN SDG는 그 범위가 매우 광범위하여 기후변화 대응의 영역인 기후변화 완화와—특히 '2도' 목표—적응의 범위를 훨씬 넘어선다. 하지만 그 핵심영역에는 기후변화 대응이 자리 잡고 있다. 기후변화 대응의 성공 없이는 생태계의 피해는 더 커지고, 지속가능성은 더 어려워질 것이다. UNFCCC의 기후변화 대응, '2도' 목표의 성공적인 과정은 지속가능성을 확장할 것이며, UN SDG의 성공적인 과정은 '2도' 대응에 전반적이면서도 기초적인 지원을 보태줄 것이다. 빙하 생태계가 녹으면 녹을수록, 다른 생태계도 지속가능하지 않게 되고 '2도' 목표는 더욱 어려워질 것이다. '2도' 목표가 성공적인 과정을 거치게 되면 해양생태계의 피해를 줄일 수 있게 되고 빙하의 해빙 속도도 늦출 수 있을 것이다.

IPCC는 기후변화에 관련한 태도와 원칙들에 대하여 아래처럼 적절하게 언급한다.

지속가능한 발전과 사회통합성은 기후정책을 평가하는 데 기초를 제공하며 기후변화의 위험에 대응하는데 무엇이 필요한지를 분명히 말해준다. 기후변화의 영향을 줄이는 것은 빈곤퇴치를 포함하여 지속가능한 발전과 사회통합성을 성취하는데 필수적이다. 따라서 기후정책에 대한 포괄적인 평가는 기후변화 완화와 적응의 측면만을 넘어서서 지속가능한 발전의 경로에 합당한지를 판단하는 좀 더 광범위한 차원에서 해야 한다.[99]

'2도' 목표와 지속가능한 발전 목표라는 인류 최대의 과제는 이처럼 상호 연계되어 있고 상호 선 순환적 역할을 하고 있다.

유엔총회 산하의 공개 작업팀이, 2014년에 17개의 지속가능한 발전 목표와 연관된 169개의 대상을 발굴해내는 사전 작업을 하였다.[100] 이들은 결론적으로 "지속가능한 발전 목표"체제로의 전환을 21세기 이 시대의 대명제로 자리매김하였다.

2015년은 세계의 지도자들과 인류에게 빈곤을 퇴치하고, 자연환경을 보호하고 평화를 보장하면서 인간의 권리를 실현하는 것과 동시에 인간의 요구와 경제적 전환의 필요성을 더 잘 해결할 수 사회를 만들 수 있는 전무후무한 기회를 제공하고 있다. (…) 전환은 우리 시대의 구호이다. 이 역사적 순간에 우리는 용기를 가지고 나아가고 실천하라는 소명을 받았다. 변화를 포용하라는 시대적 요청을 받고 있다. 사회를 변화시키고, 우리 경제를 변화시키고, 유일무이한 지구와의 관계를 변화시키라는 시대적 요청을 받고 있다.[101]

본질적 가치의 구현과 지속가능한 발전의 목표를 이루는 데 필수적인 대원칙을 다음과 같이 요약한다. 보편적 원칙으로 모든 사람이 모든 국가에서 준수해야 한다는 점이다. 지속가능성을 모든 행위나 결정에 의식적으로 연계시켜야 하며, 어떤 경제 사회적 그룹도 소외되어서는 안 된다는 원칙이다. 특히 기후변화 관련자들에게 요청해야 하며, 모든 가용할 수 있는 신뢰할 수 있는 데이터, 자료 및 증거를 공유할 것이며, 모든 이해당사자가 참여하여 글로벌 협력을 확장시키는 것이다. 무엇보다도 전 지구적 연대 속에서 각 국가의 능력 안에서 기여할 수 있는 새로운 방식의 새로운 약속을 구축하는 것이다.[102]

UNFCCC 파리협정에서와 마찬가지로 UN SDG 역시 글로벌 시민사회의 자발적인 참여를 강조하면서, 동시에 높이 평가하고 있다. 자원봉사와 자발적 활동을 통해서 기후변화 대응과 사회 복지 증진을 확장하여 지구촌의 지속가능성과 공감대를 위해 노력하는 글로벌 시민단체 "국제위러브유 운동본부(Int'l WeLoveU Foundation)"는 21세기 시대정신을 모범적으로 실천하는 예로 들 수 있다. 지구촌의 인간의 생명, 자연 생태계(Mother Nature)의 생명, 지구행성(Mother Earth)[103]을 어머니의 마음으로 살리는 것을 지향하고 있다. 아무도 뒤처지지 않도록(No one left behind),[104] 끝없이 배려하는 어머니의 마음으로 지구촌에 희망과 사랑을 전하고자 한다. '글로벌하게 생각하고, 지역에 맞게 실천'하는 원칙을 견지하면서 세계 곳곳에 위치한 소규모 지부의 자원봉사자들이 각자의 재능과 노력을 기부하여 활동이 지속적으로 확대되고 있다. 인종, 종교, 성별, 국가를 넘어서서 모든 남녀노소가 참여하여 지속가능한 글로벌 네트워크를 구성하고 있다.[105]

자원봉사에 바탕을 둔 시민단체는 현 주민들과 면대면 만남을 통해 연대감을 얻기에 좋은 점이 많다. 특히 기후변화에 관한 교육 및 정보 전달, 마을의 환경 정화 운동, 나무심기나 물펌프 설치, 기후재난 복구사업 등 기후변화 적응에는 봉사자들의 작지만, 다양한 재능을 모으면 큰 기여를 할 수 있다. 개발도상국들은 기후변화 적응문제가 '2도' 목표보다 어쩌면 더 시급하지 않은가! 시민단체의 적극적인 참여는, 특히 기후변화 적응 분야에 대한 참여는 '2도' 목표가 소홀히 할 수 있는 부분을 보완해주면서, 동시에 지속가능한 발전의 지평선을 훨씬 확장시켜줄 것이다.

5장

2도 목표를 위한 인류사회의
노력과 궁극적 함의

5장

'2도' 목표를 위한 인류사회의 노력과 궁극적 함의

'2도' 목표는 21세기 글로벌 사회의 새로운 목표이자 이정표가 되었다. 2015년 유엔기후변화협약 파리협정에서 확인할 수 있었다. 또한 21세기 글로벌 시민들이 지속가능하지 않은 사회에서 지속가능하고 안전한 글로벌 사회로 전환하고자 하는 보편적이며, 공통의 일반의지로서 '2도' 목표를 공포한 것이다. 파리협정의 총회 결정문의 전문에서 '2도'라는 목표의 궁극적 의미를 찾을 수 있었다.

글로벌 기후변화에 관한 연방독일정부 자문위원회(WBGU)는 2011년 『전환하고 있는 세계. 하나의 대전환을 위한 사회계약』을 발간하였다. 동 위원회도 '2도' 목표를 달성하기 위한 기후변화 대응과 지속가능한 발전을 위한 인류의 노력을 새로운 글로벌 사회계약이라는 개념으로 파악하고자 하였다.

기후 친화적이며 지속가능한 세계경제질서를 위한 새로운 글로벌 사회계약에 관한 것이다. 중심적인 이념은 개인, 시민사회, 국가,

국가연합들, 그리고 경제와 학문 영역 모두가 집단적 책임을 진다는 것이다. 위험한 기후변화와 지구행성의 한 부분인 인류사회의 다른 위험으로부터 피할 수 있도록 집단적 책임을 진다는 의미이다. 새로운 사회계약은 환경적 책임으로부터 파생된 배려의 문화, 민주적 책임으로부터 파생된 참여의 문화, 미래의 책임으로부터 파생된 미래 세대에 대한 의무의 문화를 결합하는 것이다.[1]

UN의 지속가능한 발전 목표에서도 동일한 보편적 일반의지를 찾을 수 있었다.

기후변화는 이 시대의 가장 커다란 도전 중의 하나이다. 그것의 악 영향은 지속가능한 발전을 성취하는 능력을 잠식한다. (⋯) UNFCCC의 파리 당사국 총회에 기대를 걸면서 모든 국가들이 야심차고 보편적인 기후 협정을 만드는 데 모든 국가의 약속을 강조하고자 한다.[2]

최근 2017년 유엔경제사회이사회(UN Department of Economics and Social Affairs)는 "지속가능한 발전 목표—하나의 새로운 사회계약"이라는 하나의 UN SDG 홍보 프로그램을 시행하였다. 이 프로그램의 진행자이자 유엔사무총장 보좌관 가쓰(Gass)는 이렇게 말한다.

지속가능한 발전 목표 2030 의제는 매우 광범위하고, 매우 야심찬 목표이기 때문에 모두가 협력해서 시행해야 한다. 따라서 새로운 사회계약을 필요로 한다. 이는 지도자의 국민에 대한 책임을 바탕

에 둔 사회적 약속이며, 따라서 국민은 그것에 대해 알 필요가 있는 새로운 약속이다.[3]

지속가능한 발전을 위해 새로운 사회계약이 필요하다는 한 유엔 관료의 말은 이제는 전혀 낯설지 않다.

'2도' 목표는 인류 모두가 가야 될 이정표이자 길이다. '필연에 대한 통찰이 진정한 자유'라고 갈파한 19세기 한 철학자의 압축된 개념이 떠오른다. 가야 할 길이라면 인간은 결국은 공감하고 통찰할 수 있을 것이다. 그런 의미에서 '2도'는 인류의 진정한 자유의사에 기초한 보편적 일반의지라고 할 수 있다. 21세기의 글로벌 신 사회 체계를 향하여 보편적인 자유의지에 의해 굳게 약속할 때이다. 철학자 헤겔의 표현을 빌려보면, '2도'는 글로벌 인류사회의 21세기 '시대정신'이라 할 수 있겠다. 자연과학자 록스트롬은 '2도' 목표를 포함하여 '지구생태계 부양의 한계선'을 넘지 않아야 비로소 장기적인 발전을 할 수 있는 자유를 누릴 수 있다고 역설하고 있다.

프랑스 마크롱 대통령은 좀 더 전진된 계획을 밝혔다. 인간의 환경권을 인권의 차원에서 보호하려는 새 유엔 규약 제정에 적극적인 역할을 하기로 약속했다. 전 지구적 계획을 갖고 파리기후협정 이후의 새로운 단계로 나아가고자 한다. 유엔 기후변화협약 당사국 총회 의장을 역임한 파비우스 프랑스 전 총리는 환경권의 새 규약에 권리와 의무를 모두 담고, 위반 시 불이익을 받는 규정을 두겠다면서, "오염자부담 원칙"을 명시해 당사국에 친환경 법률 제정을 강제하는 방안을 담겠다고 밝히기도 하였다.

새로운 환경권 규약은 강제성을 얻게 될 것이다. 규약 초안에는 기후변화·해양·생물 다양성·보건과 관련한 다양한 권리와 의무 조항이 담길 예정이다.[4] 이미 새로운 사회계약은 새로운 보편적인 국제법으로, 새로운 보편적 국제질서로 한 걸음 더 나아가고 있다.

인류 역사는 전진만 하지는 않았다. 붕괴도 하고 부흥하기도 하였다. '과거의 위대한 문명사회가 몰락한 원인은 무엇이고, 우리는 그들의 운명에서 무엇을 배울 것인가?'는 방대하고 오래된 주제이다. 재레드 다이아몬드(Jared Diamond)는 문명사회의 붕괴 요인 다섯 가지 중 환경문제에 대한 사회의 대응은 매우 중요한 의미를 갖는다고 문명사적인 하나의 결론을 도출한다. 우리가 실패하지 않고 성공적으로 대응하려면 어떤 선택을 해야 할까? 라는 근본적인 질문에 두 가지 선택이 중요하다고 대답한다. 하나는 장기적인 계획이고, 다른 하나는 핵심 가치를 재고하려는 의지이다.

> 장기적인 계획의 선택에는 장기적으로 환경정책을 시행하려는 용기가 필요하다. (…) 과거에서 얻는 또 다른 교훈은 핵심적인 가치관까지 포기하는 고통스런 결정이다. 여기에는 큰 용기가 필요하다.[5]

'2도' 목표는 산업혁명 이후의 핵심 가치인 개발과 경제 성장과의 결별이며, 경제 성장, 환경보호와 사회통합성이 동반하는 지속가능한 발전을 지향하는 새로운 가치로의 전환이다. '2도' 목표는 단기적인 이익을 추구하기보다, 미래세대를 포함한 장기적인 공공 이익을 추구한다. 지구 생태계와 글로벌 인류 사회의 안전과 지속가능한 번영을 추구한다.

화석에너지 시대의 낡은 이익과 관습에 매달리는 세력들의 저항을 물리칠 수 있는 큰 용기를 '2도' 목표는 필요로 하고 있다. 재생에너지 시대로의 전환을 위해서. 소통하며 상호 공존하는 새로운 기후 거버넌스를 위해서.

그림과 도표

주

1장

1) UNFCCC, *Adoption of the Paris Agreement*, 2015, 2쪽, 22쪽 참조, https://unfccc.int/resource/docs/2015/cop21/eng/l09r01.pdf 참조.

2) 비준 발효의 요건은 55개국이 비준하고 동시에 비준한 국가들의 온실가스 배출량이 전 세계 배출량의 55% 이상일 경우에 충족된다. 2018년 7월 현재 197개 참가국 중 179개 국가가 비준하였다.

3) UN General Assembly, *Transforming our world: The 2030 Agenda for sustainable development*, 2015, http://www.un.org/ga/search/view_doc.asp?symbol=A/RES/70/1&Lang=E 참조.

4) 동 그룹은 세계기상학기구, 세계과학이사회, 유엔환경계획의 자문그룹이다. C. Jaeger, J. Jaeger, "Warum zwei Grad?", Aus Politik und Zeitgeschichte, 32‐33/2010, 2010, 7~15쪽, http://www.bpb.de/apuz/32582/warum-zwei-grad?p=all 참조.

5) 앞의 논문 참조. Schellnhuber에 의하면 최근의 간빙기는 기원전 12만 5천 년 전에서 11만 5천 년 전까지 지속되었고, 그 후 빙하기가 시작되어 기원전 1만 년 전에 마치게 되었다.

6) Europaeische Gemeinschaft, *Climate Change—Council Conclusions 8518/96* (Presse 188-G) 25/26.6, 1996.

7) 마크 라이너스, 이한중 역, 『6도의 악몽』, 세종서적, 2008년, 153쪽 이하 참조. 이산화탄소 농도의 증가로 숲의 식물들이 기공을 조금만 열어도 광합성 작용이 가능함으로써 수증기가 덜 배출되어 강수량이 줄어들고, 결국에는 가뭄으로 붕괴한다는 역설에 대한 설명이다. 더욱이 피드백 고리(되먹임 현상)로 인해 열대우림의 토양이 따뜻해져서 녹으면 세균의 활동이 왕성해지면서 이산화탄소를 대기 중으로 더 배출하게 되어 위의 연쇄효과가 더욱 가속화된다.

8) IPCC, *Climate Change 2007: Synthesis Report*, 48~52쪽 참조. https://www.ipcc.ch/pdf/assessment-report/ar4/syr/ar4_syr_full_report.pdf 참조.

9) STERN REVIEW: The Economics of Climate Change, V쪽 참조, http://www.wwf.se/source.php/1169157/Stern%20Report_Exec%20Summary.pdf 참조.

10) IPCC, *Climate Change 2007—Synthesis Report*, 66쪽 이하 참조.

11) 여기서 '저탄소 경제로의 이행'의 의미는 450~550ppm CO_2-eq 수준으로의 안정화를 뜻한다. 550ppm 수준에서의 안정화를 위해서는, 전 지구적 배출량이 향후 10~20년 이후에 피크에 도달하고, 그 후 연간 1~3% 이상 감소하며, 2050년까지 현재 수준(2000년)보다 25% 감축되어야 달성될 수 있다. 물론 450ppm 수준에서의 안정화는 2050년까지 70% 감축을 이루어야 한다. 이 범위 내에서 배출량이 감축되는 '저탄소 경제로의 이행'으로 이해할 수 있다. 2005년 현재보다 더 많이 배출이 된다면, 2035년도에는 550ppm CO_2-eq를 넘어서게 되고 결국 '2도'를 넘게 될 것이다. 「스턴보고서」 요약본의 3쪽, 11쪽 이하 참조.

12) 「스턴보고서」의 명쾌하면서도 단순한 결론이 바로 이것이다: 강력한, 조기 행동의 편익이 비용을 상당히 능가한다. (…) 효과적인 행동을 빨리 취할수록, 비용은 적게 든다. (…) 오늘날 우리가 저감을 적게 할수록, 미래에 계속 적응하는 것은 더욱 어려워진다. 동 보고서 요약본 2쪽 참조.

13) 채여라, 「우리나라 기후변화의 경제학적 분석」, 2011. 동 연구에 따르면 한국의 경우 기후변화에 대해 아무런 행동을 취하지 않을 경우 2100년도에는 섭씨 4도 이상의 기온상승이 전망되고, 이에 따른 연도별 경제적 피해는 2100년 경우 GDP의 약 3%에 달하며 2100년도까지 누적 피해비용은 약 2,800조 원으로 추정하였다. 산림, 연안, 수자원, 식량, 건강 등의 부문별 피해를 합산한 결과이다. 물론 경제적 피해비용은 선진국들의 평가방법보다는 보수적이어서 더 늘어날 확률이 높다. 이 연구에 의하면, 아무런 행동을 취하지 않고 단지 약 300조 원 투자비용을 들여 적응조치만 하더라도 누적 피해비용을 800조 원 이상 감소시킬 수 있다고 한다. 그리고 적응정책의 실행 시기가 빠를수록 비용대비 피해 감소효과가 크다는 잠정적 결론도 도출하고 있다.

14) WBGU, *Welt im Wandel. Gesellschaftsvertrag fuer eine Grosse Transformation*, Berlin, 2011, 40쪽 참조.

15) 영국은 2008년 기후변화법(*Climate Change Act 2008*)을 제정하여 법적 구속력이 있는 목표를 명문화한다. 주된 내용과 목적을 열거해보면, 1) 2050년까지 영국 내·외 활동을 통해 온실가스 배출량을 1990년 대비 80% 감축하며 이산화탄소 배출을 2020년까지 최소한 26% 저감해야 한다. 2) 탄소예산시스템(A carbon budgeting system)을 도입하여 2050년까지 배출 경로를 설정한다. 이를 위해 5년 단위의 배출량 상한선과 2050년까지의 3개 기간(15년)에 대한 탄소예산을 설정한다. 정부는 탄소예산을 수립한 후 가능한 조속히 이를 달성하기 위해 실행 가능한 정책과 제안을 국회에 보고해야 한다. 3) 기후변화위원회를 설립한다. 이 위원회는 탄소예산의 수준과 비용효율적인 절감방안에 대해 정부에 제언할 수 있는 독립적이고 전문적인 위원회이다. 위원회

는 매년 영국의 목표 달성과 정부가 시행하는 예산에 대한 '연간 보고서'를 국
회에 제출하여 투명성과 책임소재를 확보하도록 한다. 영국 에너지기후변화
부(DECC)의 "Memorandum to the Energy and Climate Change Committee Post-
legislative Scrutiny of the Climate Change Act 2008", 2013 참조.

16) 유럽연합은 타 선진국과 중진국이 함께 노력하는 것을 전제로 하는 조건부
30% 감축을, 이와 독립적으로는 20% 감축을 목표로 정하였다. EU, *Decision
No 406/2009/EC of the European Parliament and of the Council of 23 April
2009 on the effort of Member States to reduce their greenhouse gas emissions
to meet the Community's greenhouse gas emission reduction commitments up
to 2020*, 2009, 136~137쪽 참조, http://eur-lex.europa.eu/legal-content/EN/
TXT/?uri=CELEX:32009D0406 참조.

17) 2007년도 유럽이사회와 유럽의회에서 논의되고 확정된 안건이 비로소 2009
년 법제화가 된다. EU, *Decision No 406/2009/EC of the European Parliament
and of the Council of 23 April 2009 on the effort of Member States to reduce
their greenhouse gas emissions to meet the Community's greenhouse gas emission
reduction commitments up to 2020*, 2009, http://eur-lex.europa.eu/legal-
content/EN/TXT/PDF/?uri=CELEX:32009D0406&from=EN(PDF 파일) 참
조. 2018년 1월 28일 검색.

18) Rockstroem, "A safe operating space for humanity", 2009, 472쪽 이하 참조. 그
림2 참조. 그와 함께 많은 학자들은 지구체계 과정과 한계점을 규정하고자
노력하여 9개 차원의 한계점을 제안하였다. 기후변화, 생물 다양성 상실, 질
소·인의 순환체계의 장애, 오존층 붕괴, 해양의 산성화, 글로벌 담수 이용량,
토지 이용 변화, 생화학적 오염, 대기 에어로졸 축적이다. 이러한 한계들을 정
량화하여 수치로써 제시한 것은 최초의 새로운 접근방식으로 매우 큰 함의
가 있다. 우리의 실천과 행동반경을 과학적으로 제시해주기 때문이다. 이 수
치들은 보수적인 접근으로 제시되었는데, 불확실성이 크기 때문이다. 예를 들
면 기후변화의 한계점을 이산화탄소농도 350ppm.v로 제시하는데, 이 범위 내
에서 지구 평균기온 2도 상승까지 억제할 수 있다고 평가하기 때문이다. 이들
학자들의 평가에 의하면 이산화탄소 농도가 550ppm.v(산업혁명 이전의 2배)
에 달하면 지구평균온도는 약 3도 상승하고(불확실성을 포함하면 2도~4.5도
상승) 여기에 장기적인 강화성 되먹임 과정을 포함하면 6도까지 상승(불확실
성을 포함하면 4~8도 상승)할 수 있다고 본다. 이들의 평가에 의하면 9개 한
계점 중에 이미 앞의 세 가지는 그 한계치를 넘어섰다고 한다. 해양의 산성화
수준도 거의 한계점에 도달하고 있으며, 인의 해양 유입량의 수준도 위험 수
위에 다다랐다고 평가한다.

19) 하지만 이 한계점을 준수한다고 하더라도 환경적 피해나 사회경제적 재난이 없어진다는 의미는 아니다. 왜냐하면 모든 한계점을 다 고려할 수 없기 때문이다. 더욱이 전 지구적 환경변화에 대한 우리의 지식이 제한적이고 오판도 충분히 가능하기 때문이다. 이런 의미에서 한계점의 준수는 지속가능한 발전을 위해 필수적이나 충분조건은 아니다. 또한 이는 엄격한 한계선을 의미하지는 않는다. 한계점을 제시하고 준수하는 것은 유용한 방향을 제시하는 이점이 있다. 그리고 한계점은 때에 따라 적시에 변경될 수 있어야 한다. 그리고 인류가 공통으로 따라야 될 행동규범으로 제시하는 역할도 하는 것이다. WBGU, 2011, 34쪽 참조. 아주 최근 스위스 베른대학 연구팀은 "과거 온난화 시기를 검토한 결과, 온난화를 증폭시키는 많은 메커니즘이 현재의 기후모델에는 빈약하게 반영돼 장기적으로 지구 기온이 예측된 것보다 더 많이 상승할 것으로 나타났다. 1.5도 상승만으로도 지구 시스템에 미치는 충격은 막대하다"라는 경고를 하였다. 이 같은 새로운 과학적 관측 결과들은 새로운 한계선을 정하는 데 참고 자료가 될 수 있다. 〈에너지 경제신문〉, 2018년 7월 9일 참조, http://www.ekn.kr/news/article.html?no=372966 참조; 예거(Jaeger)는 '2도'는 중심점으로서 준거점을 가지는 것으로 파악한다. 마치 도심 내에서 주행속도를 50킬로미터로 제한하는 것과 비슷한 논리이다. 30킬로미터는 너무 느리고, 70킬로미터는 위험해지는데, 50킬로미터는 과학적으로 정확한 것은 아니지만 위험을 최소화시키면서 교통흐름을 방해하지 않는 적절한 수준이기 때문에 받아들이기에 타당성이 있다는 점이다. 이처럼 1도 상승 억제 목표는 현실적으로 달성 가능하지 않고 시간이 촉박하다는 측면이 있으며, '5도' 목표 설정은 70킬로미터 제한 속도처럼 너무 위험하다는 측면이 있다는 점이다. C. Jaeger, J. Jaeger, "Warum zwei Grad?", 2010, 1~15쪽 참조.

20) Rockstroem, 앞의 논문, 475쪽 참조.

21) 마크 라이너스, 『6도의 악몽』, 2008, 91, 99쪽, 153~155쪽 참조.

22) 〈조선일보〉, 2016년 9월 30일 자.

23) IPCC, Climate Change 2007: Synthesis Report, 2007 참조.

24) 팀 플래너리, 이충호 역, 『지구 온난화 이야기』, 지식의풍경, 2007, 35~46쪽 이하 참조.

25) 존 케리 전 미국 국무장관은 기후변화를 테러리즘이나 핵무기 확산과 마찬가지로 국경에 상관없이 영향을 미치는 안보 위협이라면서 "가장 무서운 대량살상무기(WMD)"라고 말한 바 있다. 「기후변화, 가장 무서운 대량 살상무기」, 〈경향신문〉, 2014년 2월 17일 자.

26) https://sustainabledevelopment.un.org/ 참조. 2018년 5월 27일 검색.

27) 지구온난화의 주범으로 이산화탄소를 규명한 점은 자연과학자의 큰 공로이

다. 줄여 말하면 이들의 업적이 없었다면 기후변화의 수준, 피해 수준, 원인 및 경로, 결과, 자연생태계의 복원 등에 대해서 인류 사회는 적절한 대응을 하는 데 큰 어려움을 겪었을 것이다.

28) D. Held (ed), *The Governance of climate change*, Cambrige: Polity Press, 2011, 1쪽 이하 참조.

29) 앞의 책, 5쪽 이하.

30) WBGU, *Welt im Wandel. Gesellschaftsvertrag fuer eine Grosse Transformation*, 2011, 35쪽에서 인용.

31) 경제위기가 시간이 지나면 자동적으로 해결될 수 있다고 주장하는 자유 시장 경제 학파들과 국가의 개입 없이는 더 심각한 위기로 치달을 수 있고 장기화될 수 있다는 케인즈 학파와는 아직도 논쟁 중이다.

32) 독일의 경우 1990년대 기후변화 대응의 초기부터 기후변화 대응의 과제를 새로운 발전과 도약의 기회로 삼아 "생태적 현대화"라는 국가 발전 전략으로 지속적으로 추진하였다. 본서의 4장 1.2절 참조.

33) 마크 마슬린, 『기후변화의 정치경제학』, 한겨레출판사, 2010, 6~7쪽 참조.

34) 동 보고서는 일명 「브룬트란트 보고서」라고 불리기도 하며, 경제, 환경, 그리고 사회의 발전의 세 가지 핵심요소를 아우르는 균형적인 발전을 지속 가능한 발전의 개념으로 최초로 제시하였다. WCED(World Commission on Environment and Development), *Our Commen Future*, 1987, 1~10쪽 참조.

35) 오존층의 균열에 대한 연구로 노벨화학상을 수상한 크뤼천은 이미 새로운 지질 시대가 시작되었음을 인식하고, 우리 (인류)종의 이름을 따 그것을 인류세(Anthropocene)라고 명명했다. 인류세가 시작된 시점은 산업혁명 이후 대규모로 사용된 화석연료가 이산화탄소와 메탄을 배출하여 지구 기후에 영향을 끼치기 시작한 1800년으로 잡았다. P. Crutzen, E. Stoermer, "The Anthropocene", *Global Change News letter*, vol. 41(2000), pp.17~18.

36) 장 자크 루소, 이재형 옮김, 「사회계약에 관하여」, 『사회계약론』, 문예출판사, 2013, 26쪽.

37) Rockstroem et. al., "A safe operating space for humanity", *Nature*, 2009, 475쪽 참조.

2장

1) 화석연료를 직접 사용하던 방식에서 전력으로 전환(대체)할 수 있는 영역에는 재생에너지로 생산된 전기에너지를 활용할 수 있게 된다. 예를 들어 자동

차의 내부 연소엔진은 전기모터로 교체될 수 있고, 주택건물의 냉·난방을 전기 히터펌프 시스템으로 교체할 수 있게 됨으로써 온실가스 감축에 크게 기여할 수 있다. 제프리 삭스, 홍성완 옮김, 『지속가능한 발전의 시대』, 2015, 459~465쪽 참조.

2) 앞의 책, 459쪽 이하 참조.

3) IPCC, *Climate Change 2007: Synthesis Report*, 2007, 66쪽 이하 참조.

4) WBGU, *Welt im Wandel. Gesellschaftsvertrag fuer eine Grosse Transformation*, Berlin 2011, 40쪽 이하 참조. 2015, 2020년 피크 시나리오에 따라서 시행했을 경우에 2050년도에는 이산화탄소 배출량이 제로에 다다르고, 2011년 피크 시나리오에 따르면 50억 톤 미만에 다다른다. 그리고 '2도' 목표 달성의 확률을 75% 정도로 더 높일 경우는 허용되는 이산화탄소 배출량은 7,500억 톤이 아니라, 5,600~6,000억 톤가량으로 대폭 줄어든다.

5) 이 점은 1992년 유엔 리우 정상회의에서 합의된 *Agenda 21*의 27개 원칙 중 7번째 원칙 "각 국가는 공동의, 그러나 차별적인 책임을 가진다."에서 고려되고 있다. 그리고 파리협정의 2조 2항에서도 명문화하였다.

6) 영국은 2008년에 2050년까지 온실가스 배출량을 1990년 대비 80%까지 감축하려는 목표를 세우고 "탄소예산시스템"을 도입하여 2050년까지의 배출경로를 설정한다. 동 목표를 달성하기 위한 제반 사항을 "기후변화법, climate change act 2008"을 제정함으로써 법제화한다. 또한 이 모든 것을 관할하고 조정하기 위한 새로운 정부부처로서 "에너지기후변화부(Department of Energy and Climate Change, DECC)"를 2008년 창설한다. DECC, "Memorandum to the Energy and climate change Committee Post-legislative Scrutiny of the Climate Change Act 2008", 2013 참조. 독일의 경우는 1990년 독일연방환경부 산하에 온실가스 감축목표를 기획하고 조정하는 컨트롤 타워로서 "독일연방부처간워킹그룹, 이산화탄소감축, Interministerielle Arbeitsgruppe, CO$_2$-Reduktion(IMA)"을 설립한다. IMA는 독일연방정부 부처 간의 워킹그룹들을 관할하면서 연방정부 부처 간의 이해관계를 조율할 뿐만 아니라 시민사회와의 소통과 협의를 주관한다. 본서 4장 1.2절 참조.

7) M. P. Todaro, *Economic Development*, Massachusetts: Addison-Wesley Reading, 1997, 343~344쪽 참조; 유엔 지속가능한 발전 목표 선언 27항을 참조. UN General Assembly, *Transforming our world: The 2030 Agenda for sustainable development*, 2015, 9쪽 참조.

8) 독일연방정부는 기후보호의 핵심적인 프로그램인 통합에너지기후프로그램 (*Integriertes Energie-und Klimaprogramm*)을 2007년 공포하면서 재생에너지 확대와 에너지효율성 증가를 핵심 수단으로 제시한다. 본서 4장 1.2절 참조.

9) IPCC가 제시하는 주요한 가이드라인의 하나이다. IPCC, *Climate Change 2007: Synthesis Report*, 59~62쪽 참조.

10) 유엔대학 세계개발경제연구소(UNU-WIDER)의 2008년 한 연구에 따르면 2000년 현재 세계의 자산(소유)구조가 아주 불평등하다는 사실을 알 수 있다. 상위 10%가 세계 자산의 85%를 소유한 반면에 하위 50%가 자산의 겨우 1%를 소유하고 있다. J. B. Davies et al., "The World Distribution of Household Wealth", 2008, 7~8쪽 참조.

11) 첫째, 기본적인 욕구를 충족할 수 있는 기회와 분배의 기회의 증대, 둘째, 생활수준 향상, 직업선택 및 더 나은 교육에 대한 고려, 셋째, 경제적 사회적 선택의 자유와 자긍심을 위한 기회의 증대 등이다. M. P. Todaro, *Economic Development*, 1997, 343~344쪽 참조. 이는 또한 UN 지속가능한 발전 목표와 대동소이하다.

12) 한 예를 들어보면 선진국인 프랑스에서도 2003년 40도를 넘는 폭염이 닥쳤을 때 폭염 사망자가 1만 5천여 명에 달하였는데, 주로 취약계층의 노인과 저소득 계층이 사망하였다. 〈동아일보〉, 2003년 9월 4일 자.

13) 본서 4장 1.2절 참조.

14) 앤서니 기든스, 김미경 외 옮김, 『현대사회학』, 을유문화사, 2011, 7판, 189쪽 참조.

15) UNEP, *Green Jobs: Towards sustainable Work in a Low-Carbon world*, 2008 참조.

16) R. Pollin et al., *Green Recovery—A Program to Create Good Jobs and Start Building a Low-Carbon Economy*, 2008 참조.

17) Bundesministeriums für Wirtschaft und Energie, *Beschäftigung durch erneuerbare Energien in Deutschland: Ausbau und Betrieb, heute und morgen*, 2015, https://www.bmwi.de/Redaktion/DE/Publikationen/Studien/beschaeftigung-durch-erneuerbare-energien-in-deutschland.html, 참조. Prognos AG를 포함하여 모두 5개 연구기관이 참여하였다.

18) STERN REVIEW: The Economics of Climate Change, 2006 참조.

19) UN General Assembly, *The road to dignity by 2030: ending poverty, transforming all lives and protecting the planet. Synthesis report of the Secretary-General on the post-2015 sustainable development agenda*, A/69/700, 2014, 8, 18쪽 참조.

20) UNFCCC, *Adoption of the Paris Agreement*, 2015, 3쪽 이하, 22쪽 참조, https://unfccc.int/resource/docs/2015/cop21/eng/l09r01.pdf 참조.

21) 본서 4장 1.2절 참조.

22) 앞의 파리협정문 제4조 19항, 23쪽 참조; 총회결정문 36항 참조.

23) 감축의 주체나 분야, 그리고 감축량의 분배는 매우 복잡하고 갈등을 동반하는 경제, 사회, 정치적 과정을 거치면서 이루어진다. 이것이 조정된 후에 국가적 감축계획의 목표와 기한이 제시될 수도 있다. 사실상 이 두 과정은 상호의존적이며 조정을 거치면서 선후가 항상 변화될 수 있다. 감축목표 설정의 과정은 top-down 방식과 bottom-up 방식이 혼재되어 진행되는데, 어떤 방식이 지배적인가에 따라서 선후가 정해질 수 있다. 민주적인 제도일수록 bottom-up 방식이 더 지배적이다.

24) 한국의 경우에 국가배출량의 60% 이상을 차지하는 온실가스 대량배출 사업장을 대상으로 2012년부터 "온실가스·에너지 목표관리제"를 실시하였고, 2015년부터는 일정규모 이상의 사업장이나 관리업체를 대상으로 "온실가스 배출권거래제도"를 시행하고 있다. 유럽연합의 경우에도, 제도의 차이점은 약간 있으나, 2005년도부터 "유럽연합 이산화탄소 배출권거래제도, EU-ETS"를 시행하고 있으며, 독일은 EU-ETS 차원에서 공동으로 진행하고 있다. 본서 2장 2.1절, 4장 1.2절, 1.3절 참조.

25) 각 국가나 유럽연합과 같은 상위의 권위 기구는 온실가스 감축목표 설정에 따라 허용할 수 있는 배출량 총량을 정한 후에, 이 총량의 범위 내에서 각 주체(업체)들에게 허용된 배출량을 최종적으로 할당한다.

26) 직접적인 규제수단은 배출기준이나 기술기준 및 표준을 정하여 각 주체들의 행태를 제한하는 방식이다. 직접규제는 정책당국이 설정한 환경규제를 오염 제공자들이 의무적으로 지키도록 강제하는 감축정책수단이다. 배출량 기준, 오염도 기준, 기술기준을 강제적으로 부과하는 방식이다. 따라서 이 정책은 정책당국에게는 많은 재량권을 부여하지만, 오염자 입장에서는 비효율적이고 획일적이라고 평가한다. 각 당사자들의 여건이 고려되지 않으며, 기준이나 표준만 달성하면 그 외의 추가 유인책이 없기 때문에 더 이상 감축에 대한 동기가 사라지게 되기 때문이다.

27) 김용건의 연구에 따르면 배출권거래제도의 비용효과성은 한국 사례의 경우 경제적 비용을 크게 감소시키고 고용과 투자에도 긍정적 영향이 기대되는 것으로 평가하고 있다. 이 제도의 도입은 산업부문의 이산화탄소 규제비용을 43%나 감소시키는 것으로 평가되었다. 김용건, 「효율적 기후변화 대응체계 구축방안」, 『녹색성장 국가비전 선포 2주년 기념 심포지움 자료집』, 환경부·녹색성장위원회, 2010년 참조.

28) European Commission, *EU ETS Handbook*, 2015, https://ec.europa.eu/clima/sites/clima/files/docs/ets_handbook_en.pdf, 참조, 2017년 2월 24일 검색; https://ec.europa.eu/clima/policies/ets/pre2013_en, 2017년 11월 14일 검색.

29) European Commission, "Report from the commission to the european parliament

and the council, Implementing the Paris Agreement—Progress of the EU towards the at least −40% target", Brussels, 2016, COM(2016) 707 final, http://ec.europa.eu/transparency/regdoc/rep/1/2016/EN/COM-2016-707-F1-EN-MAIN.PDF, 2017년 5월 18일 검색.

30) European Commission, *Decision No 406/2009/EC of the European Parliament and of the Council of 23 April 2009 on the effort of Member States to reduce their greenhouse gas emissions to meet the Community's greenhouse gas emission reduction commitments up to 2020*, 2009, http://eur-lex.europa.eu/legal-content/EN/TXT/?uri=uriserv:OJ.L_.2009.140.01.0136.01.ENG#page=12 참조.

31) European Commission, *EU ETS Handbook*, https://ec.europa.eu/clima/sites/clima/files/docs/ets_handbook_en.pdf, 참조; 유럽연합의 "2030 기후 및 에너지 체계, 2030 climate & energy framework", https://ec.europa.eu/clima/policies/strategies/2030_en, 참조. 2017년 2월 25일 검색.

32) 할당량을 무상으로 할 것인지 유상으로 할 것인지, 그리고 할당량을 과거 배출량을 기준으로 할 것인지 벤치마킹으로 할 것인지 등 갈등의 소지가 많다.

33) 김용건·전지영, 「온실가스 배출권 초기할당방식에 관한 연구」, 『연구보고서』 2010-18, 한국환경정책·평가연구원, 2010, 1~6쪽 참조.

34) 유럽연합의 "노력공유결정(effort-sharing-decision, ESD)"은 바로 이러한 원칙과 의미를 잘 구현하고 있는 제도로서 EU-ETS와 상호보완하며 어깨를 나란히 하는 유럽연합의 감축 정책의 핵심제도이다. 본서 4장 1.3절 참조.

35) 강만옥·이상엽, 「바람직한 탄소세 도입방향 연구」, 『최종보고서』, 한국환경정책·평가연구원, 2014, 10~11쪽 참조.

36) Interministerielle Arbeitsgruppe "CO_2-Reduktion"(IMA), *Nationales Klimaschutzprogramm*, Fuenfter Bericht der IMA, 2000, 77쪽 참조.

37) 김승래, "Environmental Tax Reform for Green Growth in Korea: The Design of Carbon Tax Scheme", *International Conference on ETR/EFR for Green Growth*, mimemo, 서울, 2011, 1~44쪽 참조.

38) 앤서니 기든스, 앞의 책, 2009, 219쪽 이하.

39) 최근 캐나다의 앨버타 주 지역을 대상으로 한 조사에서도 '소득과 에너지 사용량' 간의 정비례적 상관성이 여실히 나타났다. 상위 1% 고소득 가구는 연평균 58톤을, 중산층 가구는 12톤, 하위 20% 저소득 가구는 8.2톤의 온실가스를 배출하였다. 이런 측면은 기후변화 완화 및 적응정책을 입안하는데 여러 면에서 고려되어야 할 것이다. 전다래, "온실가스 줄이려면 고소득 가구 상위 5%의 배출량에 주목해야", 〈기후변화행동연구소〉, 2013년 4월 23일 자.

40) 김승래 외, 『세제의 환경친화적 개편에 관한 연구』, 한국조세연구원, 2008, 47
쪽 참조.

41) 그나마 2015년 이후 저탄소협력금제도가 부분적으로 시행될 예정이지만 자
동차업계의 반발이 심하다. 이 제도는 1킬로미터 주행 시 110그램 이하로 이
산화탄소를 배출하는 자동차를 구매할 경우 보조금을 지급하고 145그램 이
상으로 배출하는 자동차를 구매할 경우 부담금을 부과하는 제도이다. 〈매일
경제〉, 2014년 6월 10일 자.

42) 박광수, 「녹색성장 시대의 에너지 가격 정책」, 『새로운 경제전략 녹색성장: 성
공을 위한 핵심과제』 발표문, 2011.

43) 정부가 온실가스 에너지 목표관리제도의 규제 대상을 2012년의 경우 온실가
스를 25,000톤 CO_2를 배출하는 사업장에서 2014년에는 15,000톤 CO_2 이상
을 방출하는 사업장으로 확대함으로써 규제를 강화하여 목표를 달성하고자
한다.

44) 2014년 5월 환경부 주관으로 '국가 온실가스 배출권 할당계획(안)'을 제시
하였는데, 또다시 기업을 중심으로 재검토를 요구하고 나섰다. 과도한 비용
과 산업경쟁력 약화 등을 이유로 들고 있다. 「국가 온실가스 배출권 할당계획
안」, 〈환경부〉, 2014년 5월 26일 보도자료.

45) International Energy Agency(IEA), 2014, *Energy Technology Perspectives
2014(ETP 2014)*, 6~15쪽 참조.

46) IPCC 2014년 5차 보고서에서도 CCS 기술의 필요성을 강조하였고, 유럽연합
에서도 이 기술의 중요성과 활용도를 강조한 바 있다.

47) IEA, *ETP 2014*, 15쪽 참조.

48) 제프리 삭스, 홍성완 옮김, 『지속 가능한 발전의 시대』, 21세기북스, 2015,
455쪽 이하 참조.

49) 앞의 책, 460쪽 참조. 모든 분야에서 기존의 화석연료를 전기로 전환하는 방
법은 많다. 한 예를 들면 자동차의 내부 연소 엔진이 전기모터로 대체될 수 있
다. 따라서 재생에너지로 전기를 생산하는 기술이 필요한 것이다. 그리고 매
우 중요하다.

50) 이주윤, 「EU의 기후변화대응 관련 법제 및 정책」, 『세계 주요국의 기후변화
법제』(박덕영 편), 2012, 137쪽 이하 참조; 독일은 2000년 재생에너지법을,
2008년 재생에너지난방법을 시행하였으며, 열병합발전법도 시행하고 있다.
이정률, 「독일의 기후변화대응 관련 법제 및 정책」, 박덕영 편, 『세계 주요국의
기후변화법제』(박덕영 편), 2012, 171쪽 이하 참조; 영국의 에너지법은 2008
년 이후 3차례의 각각 다른 내용의 에너지법을 시행하였는데 발전차액지원제
도, 취약계층 에너지 보조금 제도, 가정과 사업체의 배출 실적을 공개하는 것

을 허용하는 '에너지 실적 인정서' 등의 내용을 포함하고 있다. 김동환, 「영국의 기후변화대응 관련 법제 및 정책」, 박덕영 편, 『세계 주요국의 기후변화법제』, 2012, 145쪽 이하 참조.

51) European Climate Change Programme(ECCP), https://ec.europa.eu/clima/policies/eccp_en#tab-0-0 참조.

52) European commission, "Communication from the Commission, Enegy for the future: Renewable sources of energy. White Paper for a Community Strategy and Action Plan", COM(97)599 final (26/11/1997), 9쪽 참조, http://europa.eu/documents/comm/white_papers/pdf/com97_599_en.pdf .

53) 앞의 책, 19~20쪽 참조, http://europa.eu/documents/comm/white_papers/pdf/com97_599_en.pdf

54) Interministerielle Arbeitsgruppe "CO$_2$-Reduktion"(IMA), *Nationales Klimaschutzprogramm*, Fuenfter Bericht der IMA, 2000, 5쪽 참조.

55) European commission, *Directive 2009/28/EC of the european parliament and of the council of 23 April 2009 on the promotion of the use of energy from renewable sources and amending and subsequently repealing Directives 2001/77/EC and 2003/30/EC*, 2009, 16~17쪽 참조, https://eur-lex.europa.eu/legal-content/EN/TXT/?uri=CELEX:32009L0028.

56) 유럽연합은 타 선진국과 중진국이 함께 노력하는 것을 전제로 하는 조건부 30% 감축을, 이와 독립적으로 20% 감축을 목표로 정하였다. European commission, *Decision No 406/2009/EC of the European Parliament and of the Council of 23 April 2009 on the effort of Member States to reduce their greenhouse gas emissions to meet the Community's greenhouse gas emission reduction commitments up to 2020*, 2009, 136~137쪽 참조, http://eur-lex.europa.eu/legal-content/EN/TXT/?uri=CELEX:32009D0406 참조.

57) European commission, 앞의 문건, 136~137쪽 참조.

58) European commission, *Directive 2009/28/EC of the european parliament and of the council of 23 April 2009 on the promotion of the use of energy from renewable sources and amending and subsequently repealing Directives 2001/77/EC and 2003/30/EC*, 2009, 16~18쪽 참조, http://eur-lex.europa.eu/legal-content/EN/TXT/?uri=CELEX:32009L0028 참조.

59) BMUB, *Eckpunkte für ein integriertes Energie-und Klimaprogramm*, 2007, http://www.bmub.bund.de/fileadmin/bmu-import/files/pdfs/allgemein/application/pdf/klimapaket_aug2007.pdf 참조.

60) Bundesregierung, *Bericht zur Umsetzung der in der Kabinettsklausur am*

23./24.08.2007 in Meseberg beschlossenen Eckpunkte für ein Integriertes Energie-und Klimaprogramm, 2007, https://www.bundesregierung.de/Content/ DE/Archiv16/Artikel/2007/12/Anlagen/2007-12-05-integriertes-energie- und-klimaprogramm.pdf;jsessionid=431E3277EB0A0ACEDF7B8480AD1B72 BF.s6t2?__blob=publicationFile&v=2 참조: 독일연방환경부, Eckpunkte fuer ein integriertes Energie-und Klimaprogramm, 2007, 4~9쪽 참조. 2018년 2월 8일 검색.

61) BMUB, Klimaschutzplan 2050, Klimaschutzpolitische Grundsaetze und Ziele der Bundesregierung, 2016, 23쪽 이하 참조, https://www.bmub.bund.de/fileadmin/ Daten_BMU/Download_PDF/Klimaschutz/klimaschutzplan_2050_bf.pdf 참조.

62) Bundesregierung, Energiekonzept für eine umwelt schonende, zuverlässige und bezahlbare Energieversorgung, 2010, 4쪽 이하 참조, https://www. bundesregierung.de/ContentArchiv/DE/Archiv17/_Anlagen/2012/02/ energiekonzept-final.pdf?__blob=publicationFile&v=5 참조.

63) European council, Directive 93/76/EEC of 13 September 1993, to limit carbon dioxide emissions by improving energy efficiency (SAVE), https://www.derk.ba/ DocumentsPDFs/EU-DIR-93-76-EN.pdf 참조.

64) European commission, Decision No 406/2009/EC of the European Parliament and of the Council of 23 April 2009 on the effort of Member States to reduce their greenhouse gas emissions to meet the Community's greenhouse gas emission reduction commitments up to 2020, 2009, 136~141쪽 참조, https://eur-lex. europa.eu/legal-content/EN/TXT/?uri=CELEX:32009D0406 .

65) Interministerielle Arbeitsgruppe "CO_2-Reduktion"(IMA), Nationales Klimaschutzprogramm, Fuenfter Bericht der IMA, 2000, 5~6쪽 참조.

66) 강만옥·이임호, 「독일의 환경친화적 세제개편 동향과 정책 시사점」, 『환경포 럼』, 105권, 한국환경정책·평가연구원, 2004, 1~8쪽; 윤순진, 「영국과 독일 의 기후변화정책」, 『ECO』, 2007년 11권 1호, 43~95쪽.

67) Interministerielle Arbeitsgruppe "CO_2-Reduktion"(IMA), Nationales Klimaschutzprogramm, Fuenfter Bericht der IMA, 2000, 77쪽 이하 참조.

68) 유럽연합의 "2030 climate & energy framework" 참조. https://ec.europa.eu/ clima/policies/strategies/2030_en, 2017년 2월 19일 검색.

69) 유럽연합의 "2050 low-carbon economy" 계획, https://ec.europa.eu/clima/ policies/strategies/2050_en, 참조. 2017년 2월 26일 검색.

70) 유럽연합의 "NER 300 programme", https://ec.europa.eu/clima/policies/ lowcarbon/ner300_en 참조. 2017년 7월 9일 검색.

3장

1) Jan Burck, F. Marten, C. Bals, *Climate Change Performance Index: Background and Methodology*, 2017, 12~13쪽, https://germanwatch.org/en/download/16484.pdf 참조. 2017년 1월 8일 검색.

2) 1990년도에 이미 2도 상승 억제를 주요한 목표로 제시하는 점 등이 놀랍다. 2도 목표 달성을 위하여 동 위원회는 관련 에너지 및 건축물 법규들의 개정뿐 아니라 또한 조세부과 및 지원 인센티브제도들의 도입도 제안하였다. https://www.nachhaltigkeit.info/artikel/11_bt_ek_schutz_erdatmosphaere_659.htm 참조.

3) 유럽연합은 타 선진국과 중진국이 함께 노력하는 것을 전제로 하는 조건부 30% 감축을, 이와 독립적으로는 20% 감축을 목표로 정하였다. European commission, *Decision No 406/2009/EC of the European Parliament and of the Council of 23 April 2009 on the effort of Member States to reduce their greenhouse gas emissions to meet the Community's greenhouse gas emission reduction commitments up to 2020*, 136~137쪽 참조, http://eur-lex.europa.eu/legal-content/EN/TXT/?uri=CELEX:32009D0406 참조.

4) IPCC, *2014: Summary for Policymakers. In: Climate Change 2014: Mitigation of Climate Change. Contribution of Working Group III to the Fifth Assessment Report of the Intergovernmental Panel on Climate Change*, Cambridge University Press, Cambridge, United Kingdom and New York, NY, USA, 2014 참조. AR4(IPCC 4차 보고서)와의 수치상의 차이점에 관해서 설명해보면, 5차 보고서는 첫째, 기준 연도를 2000년에서 2010으로 변경하였고, 둘째, 더 많은 예상 시나리오를 기초로 하였고, 셋째, 이산화탄소 배출량만 조사대상이 아니라 모든 온실가스를 반영하였고, 넷째, 2050년도의 비교적 높은 배출량 시나리오는 2050년 이후에 이산화탄소 포집 및 저장(CCS) 등의 이산화탄소 제거 기술의 진보를 크게 반영한 탓이다.

5) UNFCCC, *Synthesis report on the aggregate effect of the intended nationally determined contributions*, 2015, 10쪽, 37항 참조.

6) 기존의 농업방식으로는 물도 3배 비료도 2배가 더 필요하다고 한다.

7) 「요르겐 랜더스 교수가 보는 2052년」, 〈조선일보〉, 2015년 4월 14일 자.

8) 「기후변화 대응 최대 걸림돌 '단기 이익 추구'」, 〈한국일보〉, 2015년 11월 13일 자.

9) 앤서니 기든스, 김현옥 옮김, 『좌파와 우파를 넘어서』, 한울, 1997, 115~120

쪽, 195~203쪽 참조.

10) 이 점이 다른 어떤 위기와도—어떤 위기든지 회복할 수 있는 토대와 기회가 있지만, 빙하 자체가 다 녹으면 토대와 기회가 아예 사라지게 됨—다른 본질적 차이점이다. 정권교체로 말미암아 지속가능한 정책이 일관되게 시행되지 못하고 중단되는 구조적 맹점을 지적하고 있다. D. Held (ed.), 앞의 책, 5~6쪽.

11) 한국의 경우 화석연료와 원자력에 기초한 전기료는 1kw/h 평균 100원 남짓인데, 1kw 용량의 태양광발전소를 건설하는 데 250만 원 정도이다. 하루에 평균 3~4kw 전기를 생산한다. 하루에 300~400원 정도의 전기를 생산하는 데 250만 원(2015년 기준: 2018년 현재 약 150만 원)을 투자하기보다는 기존대로 화석연료로 만들어진 전기를 값싸게 쓰는 것이 훨씬 비용이 합리적일 것이다.

12) 「기후변화 대응 최대 걸림돌 '단기 이익 추구'」, 〈한국일보〉, 2015년 11월 13일 자.

13) 이 보편적인 기피현상과 특이한 점을 들어보자. 기업의 이윤의 획득에는 위험에 대한 투자에 대한 보상이 주어진다. 위험투자비용을 들어서 투자한다. 그리고 이 투자가 자본주의 성장의 주요한 요소이다. 성장에는 기업의 과감한 투자가 필요했고, 성장의 요소이었다. 그러나 재생에너지에 대한 과감한 투자는 아직까지 일어나지 않고 있다. 기업이 과감한 투자를 하지 않는 것이 특성이라고 할 수 있고, 비용 측면을 너무 크게 생각하고 있는 것이고—값싼 화석에너지가 있는데 굳이 나서서 비싼 에너지에 투자를 할 필요성을 느끼지 않고 있다—그렇다면 성장은 느려질 것이다. 물론 초기 수요가 적기 때문일 것이다.

14) World Economic Forum, *The Global Risks Report 2017*, 12 edition, Geneva, 2017, http://www3.weforum.org/docs/GRR17_Report_web.pdf 참조.

15) 윤순진, 「기후변화 대응을 둘러싼 사회갈등예방과 완화를 위한 거버넌스의 모색」, 『국정관리연구』, 4권 2호, 2009, 125~160쪽.

16) 2016년 미국의 트럼프 대통령의 당선과 함께 반환경적 노선을 걷는 것도 이해하기 힘든 변수였고, 2018년 남극의 라르센 빙붕이 예측을 넘어서서 급속도로 녹는 것도 일종의 커다란 변수라고 할 수 있겠다.

17) 2015년 파리 기후변화협약 당사국 총회가 열리기 전에 각 당사국들이 UNFCCC에 제출한 INDC를 토대로 하여 종합 분석한 결과는 2100년도에는 지구 평균기온 상승이 2도가 아니라 2.7도에 달할 것이라는 잠정적인 보고서가 나왔다. IPCC 5차 보고서(2014년)에 의하면 세계가 2010년 현재의 수준으로 감축행동을 계속한다면 2100년에는 기온상승이 3.7~4.8도에 달할 것이다.

18) 김은성, 『기후변화재난 정책갈등 연구: 온실가스 배출권거래제 갈등을 중심으로』, 한국행정연구원 연구보고서 2012-28, 2012.

19) 〈환경부〉, 2011년 7월 12일 보도자료, 2016년 8월 15일 검색.

20) 앞의 보도자료 참조.

21) 동 로드맵은 시민단체 간담회 등 대국민 의견수렴 이후 3주일도 채 안 돼서 확정되었다. 수송 및 건물 분야가 평균 감축률보다 훨씬 높은 것이 놀랍다. 그리고 업종별 감축률이 매우 상이하다. 독일 등 일반적인 경우에 산업 및 에너지 분야의 감축률이 높고, 업종별 감축률이 동일한데, 이런 점이 한국과 대조적이다. 여러 측면에서 한국과 독일이 다르지만, 한국의 경우 BAU 대비 방식을 적용하여, 예상 성장률을 매우 중시하기 때문에 업종별 예상 성장률을 산정하는 기준에 대한 비판을 산업계가 제기하였기 때문이다. 그리고 한국은 기업 및 산업의 성장을 더 중시하는 정책을 계속 유지하기 때문이다. 이 점을 시민단체는 지적하였다. 독일의 산업계의 경우에는 산업계의 자율적인 감축선언을 함으로써 독일 정부가 감축계획을 시행하는 데 동력이 되었는데, 이 점 역시 한국 산업계의 태도와 판이하게 차이가 나타난다. 독일의 경우, 감축방식이 BAU 방식이 아니라 절대적 감축방식으로 감축목표를 설정하고 있으며, 독일연방환경부가 일관되게 주관부처로서 온실가스 감축목표기획을 담당하고 있다. 한국의 경우는 주관부처가 딱히 없으며, 각 부처가 조정 및 합의하는 방식이다. 특히 2015년도부터 시행되는 온실가스 배출권거래제도의 주관부처가 기획재정부로 옮겨갔다.

22) 에너지 원단위(TOE/천달러, 2007년): 일본(0.101), OECD평균(0.187), 한국(0.355).

23) 실제로 감축 가용기술의 수준이나 발전 가능성의 평가 등이 갈등의 요소가 될 수 있다.

24) 김용건·전지영, 「온실가스 배출권 초기할당방식에 관한 연구」, 『연구보고서』 2010-18, 한국환경정책·평가연구원, 2010, 1~6쪽 참조.

25) 앞에서 주택의 태양광설치의 고비용과 단기적 이익의 관계에 대하여 예를 들어 언급하였다.

26) IPCC, 2014: Summary for Policymakers. In: Climate Change 2014: Mitigation of Climate Change. Contribution of Working Group III to the Fifth Assessment Report of the Intergovernmental Panel on Climate Change, Cambridge University Press, United Kingdom and New York, NY, USA, 17~18쪽 참조. 동 문건에 따르면 사회간접자본 시설이나 수명이 긴 제품 등은 일반적으로 장기간 이용되는, 소위 자물쇠 효과로 인하여 투자나 설치 후에는 갱신하기가 어렵거나 갱신 비용이 매우 비싸다. 그리고 화석에너지원의 전력에너지를 줄이는 것은 매우 주요한 감축의 방식으로 제시하고 있다. 따라서 감축을 위한 야심찬 선도적인 사업으로서 발전소 폐지 등은 조기 행동으로 매우 적절한 대응책이라고

할 수 있다. 이를 통하여 한 사회가 고탄소 화석에너지 발전소의 자물쇠 효과로부터 조기에 벗어날 수 있어 온실가스 감축 경로를 수월하게 계획할 수 있다. http://ipcc.ch/pdf/assessment-report/ar5/wg3/ipcc_wg3_ar5_summary-for-policymakers.pdf 참조.

27) 김희윤, 「석탄 화력발전소의 운명, 그 끝은 어디인가?」, 〈기후변화행동연구소〉, 2016년 4월 21일 자 참조.

28) 〈국가통계포털〉 전국편 참조. 2016년 7월 18일 검색.

29) 모든 사업체를 대상으로 하되 다음의 사업체는 제외한다. 개인이 경영하는 농림·어업사업체(법인 및 비법인 단체가 경영하는 사업체는 조사대상), 국방 및 가사서비스업, 국제기구 및 외국기관, 고정설비가 없거나 영업장소가 일정치 않은 간이 판매상.『전국사업체조사』통계정보 보고서 참조, 2015. 12. 통계청.

30) 이 분류는 설홍수의 분류 작업을 따른다. 설홍수, 「에너지산업, 과거와 현재」, 『뉴 디자인 대구·경북』, 발표문, 대구·경북연구원, 2010, 131쪽 이하 참조.

31) 1998년 한국 최대의 경제·외채위기를 맞으면서 우리나라는 실업자 수 130만 명 이상(6%)의 본격적인 고실업 시대에 접어들었다. 마이너스 경제성장률, 기업들의 투자축소 등으로 신규고용 창출력이 급격히 둔화된 데다 금융 산업 등의 구조조정과 이에 따른 기업 연쇄부도 등으로 기존 취업자의 실직도 일시에 급속히 크게 늘었기 때문이다. 더군다나 IMF가 요구하고 있는 인수합병 관련 정리해고 등 노동시장 유연성 관련 정책이 시행되면서 구조조정에 따른 실직이 현실화되고 실업자 증가속도가 예상 외로 빨라졌다. 1999년 말 기준으로 실업률은 약 4.6%로 여전히 100만 명 정도 실업자가 있는 것으로 나타났다.

32) 기후변화 대응에는 사회적 갈등의 처리 방식이 중요하다. 원칙으로는 비용효과성, 우선순위의 설정, 기술·물리적 변수, 국제정치적 차원의 고려 등이 있다. 마크 마슬린, 앞의 책, 183쪽 이하.

4장

1) UN 지속가능한 발전 목표의 51, 52, 53 항 참조. UN, *Transforming our world*, 2015 참조.

2) UNFCCC 파리 당사국 총회 결정문 2쪽 참조. UNFCCC, *Adoption of the Paris Agreement*, 2015, 2쪽 참조.

3) 교토 기후 체제는 2012년까지였다. 새로운 기후 체제를 본격적으로 논의하기

시작한 것은 '2도' 목표가 새롭게 등장하고 모든 국가가 감축 의무를 지도록 하는 것이 논의된 2010년부터라고 할 수 있다. 새 기후 체제가 확정되지 않았기 때문에 교토 체제가 2013년부터 2017년까지 연장되었다. 하지만 2015년에 파리협정으로 사실상 새로운 기후 체제가 시작되었다고 할 수 있다.

4) 독일의 경우 기후보호 계획을 이행하면서 이 측면을 매우 중요시한다. BMUB, *Klimaschutzplan 2050, Klimaschutzpolitische Grundsaetze und Ziele der Bundesregierung*, 2016, 9~11쪽 참조.

5) 온실가스 감축 계획을 수립할 때 비용 및 책임 분담과 목표 설정이 불분명한 경우가 적지 않았는데 비례적 인과관계가 과학적으로 인정됨으로써 비용 및 책임 분담과 목표설정 등의 기준과 원칙을 일정 제시할 수 있게 되어 수립과정이 수월하게 되었다.

6) IPCC나 독일의 자문회의 WBGU 같은 기구가 좋은 예이다. 실제로 IPCC 5차 보고서는 이 점을 강조하고 있다.

7) 독일의 경우 이 측면을 주요하게 다룬다고 언급하였다.

8) 파리협정문이나 유엔 지속가능한 발전 목표에서는 이 같은 이유로 개발도상국에 대한 재정적 지원뿐 아니라 기술이전과 역량강화 지원을 매우 중요한 조항으로 약속하였다.

9) 유럽연합의 예를 들어보자. 유럽연합의 예산편성에 기후재정을 주류화하고 있다. 2014~2020년 동안 유럽연합은 연평균 재정의 20% 이상을 기후 관련에 지출하고자 한다. 약 2,000억 유로에 해당한다. 주로 재생에너지 촉진과 에너지 효율성 개선, 기후변화 적응사업에 지출된다. 유럽 구조조정과 투자펀드, 농촌정책, 연구 및 기술개발 프로그램, 혁신과 교육 등이 전략투자 기금, 기후 행동 지원 프로그램 등을 통하여 지원된다. 유럽연합에 속한 회원국뿐 아니라 개발도상국을 지원하도록 하고 있다. 2014년도에는 유럽연합과 회원국이 세계 최대공여자로서 개발도상국에게 680억 유로를 지원하였다. European Commission, *Report from the commission to the european parliament and the council. Implementing the Paris Agreement—Progress of the EU towards the at least −40% target*, Brussels, 2016, COM(2016) 707 final. https://ec.europa.eu/clima/sites/clima/files/eu_progress_report_2016_en.pdf 참조; 필리핀의 예를 들어보자. 필리핀 정부는 국가예산과 관련된 정책과 프로그램에 기후변화 완화와 적응정책을 주류화시켰다. 그리고 2015년부터 매년 기후변화 대응 정책과 예산지출을 연동시키는 시스템을 가동하였다. REPUBLIC OF THE PHILIPPINES, "Intended Nationally Determined Contributions Communicated to the UNFCCC", 2015, http://www4.unfccc.int/submissions/INDC/Published%20Documents/Philippines/1/Philippines%20-%20Final%20

INDC%20submission.pdf 참조. 2018년 7월 10일 검색.

10) 앞 장에서 언급하였듯이, 시장실패의 조정과 함께 저탄소 녹색경제로의 전환 과정은 다양한 재정지원을 필요로 한다. 화석에너지 분야의 구조조정에 대한 지원, 재생에너지 촉진 지원, 사회간접시설 신 투자 지원, 그리고 전환의 과정 에서 어려움을 겪는 사회적 취약계층의 지원 등 거의 전 분야에 걸쳐서 막대 한 재정기금이 지속적으로 확보되어야 한다. 예산 수입과 지출 등을 포함한 조세 정책 역시 '2도' 목표 달성을 위한 친환경적인 구조로 전면 개편되어야 한다.

11) "양극화 가속시키는 '불공정한' 기후변화", 기후변화로 인하여 생활터전이 변경되는 것은 더 큰 위험요소이다. 예를 들어 어족자원이 적도에서 점차로 북위지역이나 남위지역으로 변경될수록 적도지역의 개발도상국의 어민은 생계의 위협이 더 커지는 반면에 큰 원양어선을 가용할 수 있는 거대자본의 수산업은 더 많은 기회를 포착할 수가 있기 때문이다. 〈SBS뉴스-취재파일 플러스〉, 2016년 3월 24일 자.

12) 본서 4장 1.3절 참조.

13) D. Held (ed.), *The Governance of climate change*, Cambridge: Polity Press, 2011, 8~9쪽 참조.

14) I. Goldin, "Global Schocks, Global solution: Meeting 21st-Century challenges", *The Governance of climate change (D. Held, ed.)*, 2011, 49쪽 참조.

15) 같은 앞의 책, 63~67쪽 참조.

16) 신인령, 『서울 에너지정책의 희망메세지-성과보고서. 원전 하나 줄이기』, 서 울특별시, 2014, 5쪽.

17) 에너지 효율 및 소비 절약은 아주 중요한 전략이다. 단기처방은 비용 효과적 이며 많은 긍정적인 효과를 낼 수 있다. 그리고 가정과 일상에서의 소비에 대 한 태도, 생활습관과 문화적인 요소도 에너지 절약에 상당한 영향을 미친다. IPCC, *2014: Summary for Policymakers. In: Climate Change 2014: Mitigation of Climate Change. Contribution of Working Group III to the Fifth Assessment Report of the Intergovernmental Panel on Climate Change*, Cambridge University Press, United Kingdom and New York, NY, USA, 20쪽 참조. http://ipcc.ch/ pdf/assessment-report/ar5/wg3/ipcc_wg3_ar5_summary-for-policymakers.pdf 참 조.

18) 신인령, 앞의 책, 46~49쪽 참조.

19) 「2020년 저탄소 녹색사회 구현을 위한 로드맵(Roadmap)」, 〈환경부〉, 2011년 7월 12일 보도자료. 2016년 8월 15일 검색.

20) 정부 부처 간에도 이견이 존재하는데, 지식경제부 등은 반대하는 반면에 환

경부는 찬성하고 있다. 윤순진 · 한진이, 「온실가스 배출권거래제도 도입을 둘러싼 행위자간 정책 네트워크: 사회연결망 분석을 중심으로」, 『한국정책학회보』, 2011, 20(2): 81-108.

21) 동 법률 제6조 "배출권 할당 위원회 설치" 참조.

22) 처음 시행하기 때문에 5년 기간이 아니라, 2015~2017년, 2018~2020, 2021~2024으로 계획 기간을 구분하고 있다.

23) Bundesministerium fuer Umwelt, Naturschutz und Reaktorisicherheit, *Nationaler Allokationsplan fuer die Bundesrepublik Deutschland 2005-2007*, Berlin, 2004, 11쪽 참조.

24) 〈그린피스 동아시아 서울사무소〉, 「윤상직 장관님, 7차 전력수급기본계획 실망스럽습니다」, 2015년 7월 17일 자, https://www.huffingtonpost.kr/greenpeace-korea/story_b_7799406.html 참조. 한국 정부는 7차 전력수급기본계획에서 향후 15년 간(2015~2029) 60조 원 규모로 석탄발전소 20기(기존의 53기에다가), 원전 13기(기존 22기), LNG 발전소 14기를 추가로 건설할 계획을 밝혔다. 한국은 OECD 중 재생에너지의 공급과 수요측면에서 최하위인데, 재생에너지 발전 비중을 15년 후인 2029년도에도 겨우 11.7%로 계획한다는 점은 새로운 에너지 체계의 경쟁을 포기하는 것과 다름없다고 쓴소리를 마다하지 않고 있다.

25) 윤순진, 「정부의 온실가스 감축방안이 부적절한 이유」, 〈한겨레-조홍섭기자의 물바람숲〉, 2015년 7월 30일 자, http://ecotopia.hani.co.kr/301655 참조.

26) 글로벌 에너지 기업 BP가 발표한 2018년 「세계에너지통계보고서」에 의한 통계이다. 한국은 지난 10년간 이산화탄소 배출량이 24.6% 증가한 반면, OECD 회원국은 평균 8.7% 감소하였다. 심지어 개발도상국을 포함한 전 세계의 평균 증가율 11.2%보다도 높다. 석탄발전 비중이 확대된 것이 주된 이유라고 평가하였다. 〈연합뉴스〉, 2018년 7월 23일 자 참조.

27) Jan Burck, Franziska Marten, Christoph Bals, *Climate Change Performance Index, Results 2017*, 13쪽, https://germanwatch.org/en/download/16484.pdf, 2017년 1월 8일 검색.

28) 녹색당, 「박근혜 정부가 망친 기후변화대응 정책 바로 잡자」, 2017년 8월 14일 논평 참조, 2018년 7월 10일 검색.

29) 「문재인 정부의 에너지 · 환경 정책은?…」, 〈에너지 경제〉, 2017년 5월 18일 자 참조. 2018년 7월 12일 검색.

30) P. Schmuck u. a., *Wege zum Bioenergiedorf. Leitfaden fuer eine eigenstaendige Waerme-und Stromversorgung auf Basis von Biomasse im laendlichen Raum*, 2008.

31) 프라이부르크 녹색도시, https://www.freiburg.de/pb/,Lde/372840.html 참조.

32) 이 워킹그룹은 2008년 이후에는 "Bund · Länder-Arbeitsgemeinschaft Klima, Energie, Mobilität – Nachhaltigkeit, BLAK"로 확대 개편되었다.

33) Bundesministerium fuer Umwelt, Naturschutz und Reaktorsicherheit, *Nationaler Allokationsplan fuer die Bundesrepublik Deutschland 2005-2007*, 2004년, 11쪽, http://www.bmub.bund.de/fileadmin/Daten_BMU/Download_PDF/Emissionshandel/nap_kabinettsbeschluss.pdf, 2017년 7월 15일 검색.

34) Umweltbundesamt, "Treibhausgas-Emissionen in Deutschland", 2017, https://www.umweltbundesamt.de/daten/klima/treibhausgas-emissionen-in-deutschland#textpart-4, 2018년 1월 14일 검색.

35) Interministerielle Arbeitsgruppe "CO_2-Reduktion"(IMA), *Nationales Klimaschutzprogramm*, Fuenfter Bericht der IMA, 2000, 5쪽 참조.

36) 앞의 책, 5쪽 참조.

37) 앞의 책, 163쪽 이하 참조. 집권여당인 사회민주당과 녹색당이 1999년 11월에 독일연방하원에 제안한 "생태적 현대화와 국제 연대의 개선을 통한 기후보호, *Klimaschutz durch oekologische Modernisierung und Verbesserung der internationalen Zusammenarbeit*"라는 문건을 보면 집권여당의 기후보호 정책에 대한 확고한 입장과 주요 목표를 잘 파악할 수 있다.

38) 각 분야나 대상은 일반적으로 발전 및 에너지 분야, 제조(산)업 분야, 주택 및 건물, 교통 및 수송, 농촌, 폐기물 분야로 구분할 수 있다.

39) 앞의 책, 5~6쪽 참조.

40) Bundesministerium fuer Umwelt, Naturschutz und Reaktorsicherheit, *Nationaler Allokationsplan fuer die Bundesrepublik Deutschland 2005-2007*, 2004년, 5~9쪽 참조.

41) 〈Bundesregierung〉, *Bericht zur Umsetzung der in der Kabinettsklausur am 23./24.08.2007 in Meseberg beschlossenen Eckpunkte für ein Integriertes Energie-und Klimaprogramm*, 2007, https://www.bundesregierung.de/Content/DE/Archiv16/Artikel/2007/12/Anlagen/2007-12-05-integriertes-energie-und-klimaprogramm.pdf;jsessionid=431E3277EB0A0ACEDF7B8480AD1B72BF.s6t2?__blob=publicationFile&v=2 참조; Bundesministerium fuer Umwelt, Naturschutz und Reaktorsicherheit, *Eckpunkte fuer ein integriertes Energie-und Klimaprogramm*, 2007, 4~9쪽 참조. 2018년 2월 8일 검색.

42) 유럽연합은 타 선진국과 중진국이 함께 노력하는 것을 전제로 하는 조건부 30% 감축을, 이와 독립적으로는 20% 감축을 목표로 정하였다. European commission, *Decision No 406/2009/EC of the European Parliament and of*

the Council of 23 April 2009 on the effort of Member States to reduce their greenhouse gas emissions to meet the Community's greenhouse gas emission reduction commitments up to 2020, 2009, 136~137쪽, http://eur-lex.europa. eu/legal-content/EN/TXT/?uri=CELEX:32009D0406 참조.

43) 앞의 문건, 136~137쪽 참조.

44) European commission, Directive 2009/28/EC of the european parliament and of the council of 23 April 2009 on the promotion of the use of energy from renewable sources and amending and subsequently repealing Directives 2001/77/ EC and 2003/30/EC, 2009, 16~18쪽, http://eur-lex.europa.eu/legal-content/ EN/TXT/?uri=CELEX:32009L0028 참조.

45) Bundesregierung, Energiekonzept fuer eine umweltschonende, zuverlaessige und bezahlbare Energieversorgung, 2010, 3~7쪽 https://www.bundesregierung.de/ ContentArchiv/DE/Archiv17/_Anlagen/2012/02/energiekonzept-final.pdf?__ blob=publicationFile&v=5 참조.

46) BMWi, Der Weg zur Energie der Zukunft—sicher, bezahlbar und umweltfreundlich—, 2011, https://www.bmwi.de/Redaktion/DE/Downloads/E/ energiekonzept-2010-beschluesse-juni-2011.pdf?__blob=publicationFile&v=1 참조.

47) http://www.bmwi.de/Redaktion/DE/Artikel/Energie/monitoring-prozess.html 참조.

48) BMUB, Aktionsprogramm Klimaschutz 2020, Kabinettsbeschluss vom 3. Dezember 2014 참조.

49) BMUB, Klimaschutzplan 2050, Klimaschutzpolitische Grundsätze und Ziele der Bundesregierung, 2016 참조.

50) BMUB, 앞의 책 참조.

51) Umweltbundesamt(Hrsg.), Wirksamkeit des Klimaschutzes in Deutschland bis 2020, 2008 참조, http://www.umweltbundesamt.de/publikationen/wirksamkeit-des-klimaschutzes-in-deutschland-bis 참조.

52) IMA, 앞의 책, 2000, 7쪽, 72~134쪽 참조; 워킹그룹은 줄거나 늘어날 수 있는데 2007년 현재에는 2개 워킹그룹이 늘어나서 "온실가스인벤토리"와 "교토체제하의 공동이행제도와 CDM" 그룹이 활동하고 있다. 이에 대해서는 Umweltbundesamt, Wirksamkeit des Klimaschutzes in Deutschland bis 2020, 2008, 85쪽 이하 참조.

53) 2000년이란 시점은 1996년 IPCC 제2차 보고서의 발간 후, 아직 제3차 보고서가 발간되기 이전으로 기후변화의 원인이 과학적으로 아직 완전히 규명되

기 전이었다. IMA, 앞의 책, 42쪽 참조.

54) https://www.bmub.bund.de/pressemitteilung/hendricks-klima-aktionsprogramm-ambitioniert-umsetzen/, 25.03.2015 | Pressemitteilung Nr. 061/15에서 인용. 2017년 11월 29일 검색.

55) UNFCCC, *Adoption of the Paris Agreement, 2015* 참조, https://unfccc.int/resource/docs/2015/cop21/eng/l09r01.pdf 참조; IPCC, *Climate Change 2007: Synthesis Report*, http://www.ipcc.ch/pdf/assessment-report/ar4/syr/ar4_syr.pdf, 59~62쪽 참조.

56) BMUB, "Der Klimaschutz wird sich von Trumps Entscheidung nicht aufhalten lassen", 2017.1.6, https://www.bmub.bund.de/pressemitteilung/hendricks-der-klimaschutz-wird-sich-von-trumps-entscheidung-nicht-aufhalten-lassen/참조; http://www.bmwi.de/Redaktion/DE/Pressemitteilungen/2017/20170601-gem-zum-austritt-der-usa-aus-dem-pariser-abkommen.html 참조.

57) https://www.bundesregierung.de/Content/DE/Artikel/2017/11/2017-11-13-cop23-deutscher-klimaschutz.html?nn=694676#Start.

58) 2015년 파리협약에서는 기후변화 완화와 함께 기후변화 적응과 손실보존을 위한 대책을 강조하였다. 독일정부는 동 협정문을 충실하게 준수하며 모범적으로 이행하고 있음을 여기서도 알 수 있다.

59) https://www.bundesregierung.de/Content/DE/Artikel/2017/11/2017-11-15-geld-fuer-klimapartner.html?nn=2275426

60) https://sustainabledevelopment.un.org/sdg17, 2018년 6월 14일 검색.

61) European climate change programme(eccp), https://ec.europa.eu/clima/policies/eccp_en 참조.

62) EU ETS 제3기(2013-2020)부터 이 규모를 적용함. EU ETS Handbook, European Commission, 21쪽 참조. https://ec.europa.eu/clima/sites/clima/files/docs/ets_handbook_en.pdf, 2017년 2월 19일 검색.

63) https://ec.europa.eu/clima/policies/effort_en#tab-0-3에서 인용, 2017년 2월 19일 검색.

64) D. Victor, *Collapse of the Kyoto Protocol and the Struggle to Slow Global Warming*, Princeton, 2001 참조.

65) 자연자산이 국부를 산출하는 데 기여하는 정도는 OECD 국가에서는 2% 정도에 불과하나 후진국의 경우는 26%에 달한다. 또한 빈곤층일수록 그들의 소득은 자연자산에 더 많이 의존하고 있다. 이러한 사실에 기초하여 Padree 센터는 선·후진국 협력관계의 세 가지 주요 요소를 제시하고 있다. T. Bigg, "Development Governance and the Green Economy: A Matter of Life and

Death?", 2011, 29쪽 이하 참조.

66) 21세기 들어와서 중국은 세계 경제, 정치, 군사·안보, 에너지 및 환경보전 측면에서 미국과 함께 주요한 영향력을 행사하는 세계의 한 축으로 급부상하였다. 이 점은 미국과 함께 중국이 국제 협력 거버넌스 구축에 대한 실질적인 책임 역시 공유해야 된다는 것을 말해주고 있다. 앤서니 기든스, 앞의 책, 2009, 316쪽 이하.

67) 노동운·고혜진, 「미국과 중국의 기후변화정상회담 주요 내용과 시사점」, 『세계에너지시장 인사이트』 제 15-38호, 에너지경제연구원, 2015, 3~18쪽, http://www.keei.re.kr/web_keei/ 참조. 2018년 6월 17일 검색.

68) Open Working Group, "Sustainable Development goals, 2014, 서문 8항과 목표 13번, 목표 1번과 2번, 서문 11과 목표 16번, 목표 17번 등 참조.

69) UNFCCC, Adoption of the Paris Agreement, 2015, https://unfccc.int/resource/docs/2015/cop21/eng/l09r01.pdf 참조.

70) 비준 발효의 요건은 55개국이 비준하고 동시에 비준한 국가들의 온실가스 배출량의 55% 이상일 경우에 해당한다.

71) 총회 결정문 117~122항에서 시민사회의 참여와 정부기관과의 협력을 높이 평가하고 있다.

72) 즉 'No back sliding principle', 후퇴 금지의 원칙이다. 이 원칙은 감축목표를 후퇴시키지 못하게 함으로써 어떤 방식으로든지 온실가스 감축을 더 전진시키도록 압력을 가하는 작용을 한다.

73) 총회 결정문 27항에 따르면 각 당사국들은 투명하고 이해할 수 있는 INDC를 제출하기 위해서 제반 관련 사항 등에(기준 연도, 계획일정표, 시행 기간 및 범위, 계획과정, 가정 및 방법론, 온실가스 인벤토리 산출 및 평가) 대해서 특히 수량화된 정보를 제공하며 또한 INDC가 공정하고 야심찬 계획이라는 점에 대해 입장을 밝히도록 하고 있다.

74) 총회 결정문 36항에 따르면 각 당사국들은 "2050년도까지의 장기 저탄소 배출 발전전략"을 UNFCCC 사무국에 2020년도까지 제출하도록 하고 있다.

75) 7조의 적응과 함께 손실과 피해(Loss and Damage) 항목도 8조에 개별 조항으로 분리되어 협정문에 기재된 것은 여러 측면에서 새로운 진전이라고 평가할 수 있다. 총회 결정문 42항에 의하면 적응 항목이 협정문에 채택 및 반영되도록 하였다는 점을 명기하고 있다. 46항에 의하면 개발도상국의 적응 노력에 대해 지원의 필요성과 지원의 적합성 및 효과성에 대한 평가도 필요하다는 점을 언급하고 있다.

76) 총회 결정문 47항은 녹색기후기금(Green Climate Fund)이 저개발 국가 및 개발도상국들이 국가 적응계획, 연관 정책수단 및 프로그램을 작성할 때 지원

을 확대할 것을 요청하고 있다.

77) 총회 결정문 48, 49항은 손실과 피해에 관한 일종의 청산거래소를 설립하여 보험과 위험관리에 대한 정보를 제공하고 축적하는 기능을 담당하도록 하였다. 선진 국가들의 책무에 대한 근거를 제공한 것은 아니다.

78) 총회 결정문 54항에서는 2020년까지 1,000억 달러의 기후재원 규모가 조성되도록 한다는 점을 밝히고, 59항에서는 특히 녹색기후기금(GCF)과 글로벌 환경기금(GEF) 등의 역할을 강조했다. 특히 115항에서는 선진국들이 개발도 상국들에 대해 약속한 재원, 기술, 역량배양 지원을 향상시킬 것을 요청하면서 1,000억 달러 규모의 기금을 조속히 마련하라고 강력히 촉구하였다.

79) 총회 결정문 67항에서는 "기술집행위원회"와 "기후기술센터 및 네트워크"를 신설하여 기술발전과 이전에 관한 체계를 강화할 것을 주문하고 있다.

80) 총회 결정문 72항에서는 "파리역량배양위원회"를 신설하여 이를 강화하도록 요청하였으며, 81항에는 매년 "기술진보 보고서"를 제출하도록 요청하고 있다.

81) 총회 결정문 85항에서는 "투명성을 위한 역량배양 이니셔티브"를 신설하도록 요청한다. 특히 개발도상국들에게 투명성 역량배양을 위해 교육, 훈련, 지원을 강화하도록 요청하고 있다.

82) 글로벌 이행점검은 실질적으로 2018년부터 시행되고 이 결과는 2020년 INDC 제출 시 참고자료로 활용될 것이다. 글로벌 이행 점검은 각 당사국의 노력에 대해 사실상 중간 점검을 하는 것으로, 각 당사국은 차후 INDC를 기획하고 제출하는데 이 결과를 유용하게 활용할 것이다. INDC 제출은 각 당사국이 자율적으로 계획하지만 당사국의 실질적 실천 및 이행의지를 검증하고 공표하는 이 과정은 '2도' 등의 파리협정의 목표를 담보해낼 수 있는 매우 유효하고 강력한 수단이 될 것이다. 총회 결정문 20항과 100항 참조.

83) 페루 전 의장은 시민사회가 총회에 직접 참여한 것이 특징이라고 강조했다. https://unfccc6.meta-fusion.com/cop21/events/2015-11-30-10-00-conference-of-the-parties-cop-1st-meeting, 동영상 참조.

84) 사적 기업과 20개 국가들이 "Mission for innovation"을 약속하면서, 파리 당사국 총회에서 빌 게이츠가 의지를 표명했다. "Breakthrough energy reduction" 기금을 2016년 1조 달러의 규모로 조성할 것을 약속했다.http://www.b-t.energy/ 참조.

85) UNFCCC, "Report of the Conference of the Parties on its seventeenth session, held in Durban from 28 November to 11 December 2011, Decision 1/CP. 17", para. 5, 2쪽 참조, http://unfccc.int/resource/docs/2011/cop17/eng/09a01.pdf#page=2, 2017년 2월 22일 검색.

86) UNFCCC, *Synthesis report on the aggregate effect of the intended nationally*

determined contributions, 2015, 10쪽, 37항 참조.

87) UNFCCC, 앞의 문건, 14쪽 55항, 15쪽 63항, 64항 참조.

88) 영국은 "에너지기후부"가 신설되어 컨트롤 타워의 역할을 맡고 있고, 독일의 경우는 1990년도 초기부터 연방환경부 산하에 "이산화탄소감축워킹그룹"을 구축하여 진행하였다. 유럽연합의 경우는 "유럽연합기후변화계획"을 창설하여 진행해오고 있다. 선진국뿐만 아니라 기후변화에 매우 취약한 개발도상국가인 필리핀의 경우는 2012년 Climate Change Commission(CCC)을 창설하여 기후변화 대응을 조정하고 있다. 또한 "The Cabinet Cluster on Climate Change Adaptation and Mitigation(CCAM)"을 조성하여 각 정부 부처의 기후변화대응을 위한 공조를 꾀하고 있다. REPUBLIC OF THE PHILIPPINES, *Intended Nationally Determined Contributions*, Communicated to the UNFCCC on October 2015, http://www4.unfccc.int/Submissions/INDC/Published%20Documents/Philippines/1/Philippines%20-%20Final%20INDC%20submission.pdf 참조; 독일, 영국, 미국, 멕시코, 중국 등이 발전소의 공익의 측면을 강조하면서, 화석연료 발전소 폐기 계획을 이미 추진하고 있다. 각 국가의 INDC 참조, http://www4.unfccc.int/submissions/indc/Submission%20Pages/submissions.aspx, 2017년 2월 27일 검색.

89) 「2018년 '폭염겟돈' 역대 기록 갈아치운다」, 〈한겨레신문〉, 2018년 8월 1일 자.

90) 역량강화란 기후변화 대응을 위해 지식과 도구, 대중적 지지, 과학적 전문 기술과 정치적 노하우 등이 필요하며, 모든 당사국이 동일한 역량을 가지지 못함에 따라 이에 대한 지원이 필요하다. 역량배양은 역량과 능력을 향상하는 것으로, 개인적, 조직적, 제도적 수준이 있으며 기후변화에 대한 완화, 적응하는 방식 및 방법을 규정하며 계획하며 수행하는 것이다. 개별적 교육, 훈련 및 인식제고, 조직과 제도의 발전 강화(목표, 구성원, 조직문화 및 구조, 인적·물적 자원, 부서 간 협력), 시스템적 차원에서는 경제및 규율정책과 회계체계를 통한 환경조성을 의미한다. http://bigpicture.unfccc.int/, 2017년 2월 22일 검색.

91) UNFCCC 협약문 제 6조 교육, 훈련 및 홍보에 관한 장이다. UNFCCC 협약문 1992. 17쪽 참조.

92) http://unfccc.int/cooperation_support/education_outreach/overview/items/8946.php, 교육, 훈련 및 홍보에 관한 unfccc 홈페이지에서 인용. 2017년 2월 22일 검색.

93) 정귀희, 「미국 트럼프 행정부의 파리 기후변화협정 탈퇴 결정과 그 파장」, 『세계 에너지 시장 인사이트』, 제17-20호, 2017, 에너지경제연구원.

94) 「뚫려던 지구 '오존층'…다시 살아난다!」, 〈YTN〉, 2014년 9월 12일 자, 2017

년 1월 3일 검색.

95) UN, *Transforming our world: the 2030 Agenda for Sustainable Development*, 2015 참조, https://sustainabledevelopment.un.org/post2015/transformingourworld 참조.

96) 앞의 책, 전문 3~4쪽 참조.

97) 앞의 책, 선언문, 4~14쪽 참조.

98) UNFCCC, *Adoption of the Paris Agreement*, 2015, 22쪽 참조.

99) IPCC, *2014: Summary for Policymakers. In: Climate Change 2014: Mitigation of Climate Change. Contribution of Working Group III to the Fifth Assessment Report of the Intergovernmental Panel on Climate Change*, Cambridge University Press, Cambridge, United Kingdom and New York, NY, USA, 4쪽.

100) UN Secretary-General, *Synthesis report of the Secretary-General on the post-2015 sustainable development agenda*, 2014.

101) 앞의 책, 3쪽 1항과 4항.

102) 앞의 책. 이런 관점은 필자가 견지하고 있는 21세기 새로운 글로벌 사회계약의 필요성과도 일맥상통한다.

103) UN, *Transforming our world: The 2030 Agenda for Sustainable Development*, 2015, 59항, 13쪽.

104) 앞의 책, 72항, 32쪽.

105) 국제위러브유 운동본부 홈페이지 https://weloveu.or.kr/en/introduction/ 참조,

5장

1) WBGU, *Welt im Wandel. Gesellschaftsvertrag fuer eine Grosse Transformation*, 2011, 2쪽.

2) UN, *Transforming our world: The 2030 Agenda for Sustainable Development*, 2015, 6~10쪽.

3) UN Department of Economics and Social Affairs, 2017, https://www.un.org/development/desa/undesavoice/feature/2017/12#37114 참조. 2017년 12월 5일 검색.

4) 「환경권 강조한 새 유엔 인권규약, 프랑스 주도로 추진」, 〈KBS News〉, 2017년 6월 25일 자, http://d.kbs.co.kr/news/view.do?ncd=3504474 참조.

5) 재레드 다이아몬드, 강주현 옮김, 『문명의 붕괴』, 김영사, 2005, 718~720쪽.

참고문헌

국내문헌

강만옥·이상엽, 「바람직한 탄소세 도입방향 연구」, 『최종보고서』, 한국환경
　　정책·평가연구원, 2014.

강만옥·이임호, 「독일의 환경친화적 세제개편 동향과 정책 시사점」, 『환경
　　포럼』, 105권, 한국환경정책평가연구원, 2004.

강혜자, 「기후변화레짐 수용의 국가간 차이 비교연구: 독일과 일본의 기후변
　　화정책을 중심으로」, 『2009 한국정책학회 추계학술대회 발표문』, 2009.

경기도그린캠퍼스협의회, 『경기도 그린캠퍼스 국제포럼』, 2010년 발표문.

경기도그린캠퍼스협의회, 『경기도 그린캠퍼스 국제포럼』, 2011년 발표문.

고재경, 「환경복지 패러다임의 필요성과 정책방향」, 『환경복지, 방향과 과제
　　는?』, 한국환경정책·평가연구원, 2012. 7. 13 세미나 발표문.

〈국립기상연구소〉, 『기후변화 이해하기』, 2009.

〈국제위러브유 운동본부〉, www.weloveu.or.kr.

〈국토연구원〉, 『세계의 도시』, 한울, 2008.

〈국회지속가능발전특별위원회〉 외, 『새로운 기후변화법 제정의 방향과 과
　　제』, 2014.

권오상, 『환경경제학』, 2판, 박영사, 2007.

〈그린피스 동아시아 서울사무소〉, 「윤상직 장관님, 7차 전력수급기본계획
　　실망스럽습니다」, 2015년 7월 17일 자.

기든스, 앤서니, 김현옥 역, 『좌파와 우파를 넘어서』, 한울, 1997.

기든스, 앤서니, 김미숙 외 역, 『현대사회학』, 7판, 을유문화사, 2011.

기든스, 앤서니, 홍욱희 역, 『기후변화의 정치학』, 에코리브르, 2009.

김동환, 「영국의 기후변화대응 관련 법제 및 정책」, 『세계 주요국의 기후변화

법제』(박덕영 편), 2012.

김옥현, 『기후변화와 신사회계약』, 산지니, 2015.

김용건, 「효율적 기후변화 대응체계 구축방안」, 『녹색성장 국가비전 선포 2주년 기념 심포지움 자료집』, 환경부 · 녹색성장위원회, 2010.

김용건 · 전지영, 「온실가스 배출권 초기할당방식에 관한 연구」, 『연구보고서』 2010-18, 한국환경정책 · 평가연구원, 2010

김승래, "Environmental Tax Reform for Green Growth in Korea : The Design of Carbon Tax Scheme", *International Conference on ETR/EFR for Green Growth*, mimemo, 서울, 2011.

김승래 외, 『세제의 환경친화적 개편에 관한 연구』, 한국조세연구원, 2008, http://www.kyosu.net/news/articleView.html?idxno=26200, 2015년 9월 2일 검색.

김귀곤 · 조동길, 『자연환경 · 생태복원학원론』, 아카데미, 2004.

김길환, 「파리협정 채택과 우리나라의 대응방향」, 『과학기술정책』, 제211호, 2016. 2, 과학기술정책연구원, 2016.

김도연, 『기후, 에너지 그리고 녹색 이야기』, 생각의나무, 2010.

김수암, 「기후변화와 해양생태계」, 『기후변화교과서』, 최재천 · 최용상 엮음, 2011.

김수영 외, 「서울대학교 온실가스 감축 시나리오 연구」, 『한국퍼실리티메니지먼트 학회지』, 7권 1호, 2012.

김용민, 『생태문학』, 책세상, 2003.

김은성, 『기후변화재난 정책갈등 연구: 온실가스배출권거래제 갈등을 중심으로』, 한국행정연구원 연구보고서, 2012-28, 2012.

김한우, 『포스트 2012 기후변화 협상, 발리에서 코펜하겐까지』, 에코리브르, 2010.

김해창, 『환경수도, 프라이부르크에서 배운다』, 이후, 2003.

김희윤, 「석탄 화력발전소의 운명, 그 끝은 어디인가?」, 〈기후변화행동연구소〉, 2016년 4월 21일 자.

노동운 · 고혜진, 「미국과 중국의 기후변화정상회담 주요 내용과 시사점」,

『세계 에너지시장 인사이트』제 15-38호, 에너지경제연구원, 2015.

〈녹색당〉, 「박근혜 정부가 망친 기후변화 대응정책 바로 잡자」, 2017년 8월 14일 자.

다이아몬드, 재레드, 강주현 옮김, 『문명의 붕괴』, 김영사, 2005,

드라이젝, 존, 정승진 옮김, 『지구환경정치학 담론』, 에코리브르, 2005.

라이너스, 마크, 이한중 역, 『6도의 악몽』, 6쇄, 세종서적, 2013.

라트카우, 요하임, 이영희 역, 『자연과 권력』, 사이언스북스, 2012.

레너, 마이클, 박준식 외 역, 「모두를 위한 녹색경제 만들기」, 『지속가능한 개 발에서 지속가능한 번영으로, 2012 지구환경보고서』, 월드위치연구소 엮 음, 도요새, 2012.

레어드, 고든, 박병수 역, 『가격파괴의 저주』, 민음사, 2011.

루소, 장 자크, 이재형 역, 『사회계약론』, 문예출판사, 2013.

마슬린, 마크, 조홍섭 옮김, 『기후변화의 정치경제학. 지구온난화를 둘러싼 진실들』, 한겨레출판사, 2010.

맥닐리, J. A., 마인카, S. A., 조도순 외 옮김, 『새로운 시대의 자연보전』, 한국 보호지역포럼, IUCN, 2009.

문진영, 「주요국의 온실가스 감축 추진내용과 국내 대응방안」, 『Energy Focus』, 2015년 봄호, 에너지경제연구원, 2015, http://www.keei.re.kr/keei/ download/focus/ef1503/ef1503_60.pdf, 2015년 5월 12일 검색.

미카일, 모니크, 박준식 외 역 「지속가능한 미래 농업 만들기」, 『지속가능한 개발에서 지속가능한 번영으로』, 도요새, 2012.

박광수, 「녹색성장 시대의 에너지 가격 정책」, 『새로운 경제전략 녹색성장 : 성공을 위한 핵심과제』 발표문, 2011.

박덕영 편, 『세계 주요국의 기후변화법제』, 이담, 2012.

박상철, 『독일 재생에너지 정책과 지속 가능 발전 전략』, 이담, 2015.

박호정, 「배출권 거래제의 경제적 영향분석」, 『새로운 경제전략 녹색성장: 성 공을 위한 핵심과제』, 학술대회 발표논문(mimeo), 2011.

변찬우, 『생태하천』, 나무도시, 2011.

삭스, 제프리, 홍성완 역, 『지속가능한 발전의 시대』, 21세기북스, 2015.

〈산림청〉,「산림 공익기능 평가결과」, 2012. 12. 12일 자 보도자료.

〈서울특별시〉,『기후변화 대응을 위한 서울의 약속』, 서울특별시, 2015.

설홍수,「에너지산업, 과거와 현재」,『뉴 디자인 대구·경북』, 발표문, 〈대구·경북연구원〉, 2010.

쉬묵, 피터,「괴팅엔의 지속가능성 과학 접근 방법: 바이오에너지 마을 및 지역 지정」,『2011 경기 그린캠퍼스 국제포럼』 발표논문(mimeo), 2011.

스타인그래버, 샌드라, 이지윤 역,『먹고 마시고 숨쉬는 것들의 반란 Living Downstream』, 아카이브, 2015.

신인령,『서울 에너지정책의 희망메세지-성과보고서. 원전 하나 줄이기』, 서울특별시, 2014.

심경욱 외,『국가 안보 차원에서 본 기후변화와 한국의 대응』, 국방정책전문연구시리즈, 2012-16, 한국국방연구원, 2012.

아르민 퐁스 편, 김희봉 외 옮김,『당신은 어떤 세계에 살고 있는가?』, 1권, 한울, 2003.

안병옥 외,『유럽연합의 온실감축 정책조합 동향』, 〈기후변화행동연구소〉, 2012, http://climateaction.re.kr/index.php?document_srl=162014&mid=report2012, 2015년 8월 6일 검색.

오덤, 유진, 이도원 외 옮김,『생태학-환경의 위기와 우리의 미래』, 사이언스북스, 1993.

오재호,「지구온난화와 기후변화 시나리오」,『기후변화교과서』, 최재천·최용상 편, 2011.

〈온실가스종합정보센터〉,『2016 국가 온실가스 인벤토리보고서』, 2017.

〈온실가스종합정보센터〉,『2017 국가 온실가스 인벤토리보고서』, 2018.

〈월드워치 연구소〉 엮음, 박준식 외 역,『지속가능한 개발에서 지속가능한 번영으로, 2012 지구환경보고서』, 도요새, 2012.

윌슨, E. O., 전방욱 역,『생명의 미래』, 사이언스북스, 2005.

유가영,「기후변화 취약성 평가 및 적응」,『물리학과 첨단기술』, 2009.

〈유럽기후변화계획〉, https://ec.europa.eu/clima/policies/eccp_en.

윤순진,「영국과 독일의 기후변화정책」,『ECO』, 2007년 11권 1호.

윤순진, 「한국의 에너지체제와 지속가능성」, 『경제와 사회』, 78호, 2008.

윤순진, 「기후변화 대응을 둘러싼 사회갈등예방과 완화를 위한 거버넌스의 모색」, 『국정관리연구』, 4권 2호, 2009.

윤순진·한진이, 「온실가스 배출권거래제도 도입을 둘러싼 행위자간 정책 네트워크: 사회연결망 분석을 중심으로」, 『한국정책학회보』, 2011, 20(2).

이유수, 「독일과 프랑스의 에너지믹스 정책사례 분석과 시사점」, 『에너지경제연구원』, 11, 2011.

임성진, 「지구온난화방지를 위한 독일의 에너지정책」, 『국제정치논집』 45(3), 2005.

이정률, 「독일의 기후변화대응 관련 법제 및 정책」, 『세계 주요국의 기후변화법제』(박덕영 편), 한국학술정보, 2012.

이주윤, 「EU의 기후변화대응 관련 법제 및 정책」, 『세계 주요국의 기후변화법제』(박덕영 편), 한국학술정보, 2012.

이준서·류권홍, 『영국과 호주의 에너지 빈곤층 지원 법제에 관한 연구』, 〈한국법제연구원〉, 2013.

전다래, 「온실가스 줄이려면 고소득 가구 상위 5%의 배출량에 주목해야」, 〈기후변화행동연구소〉, 2013년 4월 23일 자.

정귀희, 「미국 트럼프 행정부의 파리 기후변화협정 탈퇴 결정과 그 파장」, 『세계 에너지 시장 인사이트』, 제17-20호, 2017, 에너지경제연구원, 2017.

〈정부관계부처합동〉, 『제1차 기후변화대응 기본계획』, 2016년 12월 6일 자.

정회성·정회석, 『기후변화의 이해』, (사)환경과문명, 2013.

정회성·정회석, 『신 기후 체제에 대비한 기후변화의 이해』, (사)환경과문명, 2016.

조명래, 「양극화를 넘어 생태적 탈근대화로」, 『환경과 생명』, 2006년 봄호, 2006.

주기재·정광석, 「기후변화와 담수생태계」, 『기후변화교과서』, 도요새, 2011.

채여라, 「우리나라 기후변화의 경제학적 분석」, 『제3차 기후변화적응 국제심포지엄』 발표논문(mimeo), 2011.

채여라, 「기후변화에 따른 통합적 국가리스크 관리 방안」, 『기후변화 따른

국가위기의 인식과 대응』, 기후변화행동연구소 창립5주년 심포지엄 발제
문, 2014.

최재천 · 최용상 엮음, 『기후변화 교과서』, 도요새, 2011.

추장민 외, 「저소득계층의 기후변화 적응역량 강화를 위한 정책 방안 연구
I」, 『한국환경정책 · 평가연구원』, 연구보고서 2010-19, 2010.

추장민 외, 「저소득계층의 기후변화 적응역량 강화를 위한 정책방안 연구
II」, 『한국환경정책 · 평가연구원』, 2011.

카슨, 레이첼, 김은령 역, 『침묵의 봄』, 에코리브르, 2011.

코스탄자, 로버트 외, 박준식 외 역, 「지속가능한 번영을 위한 생태계 서비
스」, 『지속가능한 개발에서 지속가능한 번영으로. 2012 지구환경보고서』,
도요새 2012.

〈통계청〉, 『전국사업체조사』, 통계정보 보고서, 2015. 12.

〈푸른경기21실천협의회〉, 『저탄소 그린 캠퍼스 가이드 북』, 2009.

프리드먼, 토마스, 최정임 옮김, 『코드그린, Code Green』, 21세기북스, 2008.

플래너리, 팀, 이충호 역, 『지구온난화 이야기』, 지식의풍경, 2006.

〈한국환경철학회 · 한국환경사회학회〉, 『환경철학과 환경운동』, 가을 공동학
술대회, 2006.

한화진 외, 『기후변화 영향평가 및 적응시스템 구축 I, II, III』, 〈한국환경정책
· 평가연구원〉, 2005, 2006, 2007.

헬드, 데이비드 외, 조효제 역, 『전 지구적 전환』, 창작과비평사, 2002.

〈환경부 보도자료〉, 「국가 온실가스 배출권 할당계획안」, 2014년 5월 26
일 자.

〈환경부〉, 「2020년 저탄소 녹색사회 구현을 위한 로드맵(Roadmap)」, 2011.

신문 · 방송 · 잡지

〈교수신문〉, 「학제간 논의 시급한 분야... 날씨와 인문학이 만났다」, 2012년
11월 12일 자.

〈경향신문〉, 「기후변화, 가장 무서운 대량 살상무기」, 2014년 2월 17일 자.

〈동아일보〉, 2003년 9월 4일 자.

〈매일경제〉, 「한경연, 저탄소차협력금제도 도입은 시기상조⋯재검토 필요」, 2104년 6월 10일 자.

〈YTN〉, 「뚫렸던 지구 '오존층'⋯ 다시 살아난다!」, 2014년 9월 12일 자.

〈에너지 경제연구원〉, 『2012년 에너지 통계연보』, 2013.

〈에너지 경제연구원〉, 『2013년 에너지 통계연보』, 2014.

〈에너지 경제 신문〉, 「문재인 정부의 에너지 · 환경정책은?」, 2017년 5월 18일 자.

〈SBS 뉴스〉, 「한반도 추위」, 2010년 12월 24일 자.

〈SBS 뉴스〉, 「양극화 가속시키는 '불공정한' 기후변화」, 2016년 3월 24일 자.

〈연합뉴스〉, 「한국, 원전 · 석탄발전 비중 72%⋯OECD 평균 대비 쏠림 심각」, 2018년 7월 23일 자.

〈조선일보〉, 「요르겐 렌더스 교수가 보는 2052년」, 2014년 5월 14일 자.

〈조선일보〉, 시베리아 '온난화 산불' ... 남한 면적 3분의 1 잿더미」, 2016년 9월 30일 자.

〈한겨레〉, 「전 지구적 환경과제, 사막화/이돈구」, 2011년 7월 4일 자.

〈한겨레〉, 「정부의 온실가스 감축방안이 부적절한 이유/윤순진」, 2015년 7월 30일 자.

〈한겨레〉, 「2018년 '폭염겟돈' 역대 기록 갈아치운다」, 2018년 8월 1일 자.

〈한국방송〉, KBS 1 TV, 「환경권 강조한 새유엔 인권 규약, 프랑스 주도로 추진」, 2017년 6월 25일 자.

〈한국일보〉, 「기후변화 대응 최대 걸림돌 '단기이익추구'」, 2015년 11월 13일 자.

외국문헌

Adams, W. M, "The Future of Sustainability: Re-thinking Environment and

Development in the Twenty-first Century", *Report of the IUCN Renowned Thinkers Meeting*, 29-31 January 2006.

Adams, W. M. and S. J. Jeanrenaud, *Transition to Sustainability: Towards a Humane and Diverse World*. IUCN, Gland, Switzerland, 2008.

Altvater, E., *Der Preis des Wohlstandes*, Muenster, 1992.

Altvater, E., *Das Ende des Kapitalismus, wie wir ihn kennen, 5 Aufl.,* Verlag Westfaelisches Dampfboot, 2007.

Asahi Glass Foundation, *Summary of the 17th Questionnaire on Environmental Problems and the Survival of Humankind*, 2008, http://www.af-info.or.jp/

Badman, T., B. Bomhard, A. Fincke, J. Langley, P. Rosabal and D. Sheppard, *World Heritage in Danger*, IUCN, Gland, Switzerland, 2009.

Baker, Susan, *Sustainable Devlopment*, London, 2005.

Beck, U., *Weltrisikogesellschaft*, Suhrkamp, 2007.

Benton-Short, L. and J. Rennie-Short, *Cities and Nature*. Routledge, London, UK, 2007.

Bigg, Tom, "Development Governance and the Green Economy: A Matter of Life and Death?", *Beyond Rio+20: Governance for a Green Economy*, Najam, A, et al (ed.), Boston University, 2011.

Birdsall, Nancy and Michael Clemens, *Promise to Performance: How Rich Countries Can Help Poor Countries Help Themselves.* (Center for Global Development. ed.). Washington, D.C.: Center for Global Development, 2003.

BMUB, *Aktionsprogramm Klimaschutz 2020*, Kabinettsbeschluss vom 3. Dezember 2014.

BMUB, "Der Klimaschutz wird sich von Trumps Entscheidung nicht aufhalten lassen", 2017.1.6, https://www.bmub.bund.de/pressemitteilung/hendricks-der-klimaschutz-wird-sich-von-trumps-entscheidung-nicht-aufhalten-lassen/.

BMUB, *Eckpunkte für ein integriertes Energie- und Klimaprogramm*, 2007, http://www.bmub.bund.de/fileadmin/bmu-import/files/pdfs/allgemein/ application/pdf/klimapaket_aug2007.pdf.

BMUB, *Klimaschutzplan 2050. Klimaschutzpolitische Grundsaetze und Ziele der Bundesregierung*, 2016, https://www.bmub.bund.de/fileadmin/Daten_ BMU/Download_PDF/Klimaschutz/klimaschutzplan_2050_bf.pdf.

BMWi, *Der Weg zur Energie der Zukunft - sicher, bezahlbar und umweltfreundlich*, 2011, https://www.bmwi.de/Redaktion/DE/ Downloads/E/energiekonzept-2010-beschluesse-juni-2011.pdf?__ blob=publicationFile&v=1.

BMWi, *Beschäftigung durch erneuerbare Energien in Deutschland: Ausbau und Betrieb, heute und morgen*, 2015, https://www.bmwi.de/Redaktion/DE/ Publikationen/Studien/beschaeftigung-durch-erneuerbare-energien-in- deutschland.html.

Bojo, J., K. Green, S. Kishore, S., Pilapitiva and R.C. Reddy, "Environment in Poverty Reduction Strategies and Poverty Reduction Support Credits", *World Bank Environment Department Paper*, No. 102, 2004.

Bosselmann, K., R. Engel and P. Taylor, *Governance for Sustainability . Issues, Challenges, Successes*. IUCN, Gland, Switzerland, 2008.

Bowen, A., J. Rydge, "The Economics of climate change", D. Held (ed.), *The Governance of Climate Change*, 2011, pp. 68~88.

Brundtland Report, *Our common future*, United Nations World Commission on Environment and Development (WCED), 1987.

Bundesministerium fuer Umwelt, Naturschutz und Reaktorisicherheit, *Nationaler Allokationsplan fuer die Bundesrepublik Deutschland 2005- 2007*, Berlin, 2004.

Bundesregierung, *Bericht zur Umsetzung der in der Kabinettsklausur am 23./24.08.2007 in Meseberg beschlossenen Eckpunkte für ein Integriertes Energie- und Klimaprogramm*, 2007, https://www.bundesregierung. de/Content/DE/Archiv16/Artikel/2007/12/Anlagen/2007-12-05-

integriertes-energie-und-klimaprogramm.pdf;jsessionid=431E3277EB0A0
ACEDF7B8480AD1B72BF.s6t2?__blob=publicationFile&v=2.

Bundesregierung, *Energiekonzept für eine umwelt schonende, zuverlässige und
bezahlbare Energieversorgung*, 2010, https://www.bundesregierung.de/
ContentArchiv/DE/Archiv17/_Anlagen/2012/02/energiekonzept-final.
pdf?__blob=publicationFile&v=5.

Burck, J.,Marten, F., Bals, C., *Climate Change Performance Index: Background
and Methodology*, 2017, https://germanwatch.org/en/download/16484.pdf
참조. 2017년 1월 8일 검색.

Carpenter, S.R., P. Pingali, E. Bennett and M. Zurek (ed.), *Ecosystems and
Human Well-being: Scenarios*, Island Press, Washington DC, USA, 2005.

Clay, J., *World Agriculture and the Environment: A Commodity-By-
Commodity Guide to Impacts and Practices*. Island Press, Washington DC,
USA, 2004.

Collier, P. 2003. *Breaking the Conflict Trap: Civil war and development policy*.
Oxford University Press, London, UK, 2003.

Collier, P., *The Bottom Billion*, Oxford, 2007.

Commission on the Measurement of Economic Performance and Social
Progress, Internet: http://www.stiglitz-senfitoussi.fr. London.

Costanza, R., Ralph d'Arge, Rudolf de Groot, Stephen Farber, Monica Grasso,
Bruce Hannon, Karin Limburg, Shahid Naeem, Robert V. O'Neill, Jose
Paruelo, Robert G. Raskin, Paul Sutton & Marjan van den Belt, "The value
of the world's ecosystem services and natural capital", *Nature* 387, 1997, pp.
253-260.

Crutzen, P., Stoermer, E., "The Anthropocene", *Global Change Newsletter*, Vol.
41, 2000, pp. 17~18.

Dalal-Clayton, B., Bass, S., *The Challenges of environmental mainstreaming:
Experiences of integrating environment into the institutions and decisions*,
IIED, 2009.

Davies, J. B., et al., *The World Distribution of Household Wealth*, Discussion Paper No. 2008/03, ⟨UNU-WIDER (World Institute for Development Economics Research)⟩, Helsinki, 2008.

DECC (Department of Energy and Climate Change, UK), *Policy paper, Memorandum to the Energy and Climate Change Committee Post-legislative Scrutiny of the Climate Change Act 2008*, UK, 4 September 2013.

Dryzek, J., *The Politics of the Earth: Environmental Disocourses*, 1997.

Dryzek, J., *Deliberative Democracy and Beyond*, Oxford Unviersity Press, 2000.

EU (European Union), *Decision No 406/2009/EC of the European Parliament and of the Council of 23 April 2009 on the effort of Member States to reduce their greenhouse gas emissions to meet the Community's greenhouse gas emission reduction commitments up to 2020*, 2009, http://eur-lex.europa.eu/legal-content/EN/TXT/?uri=CELEX:32009D0406.

Europaeische Gemeinschaft, *Climate Change - Council Conclusions 8518/96 (Presse 188-G)* 25/26.6 1996.

European climate change programme (eccp), https://ec.europa.eu/clima/policies/eccp_en#tab-0-0.

European Commission, "Report from the commission to the european parliament and the council. Implementing the Paris Agreement-Progress of the EU towards the at least −40% target", Brussels, 2016, COM(2016) 707 final, http://ec.europa.eu/transparency/regdoc/rep/1/2016/EN/COM-2016-707-F1-EN-MAIN.PDF, 2017년 5월 18일 검색.

European Commission, *Communication from the Commission, Enegy for the future: Renewable sources of energy. White Paper for a Community Strategy and Action Plan*, COM(97)599 final (26/11/1997), 1997, http://europa.eu/documents/comm/white_papers/pdf/com97_599_en.pdf.

European Commission, *Decision No 406/2009/EC of the European*

Parliament and of the Council of 23 April 2009 on the effort of Member States to reduce their greenhouse gas emissions to meet the Community's greenhouse gas emission reduction commitments up to 2020, 2009, http://eur-lex.europa.eu/legal-content/EN/TXT/?uri=uriserv:OJ. L_.2009.140.01.0136.01.ENG#page=12.

European Commission, *Directive 2009/28/EC of the european parliament and of the council of 23 April 2009 on the promotion of the use of energy from renewable sources and amending and subsequently repealing Directives 2001/77/EC and 2003/30/EC*, 2009, https://eur-lex.europa.eu/legal-content/EN/TXT/?uri=CELEX:32009L0028.

European Commission, *EU ETS Handbook*, 2015, https://ec.europa.eu/clima/sites/clima/files/docs/ets_handbook_en.pdf, 2017년 2월 24일 검색.

European Council, *Directive 93/76/EEC of 13 September 1993, to limit carbon dioxide emissions by improving energy efficiency (SAVE)*, 1993, https://www.derk.ba/DocumentsPDFs/EU-DIR-93-76-EN.pdf.

FAO (Food and Agriculture Organization of the United Nations), *The State of Food Insecurity in the World 2008*, Rom: FAO, 2008.

Fitzpatrick, Tony(Ed.), *Understanding the einvironmental and social policy*, polity press, 2011.

Goldin, I., "Global schocks, Global solution: Meeting 21st-Century challenges", *The Governance of climate change*, D. Held(ed.), 2011, pp. 49~67.

Goodin, Robert, *Green Political Theory*, Cambridge, 1992.

Grossman, Gene M. and Alan B. Krueger, "Economic Growth and the Environment.", *Quarterly Journal of Economics, Vol. 110(2)*: 353-77, 1995.

Halle, Mark, "Accountability in the Green Economy", *Beyond Rio+20: Governance for a Green Economy*, Najam, A, et all (ed.), Boston University, 2011.

Hansen, J., *The New York Times*, 2012. 8. 6.

Hatfield-Dobbs, S, "All in the timing", Nature, No. 3, Vol. 493, 3/Jan. 2013, pp. 35-36.

Held, David (ed.), The Governance of climate change. Science, economics, politics & ethics, Cambridge: Polity Press, 2011.

Herren, Hans, "Action plan for changing course in agriculture", Agriculture at a Crossroads, UNEP GER Report, 2011.

IEA (International Energy Agency), World Energy Outlook 2006, Paris, 2006.

IEA, Energy Technology Perspectives 2014: ETP 2014, 2015.

IEA, Key World Energy Statistics, 2013.

Interministerielle Arbeitsgruppe "CO$_2$-Reduktion"(IMA), Nationales Klimaschutzprogramm, Fuenfter Bericht der IMA, 2000.

IPCC (Intergovernmental Panel on Climate Change), Climate Change 2001: The Scientific Basis. Contribution of Working Group I. Cambridge, New York: Cambridge University Press, 2001a.

IPCC, Climate Change 2001: Impacts, Adaptation, and Vulnerability, 2001b.

IPCC, Climate Change 2007: The Physical Science Basis. Working Group I Contribution to the Fourth Assessment Report. Cambridge, New York: Cambridge University Press, 2007a.

IPCC, Climate Change 2007: Impacts, Adaptation and Vulnerability. Working Group II Contribution to the Fourth Assessment Report. Cambridge, New York: Cambridge University Press, 2007b.

IPCC, Climate Change 2007: Mitigation of Climate Change. Working Group III Contribution to the Fourth Assessment Report. Cambridge, New York: Cambridge University Press, 2007c.

IPCC, Climate Change 2007: Synthesis Report. Contribution of Working Groups I, II and III to the Fourth Assessment Report of the Intergovernmental Panel on Climate Change [Core Writing Team, Pachauri, R.K and Reisinger, A. (eds.)]. IPCC, Geneva, Switzerland. 2007d, https://www.ipcc.ch/pdf/assessment-report/ar4/syr/ar4_syr_full_report.pdf.

IPCC, *Climate change 2014. Synthesis Report. Summary for Policymakers*, 2014.

IPCC, *Summary for Policymakers. In: Climate Change 2014: Mitigation of Climate Change. Contribution of Working Group III to the Fifth Assessment Report of the Intergovernmental Panel on Climate Change*, Cambridge University Press, 2014, http://ipcc.ch/pdf/assessment-report/ar5/wg3/ipcc_wg3_ar5_summary-for-policymakers.pdf.

IUCN, *Nature+: Towards a New Era of Conservation, Sustainability and Nature-based Solutions*, 15 September 2012.

Jackson, C., "Women and environment in devlopment", *World Development 21*, 1993, pp. 1947-1963.

Jackson, Tim, *Wohlstand ohne Wachstum*, Oekom, Muenchen, 2011.

Jaeger, C., Jaeger, J., "Warum zwei Grad?", *Aus Politik und Zeitgeschichte*, 32-33/2010, 7~15쪽, http://www.bpb.de/apuz/32582/warum-zwei-grad?p=all.

Kohlhaas, M., *Gesamtwirtschaftliche Effekte der ökologischen Steuerreform Band* I, II, 2005.

Levy, Marc A. and Patrick P. Meier, "Early Warning and Assessment of Environment, Conflict, and Cooperation", *United Nations Environment Program, Understanding Environment, Conflict, and Cooperation*. UNEP and Woodrow Wilson Center, 2004.

Marris, E., "Putting a price on Nature", *Nature*, 462, 2009, pp. 270-271.

McKibben, B., *Deep Economy: The Wealth of Communities and the Durable Future*, New York, 2007.

Meinshausen, M., Meinshausen, N., Hare, W., Raper, S. C. B., Frieler, K., Knutti, R., Frame, D. J. und Allen, M. R., "Greenhouse-gas emission targets for limiting global warming to 2 °C.", *Nature* 458, 2009, pp. 1158-1161.

Müchener Rükversicherungs-Gesellschaft, Geo Risks Research, 2011.

Najam, A, et all (ed.), *Beyond Rio+20: Governance for a Green Economy*,

Boston University, 2011.

OECD, *Natural Resources and Pro-Poor Growth: the Economics and Politics*, DAC Guidelines and Reference Series, Paris, France, 2008.

OECD/IEA, *World Energy Outlook*, 2006.

Open Working Group, *Sustainable Development Goals*, A/68/970, UN, 2014.

Parris, Thomas M. and Robert W. Kates, "Characterizing and Measuring Sustainable Development." *Annual Review Environmental Resources*, 28(13): 1-28, 2003.

PBL Netherlands Environmental Assessment Agency, 「Long-term trend in global CO_2 emissions. 2011 report」, 2013.

Pearce, D. W., E. Barbier, A. Markandya, *Sustainable Developmet: Economics and Enviromnent in the Third World*, UK, 1990.

Pollin, R., et al., *Green Recovery — A Program to Create Good Jobs and Start Building a Low-Carbon Economy*, Department of Economics and Political Economy Research Institute (Peri), Center for American Progress, 2008.

Porter, Michael E. and Claas van der Linde, "Green and Competitive: Ending the Stalemate", *Harvard Business Review*, (September-October 1995), pp. 120-134.

Poverty-Environment Partnership(PEP), *Building an Inclusive Green Economy for All. Opportunities and Challenges for Overcoming Poverty and Inequality*, 2012.

Prescott-Allen, Robert, *The Wellbeing of Nations, A Country-by-Country Index of Quality of Life and the Environment*. Washington, D.C.: IDRC/Island Press, 2001.

Randers, Jorgen, *Der neue Bericht an den Club of Rome. 40 Jahre nach Den Grenzen des Wachstums*, Oekom, Muenchen, 2013.

Republic of the Philippines, *Intended Nationally Determined Contributions Communicated to the UNFCCC*, 2015, http://www4.unfccc.int/submissions/INDC/Published%20Documents/Philippines/1/

Philippines%20-%20Final%20INDC%20submission.pdf. 2018년 7월 10일 검색.

Rockstroem, J. et al., "A safe operating space for humanity". *Nature* 461, 2009, pp. 472-475.

Sachs, J, et al., 『SDG Index & Dashboards, A global report』, SDSN & Bertelsmann Stiftung, NY, 2016.

Schlüns, Julia, "Umweltbezogene Gerechtigkeit in Deutschland", *Aus politik und Zeitgeschichte*, 24/2007, 25~31, http://www.bpb.de/apuz/30437/umweltbezogene-gerechtigkeit-in-deutschland?p=all.

Schmuck, P. u. a., *Wege zum Bioenergiedorf, Leitfaden fuer eine eigenstaendige Waerme- und Stromversorgung auf Basis von Biomasse im laendlichen Raum*, hg. v. FNR, 2008.

Schratzenstaller, M., "Gesellschaftliche Steuerung durch Steuern", *Aus politik und Zeitgeschichte*, 63/2013, pp. 20~25, http://www.bpb.de/apuz/155707/gesellschaftliche-steuerung-durch-steuern?p=all, 참조. 2016년 1월 5일 검색.

Sharp, Leith, *Green Campuses: The Road from Little Victories to Systemic Transformation*, Harvard university, 2008.

Songs of the City, 2007, www.ted.com.

Speth, J. G., *The Bridge at the Edge of the World: Capitalism, the Environment, and Crossing from Crisis to Sustainability*, Yale University Press, 2008.

Stern Rewiew, *The Economics of Climate Change*, http://www.wwf.se/source.php/1169157/Stern%20Report_Exec%20Summary.pdf.

Stern, Nicolaus, *The Economics of Climate Change*, Cambridge, 2006.

Stiglitz, J. E., Sen, A. und Fitoussi, J.-P., *Survey of Existing Approaches to Measuring Socio-Economic Progress*, 2009a, Internet: http://www.stiglitz-senfitoussi.fr. London.

Stiglitz, J. E., Sen, A. und Fitoussi, J.-P., *Report by the Commission on the*

Measurement of Economic Performance and Social Progress, 2009b, Internet: http://www.stiglitz-senfitoussi.fr. London: Commission on the Measurement of Economic Performance and Social Progress.

⟨Stockholm Resilience Centre⟩, www.stockholmresilience.org .

Stoddart, Hannah, ed., *A Pocket Guide to Sustainable Development Governance*, Stakeholder forum commonwealth Secretariat, UNCSD, 2011.

Sukhdev, P., *The Economics of Ecosystems & Biodiversity*. An Interim Report. Brussel: European Communities, 2008.

⟨Sustainable Development Solutions Network, SDSN⟩, *Indicators and a Monitoring Framework for Sustainable Development Goals . Launching a data revolution for the SDGs*, A report by the Leadership Council of the SDSN, 2016, file:///C:/Users//Desktop/150116-Indicators-and-a-Monitoring-Framework-for-SDGs-working-draft-for-consultation.pdf, 2017년 1월 2일 검색.

Sutton, P. W., *The Environment: A Sociological Introduction*, Cambridge, 2007.

TEEB(The Economics of Ecosystems and Biodiversity), *Mainstreaming the Economics of Nature: A Synthesis of the approach, conclusion and recommendations of TEEB*. UNEP, 2010.

The Commission on Sustainable Agriculture and climate change, *Final Report. Achieving food security in the face of climate change*, 2012, www.ccafs.cgiar.org.

⟨The Guardian⟩, "10 reasons to be hopeful that we will overcome climate change" by K. Mathiesen, 30. 7. 2014.

⟨The Korea Herald⟩, 26. 4. 2012.

⟨The New York Times⟩, 19. 8. 2013.

Todaro, M. P. *Economic Development*, 6th Ed., Addison-Wesley Reading, Massachusetts, 1997.

Todaro, M. P. and S. C. Smith, *Economic Development*, 11th Ed., 2009.

Umweltbundesamt, "Treibhausgas-Emissionen in Deutschland", 2017, https://www.umweltbundesamt.de/daten/klima/treibhausgas-emissionen-in-deutschland#textpart-1.

Umweltbundesamt(Hrsg.), *Wirksamkeit des Klimaschutzes in Deutschland bis 2020*, 2008, http://www.umweltbundesamt.de/publikationen/wirksamkeit-des-klimaschutzes-in-deutschland-bis.

UN, *General Assembly Resolution 55/2, A/RES/55/2*, 2000.

UN, *The Wellbeing of Nation*, 2001.

UN, *United Nations Report of the World Summit on Sustainable Development*, Johannesburg, South Africa, 2002. Annex Johannesburg Declaration on Sustainable Development. From our origins to the future, 2002, http://www.un.org/jsummit/html/documents/summit_docs/131302_wssd_report_reissued.pdf, 2015년 1월 15일 검색.

UNCBD, *Strategic Plan for Biodiversity 2011-2020, including Aichi Biodiversity Targets*, COP 10 Decision X/2, 2010, http://www.cbd.int/decision/cop/?id=12268, 2015년 1월 5일 검색.

UNCED(United Nations Conference on Environment and Development), *Agenda 21*, Rio de Janerio, Brazil, 3 to 14 June 1992, http://sustainabledevelopment.un.org/content/documents/Agenda21.pdf, 2015년 1월 12일 검색.

UNCHE, *Declaration of the United Nations Conference on the Human Environment*, 1972,

UNCSD, "The History of Sustainable Development in the United Nations", 2012, http://www.uncsd2012.org/history.html, 2015년 1월 12일 검색.

UNCTAD, *The Economic Development in Africa 2012*, 2012

UNDESA(United Nations Department of Economics and Social Affairs), *Promoting Development, Saving the Planet. World Economic and Social Survey 2009*, E/2009/50/Rev.1ST/ESA/319. New York: UN DESA, 2009a.

UNDESA, *World Population Prospects: The 2008 Revision, 2009b,* Internet: http://esa.un.org/unpp. New York: UN DESA.

UNDESA, https://www.un.org/development/desa/undesavoice/ feature/2017/12#37114, 2017년 12월 5일 검색.

UNDP, *Adaptation Policy Frameworks for Climate Change: Developing Strategies, Policies, and Measures,* Cambridge University Press, 2005.

UNEP, *Global Green New Deal: Policy Brief,* 2009.

UNEP, *Green Jobs: Towards sustainable Work in a Low-Carbon world,* Worldwatch Institue, 2008.

UNEP, *Towards a Green Economy: Pathways to Sustainable Development and Poverty Eradication.* Nairobi, 2011.

UNFCCC(United Nations Framework Convention on Climate Change), *Copenhagen Accord.* Decision 2/CP.15. Bonn: UNFCCC Sekretariat, 2009.

UNFCCC, "Report of the Conference of the Parties on its seventeenth session, held in Durban from 28 November to 11 December 2011, Decision 1/CP. 17", http://unfccc.int/resource/docs/2011/cop17/eng/09a01.pdf#page=2, 2017년 2월 22일 검색.

UNFCCC, *The Cancun Agreements: Outcome of the work of the Ad hoc Working Group on Long-term Cooperative Action under the Convention.* Decision 1/CP.16. Bonn: UNFCCC Sekretariat, 2010.

UNFCCC, *Synthesis report on the aggregate effect of the intended nationally determined contributions,* 2015.

UNFCCC, *Adoption of the Paris Agreement,* 2015, https://unfccc.int/resource/ docs/2015/cop21/eng/l09r01.pdf.

UN General Assembly, *The road to dignity by 2030: ending poverty, transforming all lives and protecting the planet. Synthesis report of the Secretary-General on the post-2015 sustainable development agenda,* A/69/700, 2014.

UN General Assembly, *Transforming our world: The 2030 Agenda for sustainable development*, 2015, http://www.un.org/ga/search/view_doc. asp?symbol=A/RES/70/1&Lang=E.

UN Secretary-General, *Synthesis report of the Secretary-General on the post-2015 sustainable deveolopment agenda. The road to dignity by 2030: ending poverty, transforming all lives and protecting the planet*, A/69/700, 2014,

UN Water, *Coping with water scarcity*, 2007

UN-HABITAT, *Going Green: A Handbook of sustainable Housing Practices*, first published in nairobi in 2012, 2012.

United Nations Division for Sustainable Development, *Indicators of Sustainable Development: Guidelines and Methodologies*. New York: United Nations Division for Sustainable Development, 2001.

Victor, David, *Collapse of the Kyoto Protocol and the Struggle to Slow Golbal Warming*. Princeton: Princeton University Press, 2001.

Vie, J.-C. (ed), *Wildlife in a Changing World − an analysis of the 2008 IUCN Red List of threatened species*, 2009.

Wapner, Paul, "Transitioning to a Green Economy: Citizens and Civil Society", *Beyond Rio+20: Governance for a Green Economy*, Najam, A, et all (ed.), Boston University, 2011.

WBGU(Wissenschaftlicher Beirat der Bundesregierung Globale Umweltveraenderungen), *Welt im Wandel. Gesellschaftsvertrag fuer eine Grosse Transformation*, Berlin, 2011.

WCED(World Commission on Environment and Development), *Report of the World Commission on Environment and Development: Our Common Future*, Oxford University Press, 1987.

Wilson, E. O., *The Future of Life*, Knopf Doubleday Publishing Group, 2003.

World Bank (Ed.), 『Eco2 Cities : Ecological Cities as Economic Cities』, 2010, http://www.worldbank.org/pdt.

World Bank, *World Developmet Report: Development and the Environment*, New York, 1992.

World Economic Forum, *2005 Environmental Sustainability Index*, New Haven, Conn.: Yale Center for Environmental Law & Policy, 2006.

World Economic Forum, *The Global Risks Report 2017*, 12 edition, Geneva, 2017, http://www3.weforum.org/docs/GRR17_Report_web.pdf.

World Resources Institute, *World Resources Report,* 2001.

인터넷 참고문헌

http://bigpicture.unfccc.int/, 2017년 2월 22일 검색.

http://climateaction.re.kr/index.php?document_srl=174443&mid=news01.

http://ipcc.ch/pdf/assessment-report/ar5/wg3/ipcc_wg3_ar5_summary-for-policymakers.pdf.

http://iucnworldconservationcongress.org/news___press/?11090/Towards-a-New-Era-of-Conservation-Sustainability-and-Nature-based-Solutions, 2015년 1월 6일 검색.

http://kosis.kr/ups/ups_01List.jsp?pubcode=ZY, 전국편, 2016년 7월 18일 검색.

http://sustainabledevelopment.un.org/content/documents/Agenda21.pdf, 2015년 1월 12일 검색.

http://unfccc.int/cooperation_support/education_outreach/overview/items/8946.php, 2017년 2월 27일 검색.

http://www.b-t.energy.

http://www.bmwi.de/Redaktion/DE/Artikel/Energie/monitoring-prozess.html.

http://www.esrl.noaa.gov/gmd/webdata/ccgg/trends/co2_data_mlo.pdf 2015년 1월 5일 검색.

http://www.un.org/ga/search/view_doc.asp?symbol=A/69/700&Lang=E, 2015년 1월 19일 검색.

http://www.un.org/ga/search/view_doc.asp?symbol=A/70/472/
    Add.1&Lang=E, 2017년 1월 2일 검색.

http://www.un.org/ga/search/view_doc.asp?symbol=A/
    CONF.216/5&Lang=E, 2017년 1월 2일 검색.

http://www.un.org/jsummit/html/documents/summit_docs/131302_wssd_
    report_reissued.pdf, 2015년 1월 15일 검색.

http://www.uncsd2012.org/content/documents/727The%20Future%20
    We%20Want%2019%20June%201230pm.pdf, 2015년 1월 14일 검색.

http://www.uncsd2012.org/content/documents/A%20Pocket%20Guide%20
    to%20Sustainable%20Development%20Governance.pdf, 2015년 1월 23일
    검색.

http://www.un-documents.net/our-common-future.pdf, 2015년 1월 12일
    검색.

http://www.unep.org/Documents.Multilingual/default.asp?DocumentID=97&
    ArticleID=1503&l=en, 2015년 1월 13일 검색.

http://www.unep.org/newscentre/Default.aspx?DocumentID=2765&ArticleID
    =10774&l=en, 2015년 1월 5일 검색.

http://www.wavespartnership.org/en/partners, 2015년 1월 5일 검색.

http://www.worldbank.org/en/topic/environment/brief/environmental-
    economics-natural-capital-accounting, 2015년 1월 5일 검색.

http://www4.unfccc.int/submissions/indc/Submission%20Pages/submissions.
    aspx, 2017년 2월 27일 검색.

https://ec.europa.eu/clima/policies/effort_en#tab-0-3, 2017년 2월 19일 검색.

tps://ec.europa.eu/clima/policies/lowcarbon/ner300_en 참조. 2017년 7월 9일
    검색.

https://ec.europa.eu/clima/policies/strategies/2030_en, 2017년 2월 25일 검색.

https://ec.europa.eu/clima/policies/strategies/2050_en, 2017년 2월 26일 검색.

https://sustainabledevelopment.un.org/sdg17, 2018년 6월 14일 검색.

https://unfccc6.meta-fusion.com/cop21/events/2015-11-30-10-00-

conference-of-the-parties-cop-1st-meeting.

https://weloveu.or.kr/en/introduction/.

https://www.bmub.bund.de/pressemitteilung/hendricks-klima-aktionsprogramm-ambitioniert-umsetzen/, 25.03.2015 | Pressemitteilung Nr. 061/15, 2017년 11월 29일 검색.

https://www.bundesregierung.de/Content/DE/Artikel/2017/11/2017-11-13-cop23-deutscher-klimaschutz.html?nn=694676#Start.

https://www.freiburg.de/pb/,Lde/372840.html.

https://www.international-climate-initiative.com/de/ueber-die-iki/foerderinstrument-iki/.

http://www.me.go.kr/home/web/board/read.do?pagerOffset=120&maxPageItems=10&maxIndexPages=10&searchKey=title&searchValue=%EC%98%A8%EC%8B%A4%EA%B0%80%EC%8A%A4&menuId=286&orgCd=&boardId=178495&boardMasterId=1&boardCategoryId=&decorator=, 2016년 8월 15일 검색.

https://www.nachhaltigkeit.info/artikel/11_bt_ek_schutz_erdatmosphaere_659.htm.

http://translate-climate.wikispaces.com, 2015년 7월 23일 검색.

찾아보기

2℃

기후변화 시대의 새로운 이정표

초판 1쇄 발행 2018년 11월 5일
      2쇄 발행 2019년 11월 12일

지은이 김옥현
펴낸이 강수걸
편집장 권경옥
편집 박정은 윤은미 이은주 강나래
디자인 권문경 조은비
펴낸곳 산지니
등록 2005년 2월 7일 제333-3370000251002005000001호
주소 부산시 해운대구 수영강변대로 140 BCC 613호
전화 051-504-7070 | 팩스 051-507-7543
홈페이지 www.sanzinibook.com
전자우편 sanzini@sanzinibook.com
블로그 http://sanzinibook.tistory.com

ISBN 978-89-6545-564-6 93300